메디타치오 시리즈 2

견고한 진을 파하는 강력

메디타치오 시리즈 2

견고한 진을 파하는 강력

양 창 삼 지음

KSI 한국학술정보㈜

매일 하나님의 말씀을 묵상하고, 그것으로 양식을 삼으며, 영적으로 성장하기를 바라는 마음. 주님을 사모하는 사람이라면 이것은 늘 우리 가까이 있다.

이 땅에서 그리스도인으로서 살아간다는 것은 그리 쉬운 일이 아니다. 매사에 생각도 바르고 행동도 발라야 하기 때문이다. 사람은 평생 생각하고 행동한다. 그러나 그 생각과 행동이 언제나 성경적으로 바르거나 바람직한 것은 아니다. 처음부터 나쁜 쪽을 택하려 한 것도 아닌데 가다 보면 어느덧 길을 잘못 들어서 있음을 알 수 있다. 그때마다 우리는 스스로 연약함을 깨닫지 않을 수 없다.

그리스도인은 그 연약함을 느낄 때마다 주님을 찾아 나선다. 주님은 우리를 기다리셨다는 듯 우리를 맞아주시고 말씀을 주시며 상처 난 부분을 감싸신다. 그리고 우리의 마음을 더 강하게 만드신다. 주님이 없었다면 우리는 결국 좌절하고 말았을 것이다.

'견고한 진을 파는 강력' 이 글은 이러한 삶의 과정에서 악의 강력한 진지를 파하시고 우리를 주님의 사람으로 다시 일으키시는 주님의 말씀을 묵상하며 쓴 것이다. 어떤 때는 주의 팔에 매달린 우리 자신을 발견하기도 하고, 그의 품에 안긴 자신을 발견하기도 한다. 그때마다 앞으로 어떻게 살아가야 하는가를 말씀의 거울에 비추어 다시 자문하고, 주님께 더 가까이 나아갈 것을 다짐한다. 따라서 이 글은 주님을 향한 나 자신의 다짐이자 그러한 경험을 가진 독자의 다짐이다. 그래서 함께 쓴 선언문과 같다.

그리스도인이라고 늘 평안 속에 있는 것은 아니다. 고난과 아픔, 환난과 질고가 있다. 그러나 우리는 이것을 고난으로 인식하기보다 우리에게 주어진 하나님의 사랑으로 인식할 필요가 있고, 특히 바울처럼 예수 그리스도의 남은 고난을 함께 나누는 기쁨을 가질 필요가 있다.

세상은 늘 시끄럽고, 도저히 그렇게 되어서는 안 될 일들의 연속이다. 우리는 세상 때문에 실망하기도 하지만 세상은 때로 그리스도인들 때문에 실망하기도 한다. 그리스도인으로서 그래선 안 된다고 생각되는 일들이 교회에서나 우리의 주변에서 빈번하게 발생하고 있기 때문이다. 그래서 교회는 지금 세상으로부터 인정을 받지 못하고 있다. 무척 안타까운 일이 아닐 수 없다. 그러나 너무 좌절할 일만은 아니다. 그들은 오히려 그리스도인이 보다 바로서기를 바라고 있다. 그래서 우리는 이런 환경일수록 그리스도의 뜻을 바로 세우는 일에 기쁨으로 동참할 필요가 있다.

이 글은 하나님의 말씀을 기준으로, 우리의 사고와 행동의 변화를 위해 만들어진 것이다. 단순히 이야기를 꺼내거나 말씀을 나열한 것이 아니라 이를 통해 우리의 과거와 현재를 반추하고 깨달아 미래를 보다 밝고 맑게 만들어 가기 위한 것이다. 이 책의 주어는 주님이시다. 우리 속에, 우리 사회 속에 주님이 없다면 변화는 불가능하다. 이 글에서 가장 높이 드러나야 할 분은 주님이시며, 생각과 사고의 가장 높은 자리를 차지해야 할 분도 주님이시다. 이 글을 통해 하나님의 뜻을 생각하며 주님과 함께하는 시간이 많아지기를 바란다.

2008년 겨울

양창삼

Contents

제1부 견고한 진을 파하는 강력

1. 다시 시작하기

수개월, 아니 수년 동안의 작업을 한순간에 날려버린 일이 있는가. 개인적으론 연변과기대에 있을 때 노트북에 오래 작업해 두었던 파일이 손상됨으로써 그동안 애쓴 원고를 한순간에 잃어야 했던 그때의 낭패감을 평생 잊을 수 없다. 갖가지 시도 끝에 몇 가지는 건졌지만 대다수는 잃어버려 원고를 다시 쓴 기억이 새롭다.

1920년대의 일이다. 헤밍웨이는 완벽한 원고를 만들기 위해 열심을 다했다. 어느 날 그는 그 모든 원고를 책으로 묶기 위해 그동안 갈고닦은 주옥같은 작품들을 가방에 넣었다. 그런데 무슨 일이람. 그만 그 가방을 잃어버린 것이다. 그는 다시 작업을 할 수 없을 만큼 절망에 빠졌다. 그는 열정적으로 매달렸던 지난 몇 달을 한순간에 잃어버린 것만 같아 허탈감에 사로잡혀 있었다. 모든 것이 꿈처럼 사라진 듯.

그런 생각에만 몰두하고 있는 터에 마침 시인 에즈라 파운드(Ezra Pound)를 만나 잃어버린 원고 이야기를 하게 되었다. 그토록 괴로운 심경을 토로했는데 파운드는 달랐다. 오히려 그것은 행운의 일격이라는 것이다. 파운드는 헤밍웨이에게 작품을 다시 쓴다면 마음에 들지 않았던 부분은 지워버리고, 가장 훌륭한 부분만 되살릴 수 있을 것이라며 설득했다. 실의에 빠져 한탄만 하던 그에게 희망의 빛을 던져 준 것이다. 그 후 헤밍웨이는 다시 작품을 쓰기 시작했다. 역사는 그 작품에 대해 이렇게 평가했다. "그는 미국 문학사상 가장 중요한 작가 가운데 한 사람이 되었다."

우리 인생의 후반부를 다시 쓰도록 하시는 분이 바로 예수님이시다. 지금까지 써온 것 가운데 잘못된 부분은 지우고 새롭게 쓰도록 하신 것이다. 물질의 욕심쟁이로 살아온 삭개오가 변화된 것, 예수를 모른다고 부인한 베드로가 십자가를 지는 자리로 나아가게 된 것, 그리스도인들을 핍박한 사울이 세상을 변화시키는 전도자로 변하게 된 것 모두 삶의 후반부 역사를 아름답게 쓴 대표적인 보기들이다.

"나의 가는 길을 오직 그가 아시나니 그가 나를 단련하신 후에는 내가 정금같이 나오리라."(욥23:10). 욥도 시련을 겪은 후 후반부의 삶이 달라졌다. 주님은 우리의 성공 비즈니스(success business)에 관심을 가지시기보다 제련 비즈니스(refining business)에 관심을 가지고 계신다. 우리를 정금으로 만들기 원하시기에.

우리가 넘어졌을 때 하나님은 우리를 그냥 버려두지 않으신다. 힘

주기를 원하신다. 다시 시작할 수 있는 힘이다. 리빙 바이블(Living Bible)은 로마서 7장 18절을 이렇게 표현하고 있다. "어느 방향으로 틀든지 나는 나 자신을 옳게 할 수 없습니다. 나는 원하지만 나는 할 수 없습니다." 이것은 인간이 때때로 얼마나 절망적인 상태에 있을 수 있는가를 보여준다. 이런 절망상태에서 주님은 우리를 일으키시고 힘을 주시며 다시 일어나게 하신다. "나는 할 수 없지만 주님은 하실 수 있다." 그 믿음이 우리를 일으킨다.

우리는 아직 실패자는 아니다. 실패를 통해 배우며 살아간다. 실패자(failure)와 실패도중(the failing)은 다르다. 실패자는 다시 일어설 수 없지만 실패도중인 자는 다시 일어설 수 있다. 우리가 무엇인가 해 보려고 노력하는 한 실패는 아니다. 리빙스턴도 "다시는 설교하지 않겠다."고 말할 정도로 자신을 잃기도 했다. 그러나 하나님은 그를 버려두지 않으셨다. 그에게 힘을 주시고 다시 일어서 아프리카를 변화시킨 인물이 되도록 하셨다. 당신이 주님의 손에 잡혀 있는 한 당신은 할 수 있다. 절대 주저앉지 마라. 주님은 최악의 상황에서 당신이 일어설 때 박수를 치실 것이다.

요셉은 낙심할 수밖에 없는 상황에서도 하나님을 바라보며 이겨내 죄수의 몸에서 총리로 오를 수 있었다. 사람은 누구나 실패와 좌절을 경험한다. 실수도 한다. 중요한 것은 이 실패에 어떻게 대응하느냐 하는 것이다. 인생에 성공하는 사람은 실패를 학습의 기회, 곧 미래의 성공으로 가는 디딤돌로 삼는다. 다시 시작하는 것이다. 남은 인생을 새롭게 쓰는 것이다. 주님과 함께. 주님이 주시는 힘으로 전보다 더 아름답게.

2. 부족이 성숙을 낳을 때

다윗은 여러 시편에서 하나님은 나의 피난처요 산성이요 나의 목자라 고백하였다. 더욱 눈길을 끄는 부분은 하나님이 목자인 한 부족함이 없다고 하는 고백이다. "여호와는 나의 목자시니 내가 부족함이 없으리로다."(시23:1) 이 말은 하나님이 없다면 나는 한없이 부족함을 느낀다는 것이다. 인간으로서 부족함이 있다는 그의 고백은 매우 솔직하다. 그럼에도 불구하고 그 부족 인식이 그로 하여금 더욱 하나님을 찾게 만들었고, 그로 인해 그의 삶은 달라졌다는 것이다. 그는 재물로 만족하지 않았고, 뛰어난 지식으로 만족하지 않았다. 오직 여호와가 함께하심으로 인해 만족했고, 그로 인해 영적으로 풍족해졌다.

프랭클린 루즈벨트는 미국에서 유일하게 4선을 한 대통령이다. 1921년 그가 여행을 하고 있을 때 갑자기 폴리오(소아마비)에 걸려 하체를 쓰지 못하게 되었다. 그의 나이 40세. 일 년 전 선거에서 민주당 부통령 후보로 지명되었다가 패배를 당한 아픔이 채 가시기 전이었다. 이제 정계복귀를 꿈꾸고 있던 차에 그만 절망의 그림자가 그에게 드리운 것이다. 장애자가 된 사실이 보도된다면 그의 정치생명은 과연 어떻게 될 것인가. 그는 사람들이 전혀 눈치 채지 못하게 한가운데 뉴욕의 프레스비테리언 병원에 입원했다. 그가 지팡이를 의지해 겨우 발을 뗄 수 있게 된 것은 입원한 지 3년이 지나서였다.

사람들이 찾아와 이런저런 말로 그를 위로했다. 육체의 장애와 정치는 별개라는 말도 했다. 그러나 그것이 그에게 진정한 위로가 되지는 못했다. 한참 갈등을 겪고 있을 때 한 친지가 헬렌 켈러가 쓴 수필 한 편을 읽어보도록 했다. 헬렌 켈러는 그 글에서 만약 한시적이나마 사흘 동안만 볼 수 있는 기회가 주어진다면 어떻게 그 시력을 사용하겠는지 자문해 보라 했다. 그리고 내일이면 다시 시력이 없어질지 모른다는 생각으로 그 눈을 아주 뜻있게 사용하라 말했다. 루즈벨트는 그 말에 용기를 얻었다. 육체의 한 부분이 잘못되었다고 해서 온몸을 고통 가운데 빠뜨릴 것이 아니라 남은 육체를 최대로 잘 활용해야 하겠다는 결심을 하기에 이른 것이다. 그는 남아 있는 지체로 자신의 정치역량을 극대화시킬 수 있는 힘과 용기를 주신 것을 하나님께 감사했다. 그 불굴의 용기가 그를 대통령으로 만들었다.

하나님은 자기 부족을 아는 사람을 도우신다. 그에게 용기를 주고, 그 장애를 넘도록 하신다. 루즈벨트가 병상에서 계속 자신의 육체적 장애를 비관하며 남은 생애를 비관하며 살았다면 그에게 4번의 대통령, 아니 한 번의 대통령의 기회도 주어지지 않았을 것이다. 그는 휠체어를 탄 장애인이면서도 그것을 장애로 여기지 않고 자신만만한 대통령으로서 미국의 대공황을 극복하고 뉴딜정책을 과감히 추진하며 제2차 세계대전을 승리로 이끌었다. 그가 이렇듯 성공적인 대통령이 될 수 있었던 것은 육체의 장애를 극복한 그의 강인한 의지 및 용기와 결코 무관하지 않다. 한 가지가 부족하다 해도 그 부족으로 인한 결손을 나머지가 훌륭히 감당하며 살아갈 때 그 과정이 아름다울 뿐 아니라 더 나은 결과를 얻을 수 있다. 부족이 성숙을 낳는다.

자신의 부족함 때문에 낙심할 일이 생길 때 중요한 것은 당신이 어떤 가치관을 가지고 사는가 하는 것이다. 우리를 문제 가운데 두신 것은 그 뒤에 숨겨져 있는 하나님의 비전을 보도록 하기 위함이다. 장애도 예외가 아니다. 여호와는 에스겔을 이끌어 해골골짜기로 데려가셨다. 그리고 그 마른 뼈들이 소생하는 기적을 보게 하셨다. 오늘도 낙심 때문에 방황하고 있다면 그 시선을 하나님께 고정하도록 하라. 낙심은 하나님을 바라보게 한다. 그것이 낙심의 순기능이다. 그리스도인은 낙심 상황에서 주님을 더 갈망하게 된다. 새로운 눈으로 세상을 바라보라. 그러면 당신의 삶이 변화되고, 그 변화가 세상을 바꿀 것이다.

3. T임파구

1996년 노벨의학상 수상자 도어티와 친커나겔은 T임파 연구로 상을 받았다. 이 연구는 T임파구가 사람을 어떻게 정상적인 사람으로 만들어 나가는가, 즉 인간은 어떻게 자아와 비자아를 구별하는가를 과학적으로 제시해 주었다. 이것은 생물학 본연에 대한 질문에 속한다.

이 연구에 따르면 체내에 이물질이 침입할 경우 인체면역기능의 총사령관인 T림프구가 이들과 결합하여 자기의 것이 아닐 경우 여지없이 파괴해 버린다. 도어티와 친커나겔은 70년대 초 호주 존커틴 의대에서 공동연구를 통해 이러한 T림프구 특유의 식별능력이 T림프구 표면에 있는 조직적 합성항원(MHC)이라는 단백질에서 비롯된다는 것을 밝혀냈다. 조직적 합성항원이 유전적으로 일치하지 않을 경우 비자아로 인식하여 파괴한다는 것이다.

이는 통상 항체로 설명되어 온 면역기능보다 훨씬 중요한 이른바 세포면역체계가 따로 있음을 밝혀낸 것이기도 하다. 인류가 에이즈에 속수무책인 이유도 이들의 이론에 따르면 잘 설명된다. 항체는 있지만 세포면역기능을 담당하는 T림프구 자체가 손상되어 있으므로 바이러스에 대항할 수단이 없다는 것이다.

이들의 업적은 체내에 들어온 세균이나 바이러스 등 각종 미생물과 암에 대응하는 신체의 면역반응을 강화하는 방법과 각종 자기면역질환을 일으키는 자가 면역반응을 감소시키는 데 도움을 줄 뿐 아니라 각종 감염 병의 백신 개발에도 박차를 가할 것으로 보인다. 자기 면역질환이란 자신의 몸을 구성하는 성분을 자기로 인식하지 못하고 면역체계가 작동해 공격함으로써 세포에 손상을 주는 질환으로, 전신 또는 국소적으로 세포에 손상을 입혀 질환을 일으키는 것을 말한다. 그 대표적인 질병으로 류마치성 질환, 다발성 경화증, 자가 면역 갑상선염 등이 있다. 이런 질병은 우리의 정상생활을 위협한다.

영적인 삶에서 누가 T림프구 역할을 할까? 두말할 나위 없이 주님이시다. 그리스도인은 누구나 주님과 연합하여 사단의 침입을 물리칠 수 있어야 한다. 주님과 연합하여 살면 주님은 T림프구가 되시어 사단의 세력을 꺾고 우리를 지켜주신다. 우리가 사단의 유혹을 용납함으로써 T림프구가 작용하지 못하게 한다면 육적으로뿐 아니라 영적으로 문제가 발생한다.

건강관리의 기본은 평안에 있다. 그리스도인에게 있어서 그 평안은 주 안에 있다. 따라서 주 안에 있기만 하면 그것을 얻을 수 있다. 따라서 주 안에서 살아가는 것이 최고의 보약이 아닐 수 없다. 황수관 교수에 따르면 그리스도인 되는 것 자체만으로도 50%는 벌써 관리하고 들어간다. 나머지는 성령의 능력으로 절제하면서 하나님의 뜻을 이뤄 나간다. 우리가 건강하려면 심령이 건강해야 한다. 이를 위해서는 주님 앞에 나오고, 그 앞에 무릎을 꿇어 회개할 필요가 있다. 회개는 T림프구가 강하게 작용한다는 것을 보여준다. 우리 안에 침입힌 이물질, 곧 죄의 속성을 깨뜨리기 때문이다.

정신적으로 건강한 사람은 여호와를 앙망하며 살아간다. 그로부터 새 힘을 얻기 때문이다. "여호와를 앙망하는 자는 새 힘을 얻으리니 독수리의 날개 치며 올라감 같을 것이요 달음박질하여도 곤비치 아니하겠고 걸어가도 피곤치 아니하리로다."(사40:31) 주 안에 거하면 산다. "그러므로 너희가 주 안에 굳게 선즉 우리가 이제는 살리라."(살전3:8) "나는 포도나무요 너희는 가지니 저가 내 안에 내가 저 안에 있으면 이 사람은 과실을 많이 맺나니 나를 떠나서는 너희가 아무것도 할 수 없음이라."(요15:5) 예수님의 이 말씀을 기억하자.

4. 당신에게 하나님은 누구신가

"이는 우리 마음이 혹 우리를 책망할 일이 있어도 하나님은 우리 마음보다 크시고 모든 것을 아시기 때문이라."(요일3:20) 요한은 하나님을 가리켜 모든 것을 아시는 분이라 하였다. 그러니 그분 앞에서 우리는 아무것도 감출 것이 없다. 다 드러나기 때문이다.

우리는 때로 우리 자신도 잘 모르겠다고 말한다. 우리 자신도 모르는 일을 아시는 분이 바로 하나님이시다. 그분은 우리가 어떻게 지어졌는가를 아시고, 어떻게 생각하고 행동하는가를 아시며, 앞으로 어떻게 될 것인가를 아신다. 어찌 우리뿐이랴. 그래서 하나님을 가리켜 전지전능하시다 한다. 혹시 억울한 일을 당하여 속이 상하는가. 그 일을 세상이 모른다 하여 애태우지 말자. 하나님이 아시는 것으로 충분하다.

다윗은 하나님을 가리켜 "나를 기가 막힐 웅덩이와 수렁에서 끌어 올리시고 내 발을 반석 위에 두사 내 걸음을 견고케 하신 분"이라 한다(시40:2). 기가 막힐 웅덩이와 수렁은 그가 얼마나 어려운 삶을 살았던가를 보여준다. 그런 가운데서 건져주셨으니 어찌 감사하지 않으리. 그의 입에는 새 노래가 떠나지 않는다. 새 노래는 바로 하나님께 올릴 찬송을 의미한다. 그 찬송을 그의 입에 두신 하나님께 감사와 찬양을 드린다.

우리는 그 하나님을 구원자라 부른다. 우리를 구원하신 자. 우리가 구원의 원인이 아니다. 하나님이 우리를 선택하셨고 구원에 이르게 하셨다. 이것은 결코 나의 의지나 내 행위에 대한 보답 때문이다. 하나님이 우리에게 주신 은혜로운 선물이다. 그 하나님은 그 자신 곧 그 아들을 이 땅에 보내면서까지, 십자가에 피 흘려 죽기까지, 그 어떤 대가를 치르더라도 이루고야 마는 고집스러운 분이시다. 한 번 약속한 것은 물리지 않고 끝까지 지키시는 분이다. 이것은 여호와의 열심이다. 그 열심이 구원사역을 이루었다. 그 구원자가 없다면 우리는 세상에서 가장 불쌍한 자가 되었을 것이다.

릴케는 그의 시 「거부하는 몸짓」에서 하나님을 이렇게 묘사한다. "거부하는 몸짓으로 떨어지는 인생을 한없이 너그러이 그의 양손에 다 받아들이시는 분이다." "한없이 너그러이 그의 양손에 다" 받아들이시는 분의 모습은 탕자를 받아들이는 아버지의 모습을 연상케 한다. 다가오는 탕자를 두 손으로 껴안으며 기뻐하는 아버지. 그 아버지가 바로 하나님이시다.

아이젠하워 대통령은 그의 연설에서 이렇게 말한다. "하나님 없이는 미국적인 정치형태나 생활방식도 있을 수 없다. 지존자의 인식은 미국주의의 가장 근본적인 표현이다." 하나님 없는 미국은 없다는 말이다.

신학자 마르셀은 현대인을 질타하며 말한다. "현대인은 하나님에 대한 것은 믿지만 하나님을 믿는 사람은 별로 없다." 그는 하나님에 대한 것을 믿는 것과 하나님을 믿는 것을 구분한다. 하나님에 대한 것은 사랑, 거룩함, 죽음과 영생, 그리고 정의에 대해 말하는 것이다. 사랑을 펴는 것, 사회악을 지적하는 것 등이 여기에 속한다. 그것이 중요하기는 하지만 근본적인 것은 하나님을 믿는 것이다. 나 자신이 하나님을 사랑하고, 믿고, 그 말씀을 실천하는 삶을 사는 것이다. 죽음과 영생을 입으로만 말하는 것이 아니라 스스로 영생 속에 파묻혀 보는 것이다.

요한이 보는 하나님, 다윗이 보는 하나님, 그리고 여러 인물들이 말하는 하나님도 중요하지만 더 중요한 것은 당신에게 있어서 하나님은 누구신가 하는 것이다. 성경 속에 자주 나타나는 활자화된 하나님인가. 아니면 내 삶에서 고백되는 하나님, 내가 진정으로 내 생명까지 드릴 수 있는 하나님인가. 하나님은 당신의 고백을 귀하게 보신다.

5. 생명의 떡

예수님이 광야에서 받은 첫 번째 시험은 먹을 것에 대한 것이었다. 금식으로 40일을 밤낮 주리신 예수님에게 마귀가 찾아와 유혹의 말을 던진다. "네가 만일 하나님의 아들이어든 이 돌들에게 명하여 떡덩이가 되게 하라."(마4:3) 하루만 굶어도 견디지 못하는데 40일이니 돌인들 못 먹으랴. 유대인의 둥근 떡은 사막의 돌과 같아 그 돌만 보아도 먹을 것 생각이 났을 법하다. 그러나 주님은 신명기 8장 3절의 말씀을 인용하며 그 유혹을 물리치셨다. "사람이 떡으로만 살 것이 아니요 하나님의 입으로 나오는 모든 말씀으로 살 것이라.”

보통사람이 배고픔을 이긴다는 것은 어렵다. 이 땅에서 수백만, 수천만 명의 기아자가 발생하는 것은 먹지 못함의 문제 때문이다. 오죽하면 에서가 팥죽 한 그릇에 장자의 명분을 팔았을까. 에서는 말한다. “내가 죽게 되었으니 이 장자의 명분이 내게 무엇이 유익하리오.”(창25:32) 배고픔을 이기기 위해서는 엄청난 힘이 필요하다는 것을 알 수 있다.

예수님의 기적 가운데 오병이어 기적이 있다. 예수님은 무리지어 따르는 그들의 배고픔을 아셨다. 허기져 돌아갈 그들의 아픔을 아신 것이다. 제자들은 돈도 없지만 그들에게 줄 양식을 마을에 가서 그 많은 것을 사온다는 것도 문제였다. 그런데 주님은 말씀하신다. “갈 것 없다. 너희가 먹을 것을 주라.” 시간이 없는데 그 먼 마을까지 언제 내려가 사온단 말인가. 주님은 한 젊은이가 가진 물고기 두 마리와 떡 5개에 축사하시고, 5천 명을 먹이고도 12광주리가 남는 기적을 일으키셨다. 우리 주님은 무리의 형편을 너무나 잘 아시며, 가장 적절한 시간에, 자신의 방법으로 아주 넉넉하게 문제를 해결해 주셨다.

이스라엘이 40년의 광야생활에서 살아남을 수 있었던 것은 하나님이 그들에게 허락하신 만나 때문이었다. 하나님은 약속하셨다. “하늘에서 양식을 비같이 내리리니 백성이 나아가 일용할 양식을 날마다 거두며 제6일에는 이틀 양식을 주노니 제7일 안식일을 거룩히 지키라.”(출16:4, 26) 하나님은 아침에는 만나로, 저녁에는 메추라기로 그들의 먹는 문제를 해결해 주셨다. 그들을 주리게 하시고 만나를 주신 이유가 있다. 신명기 8장 3절을 보자. “너를 낮추시며 너로 주리게 하시며 또 너도 알지 못하며 네 열조도 알지 못하던 만나를 네게 먹이신 것은 사람이 떡으로만 사는 것이 아니요 여호와의 입에서 나오는 모든 말씀으로 사는 줄을 너로 알게 하려 하심이니라.”

광야에서 만나를 주신 것이나 갈릴리 건너편 산에서 오병이어의 기적을 베푸신 것 모두 그 배후에는 우리가 먹어야 할 또 하나의 것이 있음을 보여준다. 그것은 생명의 떡, 곧 하나님의 말씀을 먹는 것이다. 사마리아 여인이 동네에 간 사이 제자들이 예수님을 향해 잡수시도록 권했다. 그때 주님은 말씀하셨다. “내게는 너희가 알지 못하는 먹을 양식이 있느니라.” 그러자 제자들은 자기들이 없는 사이에 누가 주님께 먹을 것을 가져다 드렸는가 생각했다. 하지만 그 양식은 그들이 생각하는 양식이 아니었다. “나의 양식은 나를 보내는 이의 뜻을 행하며 그의 일을 온전히 이루는 이것이라.”(요4:34)

주님은 우리에게 기도를 가르치시며 “오늘날 우리에게 일용할 양식을 주옵시고”라 하라 하셨다. 주님은 우리가 일용할 양식이 필요한 것을 아신다. 그러나 그보다 더 찾아야 할 양식이 있다. 그것은 바로 주님이 주시는 생명의 떡이다.

> “너희가 나를 찾는 것은 떡을 먹고 배부른 까닭이로다. 썩는 양식을 위해 일하지 말고 영생하도록 있는 양식을 위하여 하라. 이 양식은 인자가 너희에게 주리니 [-] 하늘에서 내린 떡은 오직 내 아버지가 하늘에서 내린 참 떡을 너희에게 주시나니 하나님의 떡은 하늘에서 내려 세상에게 생명을 주는 것이라.”(요6:26, 27, 32, 33)

> “내가 곧 생명의 떡이니 내게 오는 자는 결코 주리지 아니할 터이

요 나를 믿는 자는 영원히 목마르지 아니하리라 [-] 믿는 자는 영생을 가졌나니 내가 곧 생명의 떡이라 너희 조상들은 광야에서 만나를 먹었어도 죽었거니와 이는 하늘로서 내려오는 떡이니 사람으로 하여금 먹고 죽지 아니하게 하는 것이니라. 나는 하늘로서 내려온 산 떡이니 이 떡을 먹으면 영생하리라. 나의 줄 떡은 곧 세상의 생명을 위한 내 살이로라."(요6:35, 47-51)

오늘도 우리는 육신의 먹을 것을 위해 살아가고 있다. 우리가 그것만을 위해 살아간다면 동물과 무슨 차이가 있을까. 먹는 것을 해결하는 것은 중요하다. 그러나 그보다 더 중요한 것은 우리의 영이 살기 위해 먹을 것을 구하는 일이다. 영의 양식은 바로 하나님의 말씀이요 그 말씀대로 사는 것이다.

예수님은 그 생명의 떡을 우리에게 주기 위해 이 땅에 오셨다. 예수님 자신이 우리의 떡이 되신 것이다. "인자의 살을 먹지 아니하고 인자의 피를 마시지 아니하면 너희 속에 생명이 없느니라. [-] 내 살은 참된 양식이요 내 피는 참된 음료로다. 내 살을 먹고 내 피를 마시는 자는 내 안에 거하고 나도 그 안에 거하나니. [-] 나를 먹는 그 사람도 나를 인하여 살리라. [-] 이 떡을 먹는 자는 영원히 살리라."(요6:53, 55, 56-59) 오늘도 생명의 양식 되시는 주님을 믿고, 그 말씀 따라 살면 우리 영혼이 풍요하리라.

6. 반 세겔의 속전

"각 사람은 그 생명의 속전을 여호와께 드릴지니 이는 그 계수할 때에 그들 중에 온역이 없게 하려 함이라 무릇 계수 중에 드는 자마다 성소에 세겔대로 반 세겔을 낼지니 [-] 그 반 세겔을 여호와께 드릴지며 [-] 너희의 생명을 속하기 위하여 여호와께 드릴 때에 부자라고 반 세겔에서 더 내지 말고 가난한 자라고 덜 내지 말지며."(출 30:12, 13, 15)

이 말씀은 이스라엘 자손의 총수를 조사하고, 조사에 든 사람은 가난하든 부하든 구별 없이 모두 반 세겔의 속전을 지불하도록 한 것이다. 이것은 그들 모두에게 구속이 필요하다는 사실을 일깨워주기 위한 것이다. 반 세겔은 구원을 얻기 위한 속전이다.

이 말씀을 읽으면서 느끼는 것은 우리의 구원에도 조건이 있음을 깨닫는다. 구원을 얻기 위해 돈이 요구되는 것은 아니다. 만일 구원을 얻기 위해 돈을 내야 한다면 무슨 그런 종교가 있느냐며 불쾌하게 생각할 것이다. 당시 이스라엘은 온역으로부터 구원받기 위해 반 세겔을 냈다. 그것은 명목에 불과한 금액으로 50전 정도이다. 부하든 가난하든 이 금액을 냈는데, 이것은 구원을 위해 각자가 행해야 할 책임이 있다는 것, 그리고 구원은 대리로 얻을 수 없다는 것을 보여준다.

현대에 있어서 반 세겔의 속전은 무엇일까? 그것은 그리스도의 죽음과 부활, 그리고 그 보혈을 믿는 믿음이다. 예수님을 구주, 곧 그리스도로 시인하고 그의 오심과 죽으심, 부활, 그리고 다시 오실 것을 믿는 믿음이 바로 반 세겔의 속전이다. 주님에 대한 이러한 확고한 믿음을 지불하지 않고서는 구원을 얻을 수 없기 때문이다. 바울의 말을 들어보자. "네가 네 입으로 예수를 주로 시인하고 하나님께서 그를 죽은 자 가운데서 살리신 것을 네 마음에 믿으면 구원을 얻으리라."(롬10:9)

구원은 하나님께로 말미암는다. "구원은 하나님께로서 말미암나이다."(욘2:9) 그것은 하나님의 계획이다. "나는 하나님이라 나 외에 구원자가 없느니라."(사43:11)

구원의 조건은 누구나 반 세겔을 내는 것처럼 너무나 단순하다. 주 예수를 믿는 것이다. "주 예수를 믿으라 그리하면 너와 네 집이 구원을 얻으리라."(행16:31) "다른 이로서는 구원을 얻을 수 없나니 천하 인간에 구원을 얻을 만한 다른 이름을 우리에게 주신 일이 없음이라."(행4:12)

하나님이 우리에게 구원을 주시기 원하는 것은 우리에 대한 사랑이 지극하시기 때문이다. "하나님이 이 세상을 이처럼 사랑하사 독생자를 주셨으니 누구든지 저를 믿는 자마다 영생을 얻으리라."(요3:16) 독생자란 하나님 자신으로 특별한 방법으로 오신 분임을 나타낸다. 그분은 우리의 죄를 대속하기 위해, 즉 십자가의 죽음으로 우리를 대신하여 속전을 지불하셨다. 스스로 속죄제물이 되신 것이다. 우리가 지불해야 할 대가를 지불하심으로 우리를 향한 사랑이 얼마나 크신가를, 이를 통해 하나님의 의를 이루셨는가를 보여준다. 그래서 사랑의 하나님이요 공의의 하나님이시다. 유월절 어린 양의 피는 그리스도의 보혈만이 구원을 얻을 수 있음을 가르쳐 준다.

요엘 선지자의 글에 이런 말씀이 있다. "누구든지 여호와의 이름을 부르는 자는 구원을 얻으리니 이는 나 여호와의 말대로 시온산과 예루살렘에서 피할 자가 있을 것임이요 남은 자중 여호와의 부름을 받을 자가 있을 것임이니라."(욜2:32) 우리가 불러야 할 그 구원자가 바로 주님이시다. "오늘날 다윗 동네에 너희를 위하여 구주가 나셨으니 곧 그리스도 주시니라."(눅2:11) 예수님은 이미 우리를 위해 보혈로 대속의 속전을 지불하셨지만 우리는 그분을 구주로 인정하고, 그 이름을 부르며 찬양하는 반 세겔의 속전을 지불해야 한다.

🍀 7. 의인은 믿음으로 말미암아 살리라

"오직 나의 의인은 믿음으로 말미암아 살리라 또한 뒤로 물러가면 내 마음이 저를 기뻐하지 아니하리라. [─] 우리는 뒤로 물러가 침륜에 빠질 자가 아니요 오직 영혼을 구원함에 이르는 믿음을 가진 자니라."(히10:38, 39)

그리스도인의 믿음은 죽은 믿음이 아니라 사는 믿음이요 뒤로 물러가는 믿음이 아니라 전진하는 믿음이다. 그 믿음은 영혼을 폐기하는 믿음이 아니라 영혼을 구원하는 믿음이다.

우리의 믿음의 선배들은 이 믿음을 삶으로 증거 하였다. 우리도 그 믿음을 증거 하는 삶을 살아야 하리라. 어떻게 믿음을 증거 하는 삶을 살 수 있을까? 그 답은 히브리서 11장에 나와 있다. 믿음을 행동으로 보여주는 것이다. 다음은 그 가르침이다.

첫째, 믿음에 대한 확신을 가진다. 믿음은 내가 볼 수 없어도 믿는 것이다. "믿음은 바라는 것들의 실상이요 보지 못하는 것들의 증거니"(히11:1) 믿음은 바로 우리가 보지 못하는 것을 바라고, 또한 그것을 확신하는 것이다. 지금 우리 눈에 보이지 않는다 해도 확신을 가지고 믿는 것이다.

둘째, 믿음에는 순종이 따른다. 믿음은 내가 이해하지 못해도 순종하는 것이다. "믿음으로 아브라함은 부르심을 받았을 때에 순종하여 장래 기업으로 받을 땅에 나갈 새 갈 바를 알지 못하고 나갔으며"(히11:8) 아브라함은 그가 가는 곳이 어딘지 알지 못했지만 "내 본토 친척집을 떠나 내가 지시할 곳으로 가라."는 명령에 순종했다. 믿음은 내가 이해하지 못한다 해도 순종하며 따르는 것이다.

셋째, 믿음은 주는 것이다. 믿음은 비록 자신이 어려운 가운데 있다 할지라도 더 어려운 처지의 사람들을 돌봄으로 나타난다. "환난의 많은 시련 가운데서 저희 넘치는 기쁨과 극한 가난이 저희로 풍성한 연보를 넘치도록 하게 하였느니라 내가 증거 하노니 저희가 힘대로 할 뿐 아니라 힘에 지나도록 자원하여"(고후8:2-3) 마게도냐 교회는 가난한 가운데서도 예루살렘 교인들을 위해 힘껏 연보를 했다. 이러한 행동은 성령의 뜻과 조화를 이루는 것으로 믿음에서 난 것이다.

넷째, 믿음은 내가 하고 싶지 않을 때라도 지속적으로 준행하는 것이다. 우리는 하고 싶지 않을 때가 많다. 모세도 그랬다. 그러나 그는 "믿음으로 애굽을 떠나 임금의 노함을 무서워 아니 하고 곧 보이지 아니하는 자를 보는 것같이 하여 참았으며"(히11:27) '참았다'는 것은 자신의 목적을 끝까지 견지했다는 뜻이다. 성공하는 사람은 인간적으로 하고 싶지 않다 할지라도 목적을 세우고 그 일을 기꺼이 참고 끝까지 유지하는 사람들이다.

다섯째, 믿음은 받기 전에 하나님께 감사하는 것이다. "믿음으로 칠 일 동안 여리고를 두루 다니매 성이 무너졌으며"(히11:30) 이스라엘은 여리고가 무너질 것을 확신하고, 오히려 무너질 것에 대해 미리 감사하고 찬양하며 여리고 주변을 돌았다. "그러므로 내가 너희에게 말하노니 무엇이든지 기도하고 구하는 것은 받은 줄로 믿으라. 그리하면 너희에게 그대로 되리라."(마 11:24) 믿음의 기도와 간구는 구하는 것을 받기 전에 받을 줄 알고 미리 감사하는 것이다.

끝으로, 믿음은 얻지 못한다 할지라도 하나님을 끝까지 신뢰하는 것이다. "이 사람들이 다 믿음으로 말미암아 증거를 받았으나 약속을 받지 못하였으니 이는 하나님이 우리를 위하여 더 좋은 것을 예비하셨은즉 우리가 아니면 저희로 온전함을 이루지 못하게 하려 하심이라."(히11:39－40) 믿음의 선조들은 비록 받기로 약속된 것을 받지 못했지만 오히려 하나님을 신뢰했다. 하나님이 이보다 좋은 것을 계획하고 계시다는 것을 이미 알았기 때문이다. 잠시 이루지 못했다고 실망하지 말자. 하나님은 믿음의 사람들에게 영원하고 좋은 것을 예비하고 계신다. 하박국 선지자는 외친다. "비록 무화과나무가 무성

치 못하며 외양간에 소가 없을지라도 나는 여호와를 인하여 즐거워
하며 나의 구원의 하나님을 인하여 기뻐하리로다.”(합3:17, 18)

8. 여호와께서 집을 세우지 아니하시면

시편 127편은 솔로몬의 시다. 그는 여호와의 도움이 진정한 복임
을 노래하였다. 이 시는 성전을 올라갈 때마다 불렀고, 포로 귀환
시 눈물로 불렀다고 한다. 그만큼 아끼는 시다. 이 시의 주제는 하
나님이 없는 삶은 무의미하다는 것이다. 집을 세우든, 경력을 쌓든,
가정을 양육하든 우리 삶의 모든 작업의 기초는 하나님이어야 한다
는 것을 가르쳐 준다.

솔로몬은 먼저 “여호와께서 집을 세우지 아니하시면 세우는 자의
수고가 헛되며”(1절)라고 하였다. 인간이 스스로 세운 집은 무너지기
쉽다. 하나님이 세워야 그 집이 견고하고, 하나님이 지켜야 확실한
평안을 누릴 수 있다.

여기서 집은 가정도 되지만 성전도 된다. 다윗은 하나님의 집을
세우고자 하는 열정이 사무쳤지만 하나님이 허락하지 않으셨다. 솔
로몬은 다윗의 심정을 너무나 잘 알고 있었다. 다윗 스스로 세울 수
없는 것은 아니지만 하나님이 세워야 한다. “사람이 치부하여 그 집

영광이 더할 때에 너는 두려워말지어다 저가 죽으매 가져가는 것이 없고 그 영광이 저를 따라 내려가지 못함이로다.”(시49:16, 17) 그러니 주님의 영광을 위해 사는 것이 참 부요임을 알 수 있다.

그는 “여호와께서 성을 지키지 아니하시면 파수꾼의 경성함이 허사로다.”라는 말로 1절을 마감한다. 당시 예루살렘은 만 평 정도로 작은 도시였다. 파수꾼이 지켜주었다. 그러나 시가 커지자 파수꾼으로 부족했다. 예루살렘이 망한 것이 파수꾼이 없어서가 아니다. 하나님이 지켜주시지 않으면 망한다. 하나님 손에 달려 있다. “여호와의 말씀에 내가 그 사면에서 불 성곽이 되며 그 가운데서 영광이 되리라.”(슥2:5) 우리 삶의 모든 영역을 하나님이 지키시도록 하자.

> “너희가 일찍 일어나고 늦게 누우며 수고의 떡을 먹음이 헛되도다. 그러므로 여호와께서 그 사랑하시는 자에게는 잠을 주시는도다.”(2절) 잠은 하나님이 주시는 평안을 의미한다. 그 평안은 주님이 주시는 것이요 그것을 누리는 사람이 복이 있는 사람이다. “우리의 만족은 오직 하나님께로서 난다.”(고후3:5)

하나님은 인간의 노력을 반대하지 않으신다. 열심히 일하는 것은 하나님을 공경하는 일이다(잠31:10 – 29). 그러나 쉼을 배제하거나 가정을 소홀히 하면서 일하는 것은 우리의 필요를 채우시는 하나님을 신뢰하지 않는 것이다. 우리 모두는 적합한 쉼과 영적 충전이 필요하다. 이 절은 또한 게으름을 용인하는 것은 아니다(잠18:9). 일하면서도 하나님을 신뢰하고, 나아가 쉬면서도 하나님을 신뢰하는 균형

(balance)된 삶이 중요하다는 것을 일깨워준다. 주님은 우리의 필요를 공급하여 주신다.

세상 사람은 아침부터 일찍 일어나 밤늦게까지 일하며 열심히 살면 성공한다고 말한다. 물론 그것도 필요하다. 그러나 하나님은 내가 도와주지 않으면 안 된다고 말씀하신다. 주님이 우리의 필요를 채우고 쉼을 주신다. 마귀는 필요를 채우는 공급자가 하나님임을 잊어버리게 만든다. 우리의 잠이 달다는 것은 하나님이 우리의 필요를 채우신다는 증거이다. 아담은 잠자는 동안 하와를 얻었다. 주님은 우리가 자는 동안 우리를 위해 일하신다.

"젊은 자의 자식은 장사의 수중의 화살 같으니 이것이 그 전통에 가득한 자는 복 되도다 저희가 성문에서 그 원수와 말할 때에 수치를 당치 아니하리로다."(4, 5절) 이따금 자녀는 나를 불편하게 만들고 귀찮은 짐처럼 여기는 사람도 있다. 이 절은 자녀가 짐이 아니라 하나님의 기업이요 상이라고 말한다. 하나님은 자녀를 귀히 보신다. 나아가 하나님을 신뢰하며 믿음을 승계한 자녀가 많을수록 마귀는 두려워한다. 하나님은 하나님의 방법으로 신앙을 계승키 원하신다. 자녀들은 하나님의 기업, 상급, 화살이다. 제대로 된 화살이 되기 위해 재료, 무게, 다듬는 정성이 필요하다. 하나님이 우리 화살 통에 멋진 화살을 넣어주도록 기도하자. 그리고 당신의 믿음을 보여주자. 그러면 노년에 수치를 당치 않게 하신다. 믿음의 자식을 갖는 것은 복이다. 그것은 자랑스러워할 만하다. 오죽하면 원수까지도 부러워할까.

이 시를 읽으며 느끼는 것은 하나님과 우리 집의 관계다. 집이 잘되려면 무엇보다 하나님을 의지하고, 하나님 따라 사는 것이다. 하나님이 지키도록 기도하기 전에 진정 지킬 만한 가치가 있도록 우리가 더욱 믿음 생활을 철저히 하자. 그러면 평안의 복과 믿음의 열매가 넘칠 것이다.

9. 내 잔이 넘치나이다

연변과기대 조각공원에 이 학교를 위해 헌신하다 하나님의 부르심을 받은 자들을 위한 탑이 있다. 사면에 학교를 뜻한 영문 YUST로 조각한 다음 그곳에 이름을 써놓았다. 그리고 탑 아래엔 바로 시편 23편이 영문으로 조각되어 있다. 목자이신 예수님을 따라 살아간 양들의 아름다운 생애를 기리기 위한 것이다. 시편 23편은 이처럼 사랑을 받고 있다. 스펄전이 시편 23편을 진주와 같다 한 이유를 알 것 같다.

사진: 연변과기대 조각공원 YUST탑

이 시편을 읽고 외우면 여러 모로 감동을 준다. 특히 다음과 같은 신앙을 발견할 수 있어 좋다.

첫 번째 감동은 여호와는 나의 목자가 되신다는 고백적인 신앙이다. 하나님이 나의 목자라는 것은 주님이 나의 삶의 주인이시라는 것이다. 다윗은 이 시를 쓰면서, 여호와가 나의 목자가 되시니 내가 부족함이 없다고 말한다. 초장에 뉘이고 물가로 인도하심은 이로 인해 육적으로 부족함이 없다는 것이요, 영혼을 소생시키시고 의의 길로 인도하심은 이로 인해 영적으로 부족함이 없음을 나타낸다. 우리가 잘해서 의의 길로 인도하시는 것이 결코 아니다. 부족하다 할지라도 주님의 자녀는 마땅히 의의 길을 가야 살기 때문에, 그것이 하나님이 기뻐하시는 길이기 때문에 인도하시는 것이다. 당신은 지금 주님을 향해 어떤 고백을 하며 사는가. 주님을 나의 하나님으로 모시고 사는 사람은 온몸으로 그분을 증거 하고, 세상 속에서, 곧 삶의 한복판에서 그 주님을 드러내야 할 것이다.

둘째, 사망의 음침한 골짜기로 다닐지라도 두렵시 않은 신앙이다. 왜 두렵지 않은가? 그것은 주님이 나와 함께하심이다. 임마누엘 신앙이다. 그리고 목자 되신 주님의 지팡이와 막대기가 나를 안위하기 때문이다. 지팡이와 막대기는 하나님께서 최고의 권위와 능력으로 우리를 보호하신다는 믿음을 표현한 것이다. 우리의 목자 되신 주님은 우리가 처한 모든 상황, 곧 어려움이든 환난이든 그 모든 것에 구체적으로 세세히 개입하고 보호하신다.

셋째, "내 잔이 넘치나이다." 하는 감사의 신앙이다. 주님은 원수의 목전에서 상을 베푸신다. 원수는 누구일까? 다윗의 개인적인 대적이라기보다 하나님을 대적하는 무리다. 그들은 우리가 신앙적으로 바른 삶을 살고자 할 때마다 싫어하고 대적한다. 우리가 바른 삶을 살려 하면 할수록 그 수는 늘어난다. 세상이 악하기 때문이다. 그러나 바른 삶을 살려고 애쓰는 만큼 주님은 기뻐하신다. 그래서 그 원수들 앞에서 보라는 듯이 상을 베푸시고 온갖 축복을 하신다. 기름으로 내 머리에 바른다는 것은 영적으로 축복을 하신다는 뜻이다.

끝으로, 내가 여호와의 집에 영원히 거하겠다는 결단의 신앙이다. 원문은 "내가 그 집에 돌아갈 것이다."이다. 그 집은 우리의 목자이자 아버지이신 하나님의 집이다. 그곳은 우리가 주님과 친밀히 만날 수 있는 곳이며, 우리의 인생이 끝날 때 영원히 거할 곳이다. 예수님은 우리가 거할 처소를 마련하려 가신다 하셨고, 우리가 거할 곳이 많다 하셨다. 그곳은 하나님과 우리의 관계가 완전히 회복된 곳이자 우리의 영원한 안식이 있는 곳이다. 그곳은 우리가 돌아갈 곳이다. 그 집에 바로 나의 목자이신 주님이 계신다.

다윗은 주님이 우리의 목자 되심을 감사했고, 보호해 주심에 감사했으며, 믿음으로 살려는 것에 보답하시는 주님께 감사했고, 우리가 영원히 거할 곳이 있음을 감사했다. 목자이신 주님은 오늘도 우리를 인도하신다. 우리는 주님의 초장을 따라 꼴을 얻고, 주님이 인도하시는 물가로 나가 생수를 마신다. 이를 통해 우리는 주님의 선하심과 인자하심을 기억한다. 그리고 남은 생애, 그리고 우리의 인생이 끝날 때 여호와의 집에 영원히 거하며 살겠다는 다짐을 한다. 그 주님이 바로 우리의 목자시다. 그러니 부족함이 없다.

10. 성령으로 인한 구원의 확신

그리스도인이 누구냐 한다면 한마디로 예수님을 구주로 고백한 사람들이다. 그러나 그 고백은 하나님이 우리와 함께하실 때, 곧 성령님이 우리 안에 역사하실 때 가능하다. "그러므로 내가 너희에게 알게 하노니 하나님의 영으로 말하는 자는 누구든지 예수를 저주할 자라 하지 않고 또 성령으로 아니하고는 누구든지 예수를 주시라 할 수 없느니라."(고전12:3) 바울의 말이다. 베드로가 "주는 그리스도시요 살아 계신 하나님의 아들이시니이다."(마16:16) 고백했을 때에도 예수님은 "이를 알게 한 이는 혈육이 아니요 하늘에 계신 네 아버지시니라." 하셨다. 예수를 구세주라 하는 진실한 신앙고백도 성령에 의해서만 가능하다는 것을 알 수 있다. 자신의 힘으로 되는 것이 아니라 성령의 힘으로 되는 것이다.

왜 그럴까? 성령은 죄를 회개하고 그리스도를 믿는 모든 진실한 성도들 마음속에 곧 들어오셔서 역사하시기 때문이다. 성령의 도움으로 죄인이 죄를 자각하고 예수를 그리스도(구주)로 받아들여 거듭난 사람이 되면 그는 거듭나지 않은 생명과 전혀 다른 거룩한 성품을 소유하게 된다. 따라서 바울은 선언한다. "만일 너희 속에 하나님의 영이 거하시면 너희가 육신에 있지 아니하고 영에 있나니 누구든지 그리스도의 영이 없으면 그리스도의 사람이 아니라."(롬8:9)

성령으로 난 자는 하나님의 아들로서 성령의 인도하심을 받는다.

"무릇 하나님의 영으로 인도함을 받는 그들은 곧 하나님의 아들이라 너희는 다시 무서워하는 종의 영을 받지 아니하였고 양자(sonship)의 영을 받았으므로 아바 아버지라 부르짖느니라 성령이 친히 우리 영으로 더불어 우리가 하나님의 자녀인 것을 증거 하시나니 자녀이면 또한 후사 곧 하나님의 후사요 그리스도와 함께한 후사니 우리가 그와 함께 영광을 받기 위하여 고난도 함께 받아야 할 것이니라."(롬 8:14-17) 또한 양자의 영을 받고 그리스도와 함께 하나님의 후사가 된다고 하신다.

예수님은 하나님의 자녀들에게 성령을 주시겠다 약속하셨다. "너희가 악할지라도 좋은 것을 자식에게 줄줄 알거든 하물며 너희 천부께서 구하는 자에게 성령을 주시지 않겠느냐."(눅11:13) 주님은 승천하시기 전 "예루살렘을 떠나지 말고 내게 들은바 아버지의 약속하신 것을 기다리라. 요한은 물로 세례를 베풀었으나 너희는 몇 날이 못되어 성령으로 세례를 받으리라. [-] 오직 성령이 임하시면 너희가 권능을 받고 예루살렘과 온 유대와 사마리아와 땅끝까지 이르러 내 증인이 되리라."(행1:4, 5, 8) 하셨다. 약속하신 것이 바로 성령이요 성령을 받으면 권능을 받고 세상에서 주님을 증거 하는 자로 살게 되리라는 것이다.

예루살렘에서 전도를 하다 붙잡힌 베드로는 공회 앞에서 담대히 예수를 증거 하며 말한다. "이스라엘로 회개케 하사 죄 사함을 얻게 하시려고 그를 오른 손으로 높이사 임금과 구주를 삼으셨느니라. 우리는 이 일에 증인이요 하나님이 자기를 순종하는 사람들에게 주신 성령도 그러하니라."(행5:31, 32) 성령을 받은 그는 더 이상 겁쟁이가 아니다. 그리고 그는 말한다. 하나님이 자기를 순종하는 사람들에게 성령을 주셨다.

구원을 받지 못한 사람이 복음을 받아들여 예수님을 구주로 모실 때 그 사람은 구원을 받는다. 또한 성령을 선물로 받는다. 그리고 하나님은 우리 마음에 그리스도의 영을 보내 하나님을 아바 아버지라 부르게 하신다. "너희가 아들인 고로 하나님이 그 아들의 영을 우리 마음 가운데 보내사 아바 아버지라 부르게 하셨느니라."(갈4:6) 그러므로 우리 안에 성령이 계심을 감사하며 늘 그분과 함께 동행하자.

11. 죄의 중독으로부터의 자유

철학자 파스칼에 따르면 세상에는 두 종류의 인간이 있다. 하나는 자기를 죄인이라고 생각하는 의인이고 또 하나는 자기를 의인이라고 굳게 믿는 죄인이다. 당신은 어디에 속하는가. 그의 말에 약간이라도 가슴이 뜨끔하다면 그는 자신을 의인이라고 믿어온 쪽일 가능성이 높다. 전도를 할 때 "우리 모두 죄인입니다." 하면 죄인이라는 데 거부감을 표시하는 사람들이 많은 것도 모두 자기를 의인으로 착각하며 살아가는 사람이 많다는 것을 보여준다.

약물 중독자나 알코올 중독자를 만났을 때 흔히 "하나님의 은혜가 아니었다면 나도 저랬을 거야.”라는 말을 듣는다. 그럼 지금 저 사람은 나쁜 상태에 있고 우리는 괜찮다는 말인가.

하루는 예수님이 무리를 향해 말씀하셨다. “진리를 알지니 진리가 너희를 자유케 하리라.”(요8:32) 그러자 사람들은 우리가 자유롭지 않다는 말이냐며 항의했다. 이에 대해 주님은 “진실로 진실로 너희에게 이르노니 죄를 범하는 자마다 죄의 종이라.”(요8:34)이라 하셨다. 다시 말해 죄는 중독성이 있다는 것이고, 우리 모두 죄인이므로 우리가 죄의 중독자라는 말씀이시다. 우리는 죄를 좋아한다고 말하지 않지만 자꾸만 죄를 짓는 쪽으로 나아가니 중독이라 해도 할 말이 없다.

우리 각 사람의 죄 문제 가운데는 자기의 습성이 자리하고 있다. 습성이 그러하니 어찌할 도리가 없다. 이 습성으로부터 자유를 얻으려면 우리 주님의 도움이 필요하다. 진리이신 주님이 그것들로부터 우리를 자유하게 하시기 때문이다.

약물 중독에서 회복된 많은 사람들은 약물 중독보다 더 심각한 문제는 자기의 습성(습관)이라는 것을 깨닫게 되었다. 스페인 태생의 고대 로마 수사학자 퀸틸리아누스(Quintilianus)는 “일단 몸에 붙은 악한 습관은 깨어지기는 할지라도 고쳐지지는 않는다.”고 했다. 신앙과 인격과 가정과 자신이 깨어지지 않도록 악한 습관을 버리고 좋은 습관을 기를 필요가 있다.

『오늘의 양식』지에 켄이라는 인물을 소개했다. 그는 수년 동안 약물과 술로 인해 중독 상태에서 벗어나지 못했다. 그러나 그가 자신의 무거운 삶의 짐을 그리스도께 내려놓자 주님이 그의 삶에 개입하기 시작했다. 그는 결국 이 문제로부터 자유를 얻었다. 그는 말한다.

　"저는 약물이나 술보다 나 자신, 곧 나의 습성에 완전히 중독되어 있다는 것을 깨닫고 놀랐습니다. 저는 약물이나 술이 아니라 저 자신을 이기게 해 달라고 기도했습니다. 그 후 순조로웠던 것은 아니지만 주님께서 저의 이기적인 삶에 변화를 주셨습니다."

　우리도 때로 이와 같은 중독에 싸우고 있다. 죄에 중독되어 있기 때문이다. 따라서 우리는 약물 중독자나 알코올 중독자를 향해 "저 사람이 남이 아니라 바로 나"라는 고백이 있어야 한다. 그리고 자꾸만 죄 속으로 빠져들려는 나 자신을 이기게 해 달라고 기도해야 한다. 주님의 도우심이 아니면 그것들로부터 해방을 얻을 수 없기 때문이다.

　우리가 멸망하는 것은 죄 때문이 아니다. 하나님 앞에 나오지 않기 때문이다. 하나님 앞에 나오면 언제나 용서를 받는다. 그리고 죄의 습성으로부터 자유를 얻는다.

　"우리가 알거니와 우리 옛사람이 예수와 함께 십자가에 못 박힌 것은 죄의 몸이 멸하여 다시는 우리가 죄에게 종노릇하지 아니하려 함이니."(롬6:6) 다시는 죄에 종노릇하지 않기 위해, 악한 습성으로부터 벗어나기 위해 십자가 앞에 나가야 한다. 죄에 대한 인식이 부족하면 십자가에 대한 간절함이 적다. 그러나 죄에 대한 인식이 클수록 십자가에 대한 간절함이 커진다. 우리의 본성을 깊이 생각하고 십자가 능력 앞에 우리 자신을 의탁하자.

12. 율법으로부터의 자유

"주의 영이 계신 곳에는 자유 함이 있느니라."(고후3:17) 이 말씀을 읽으면 성령은 우리에게 자유 함을 주는 분이심을 알 수 있다. 성령은 우리에게 여러 형태의 자유를 주시지만 무엇보다 율법으로부터 자유 함을 주신다.

로마서 8장 2절을 보자. "그리스도 예수 안에 있는 생명의 성령의 법이 죄와 사망의 법에서 너를 해방하였음이라." 율법은 약속하신 자손, 곧 그리스도가 이 땅에 오시기까지만 사용하는 임시 규약이다(갈3:19). 율법은 온 세상으로 하여금 하나님의 심판 아래 있게 하려 하여 율법 아래 있는 자들에게 준 것이다(롬3:19). 성령의 법은 율법으로부터 자유하게 한다. 성령의 역사는 법의 판결과 저주의 속박으로부터 사람을 해방시키기 때문이다. 죽이는 형벌과 법의 힘으로부터의 해방이다.

그러나 율법으로부터의 자유는 자유를 얻은 후 방종을 위한 것이 아니라 의를 이루기 위한 자유다. "모든 믿는 자에게 의를 이루기 위해 율법의 마침이 되는"(롬10:4) 자유인 것이다. 야고보는 말한다. "너희는 자유의 율법대로 심판받을 자처럼 말도 하고 행하라."(약2:12) 의를 이루고자 하는 성령의 사람이라면 더 자중해야 할 것이다.

바울은 강하게 권면한다. "그리스도께서 우리로 자유케 하시려고 자유를 주셨으니 그러므로 굳게 서서 다시는 종의 멍에를 메지 말라."(갈5:1) 이것은 마치 병을 고쳐 주시면서 "다시는 죄를 짓지 말라."는 예수님의 말씀을 생각나게 한다. 율법으로부터 자유 한 사람이라면 다시금 죄를 짓지 않도록 노력해야 한다는 것을 알 수 있다. 야고보서를 다시 보자. "자유하게 하는 온전한 율법을 들여다보고 있는 자는 듣고 잊어버리는 자가 아니요 실행하는 자니 이 사람이 그 행하는 일에 복을 받으리라."(약1:25) 행함이 있는 자가 결국 복을 받게 되리라는 말씀이다.

예수님은 말씀하셨다. "그런고로 아들이 너희를 자유케 하면 너희가 참으로 자유하리라."(요8:36) 예수님이 우리에게 주신 자유는 참자유다. 주님의 사망과 부활로 우리에게 주신 영광스러운 자유다. 예수님이 우리에게 주신 자유는 결코 쉽게 얻을 수 있는 자유가 아니다. 그 귀한 자유를 귀하게 생각할 수 있는 사람이 바로 그리스도인이다.

예루살렘 총회에서 어떤 이들이 모세의 법대로 할례를 받지 아니하면 능히 구원을 얻지 못하리라 주장했다. 이때 베드로는 참석자들에게 말한다. "그런데 지금 너희가 어찌하여 하나님을 시험하여 우리 조상과 우리도 능히 메지 못하던 멍에를 제자들의 목에 두려느냐."(행15:10) 멍에는 두 마리의 소나 나귀를 한데 묶을 때 사용되는 나무로 만든 틀이다. 이 말은 한 사람이 다른 사람에게 종속된 상태를 상징하는 어휘로 사용되었다. 여기서는 할례와 율법을 상징한다. 베드로는 이 말을 통해 다시는 율법에 의해 속박을 받지 않고 성령으로 인도된 새로운 자유를 구가하겠다는 결의를 보였다.

중국의 문학가 루쉰(노신)은 그의 『광인일기』 서문에서 이렇게 외친다. 이 글을 통해 우리는 자유가 얼마나 중요한가를 알 수 있다.

"커다란 유리병 속에 갇힌 사람들 있죠.
볼 수도 들을 수도 없는 곳에 잠든 사람들.
영혼의 생명을 빼앗긴 슬픔사람들 있죠.
머지않아 그들은 숨이 막혀 죽어가겠죠.
어떤 사람들은 말하죠. 두드려도 깨지지 않는 유리병
안의 그를 깨우는 건 고통만 줄뿐 그러지 말라고.
하지만 깰 수 없는 유리란 처음부터 있을 수가 없어.
한두 사람이라도 눈을 뜬 사람 있다면
이제 우리가 손을 내밀어 갇힌 그들을 꺼내야 해요.
눈물속의 빛나는 희망, 그 자유를 위해."

지금 당신이 누리는 이 자유는 주님이 주신 것이다. 이 자유가 그렇게 좋은 것이라면 다른 사람도 그 자유를 누릴 수 있도록 해야 한다.

하나님이 자유하게 하신 자를 어느 누구도 종으로 삼을 수 없다. 우리의 주인은 하나님이시기 때문이다. 그리스도인은 바로 '우리의 주인은 오직 하나님 한 분뿐'임을 확신하는 사람들이다. 이전 것, 곧 율법일랑 모두 장사지낸 새로운 피조물이다. 그래서 거듭난 그리스도인은 주님 속에서 진정한 자유를 찾는다. 주님의 사람에게는 하나님의 뜻대로 살 자유는 있어도 사람의 뜻대로 살 자유는 없다.

13. 변화는 하나님의 뜻

"너희는 이 세대를 본받지 말고 오직 마음을 새롭게 함으로 변화를 받아 하나님의 선하시고 기뻐하시고 온전하신 뜻이 무엇인지 분별하도록 하라."(롬12:2) 이 말씀의 키워드는 변화다. 변화하라는 것이다. 변화는 하나님의 뜻이다. 이를 위해 하지 말 것과 할 것을 구분했다. 술 취하지 말고 성령 충만함을 받으라는 말씀처럼 이 세대를 본받지 말고 변화를 받으라는 것이다. 부정명령에서 시작하지만 긍정명령으로 변화한다. 긍정명령이 더 중요하다. 중요한 것은 이 변화는 내가 하는 것이 아니다. "변화를 받아." 변화의 주체는 하나님이시다.

로더리크(R. Roderique)는 종신형을 선고받고 17년을 감옥에서 살았다. 그는 몬트리얼 고등법원에 조기석방을 청원했다. 그의 목사인 씨든시피너(C. Seidenspinner)가 그를 위해 증언대에 섰다. 판사는 이 사람이 왜 조기에 석방되어야 하느냐고 물었다. 목사는 답했다.

"하나님께서 이 사람의 삶 속으로 오셔서 그를 변화시키셨고 앞으로 그를 확고하게 붙들어 주실 것이기 때문입니다."

판사는 다시 물었다. "하나님이 그의 삶 속에 들어오셨다는 것이 무슨 뜻입니까?" 목사는 한 사람의 삶을 어떻게 변화시키셨는지 상세히 설명했다. 이 말을 신중하게 들은 판사는 다시 질문을 했다.

"이 사람이 석방되면 당신은 그를 이웃으로 맞이하겠습니까?"

그때 목사는 외쳤다. "그렇다마다요. 그러면 저희 이웃이 그의 변화된 모습을 보게 될 것입니다. 그의 삶을 변화시킨 바로 그 말씀을 저희 이웃도 들어야 합니다." 그는 석방되었다. 지금은 주님을 위해 살 뿐 아니라 교회 일도 열심히 하고 있다.

척 콜슨은 닉슨 참모로 워터게이트 도청 은폐사건으로 복역한 인물이다. 그는 복역 중 변화되었다. 출감할 때 기자가 찾아와 물었다. "당신이 변화되었다는 증거는 무엇인가?" 그러자 그는 말했다. "지금은 보여줄 수 없다. 그러나 10년 뒤 내가 어떤 식으로 사는가를 보아주기 바란다." 그는 복음전도자가 되었고, 수감자 전도에 열심을 다했다.

우리는 감옥에 다녀온 범법자를 전과자(ex-con)라 부른다. 그러나 하나님의 눈으로 볼 때 우리 모두 전과자들이다. 그리스도인은 모두 용서받은 죄인이자 전과자들이기 때문이다. 그 전과자들이 오늘도 우리를 어둠 속에서 불러내신 하나님을 찬양하고 있다(벧전2:9).

판검사들은 자신들을 가리켜 '하수구를 치우는 사람들'이라 한다. 날마다 죄를 지은 사람들에게 벌을 주고 교화하기 위해 노력하기 때문이다. 과거 우리는 하수구에 살던 사람들이다. 그런 우리를 주님은 구원의 자리로 이끄셨다. 그리고 주님의 사람으로 변화시키셨다.

사단은 우리의 변화를 원치 않는다. 그러나 주님은 우리의 변화를 원하고, 또 변화시키신다. 다시는 어둠 속에서 살지 않도록 하신다. "예수님은 가장 못된 죄인들을 가장 훌륭한 성인으로 변화시킬 수 있다."는 말이 있다. 전과자인 우리가 주님으로 인해 변화된 것이다.

어느 정도까지 변화되었을까. 주님의 말씀을 보자. "너희 빛을 사람 앞에 비취게 하여 저희로 너의 착한 행실을 보고 하늘에 계신 너희 아버지께 영광을 돌리게 하라."(마5:16) 이만큼 달라졌다.

기자의 질문처럼 "당신이 변화되었다는 증거는 무엇인가?" 그것은 우리가 더 이상 과거 전과자처럼 살지 않는다는 점이다. 오늘도 그리스도를 닮아가는 사람으로서, 그 주님의 모습을 이 땅에 드러내는 사람으로 살아간다. 우리가 주님의 빛을 더 드러낼 때 그것이 바로 하나님께 영광을 돌리는 길이 된다. 이것이 바로 증거다. 우리는 이 땅에서 변화 인자(change agent)로 살도록 부르심을 받았다. 하나님 나라의 백성은 바로 변화의 인자(gene)를 가진 사람들이다. 이제 그 나라 백성답게 사는 일만 남았다.

14. 물과 성령으로 거듭나지 아니하면

성령은 구원받지 못한 사람의 마음속에 역사하여 죄를 뉘우치게 한다. "그(성령)가 와서 죄에 대하여 세상을 책망하시리라."(요16:8) 책망은 죄를 깨닫게 하는 것을 말한다. 이를 통해 우리는 잃어버린 영혼을 찾으시는 성령님의 역사를 본다. 성령은 사람의 자유와 권리를 존중하신다. 사람의 의지를 결코 억압하지 않으신다. 사람의 뜻을 무시하여 강제로 회심케 하지 않으신다. 다만 죄를 자각하게 하고 주님을 필요로 하게 하여 구원에 초대하신다. "성령과 신부가 말씀하시기를 듣는 자도 오라 할 것이요 목마른 자도 올 것이요 원하는 자는 값없이 생명수를 받으라."(계22:17) 아시아 일곱 교회에 대해서도 "귀를 가진 자는 성령이 말씀하시는 것을 들으라."(계2, 3장) 하신다.

거듭남을 위해서는 무엇보다 성령님이 필요하다. "사람이 거듭나지 아니하면 하나님 나라를 볼 수 없느니라."(요3:3) 니고데모에게 하신 주님의 말씀이다. "사람이 물과 성령으로 거듭나지 아니하면 하나님 나라에 들어갈 수 없느니라."(요3:5) 여기서 물은 물세례가 아니라 하나님의 말씀을 상징한다. 성경에 물세례로 거듭날 수 있다는 말은 없다. "내가 주는 물을 먹는 자는 영원히 목마르지 아니하리니."(요4:14) "너희가 거듭난 것이 썩어질 씨로 된 것이 아니고 썩지 아니할 씨로 된 것이니 하나님의 살아 있고 항상 있는 말씀으로 되었느니라."(벧전1:23) 이것과 함께 잊어서는 안 될 것이 바로 성령의 역사다. 성령은 사람이 죄를 뉘우치고 그들로 거듭나게 해 주는 중생의 주동자이다. 즉 중생은 의의 행위로 되는 것이 아니라 성령의 갱신으로 되는 것이다.

성령은 우리가 거듭난 것을 알게 해 주신다. 죄인이 성령을 구하면 그 안에 그리스도가 형성됨을 체험한다. "내 안에 그리스도 사신 것이라."(갈2:20), "성령이 친히 우리 영으로 더불어 우리가 하나님의 자녀인 것을 증거 하시나니."(롬8:16) 성령을 소유하지 않고서는 영생이나 구원의 확신은 없다. 그래서 바울은 말한다. "누구든지 그리

스도의 영이 없으면 그리스도의 사람이 아니니라."(롬8:9)

그러나 죄를 고집하는 사람에게서 성령은 떠나신다. 하나님이 노아시대의 악함을 보고 이렇게 말씀하셨다. "나의 신이 영원히 사람과 같이하지 아니하리니."(창6:3) 성령을 우리 안에 거하지 않게 하겠다는 말씀이다. 이를 미루어 볼 때 우리 주님이 우리에게 보혜사 성령을 보내시겠다고 하신 것은 매우 의미 있는 말씀이 아닐 수 없다. 성령을 주신 주님께 감사해야 할 이유가 충분하다.

스데반은 공회에서 완고한 유대인을 책망하며 외쳤다. "목이 곧고 마음과 귀에 할례를 받지 못한 사람들아 너희가 항상 성령을 거스리느니라."(행7:51) 그때 그들은 이미 마음속에 돌을 들었다. 시편 저자는 간구한다. "주의 성신을 내게서 거두지 마소서."(시51:11)

성령은 지금 와 있어 거듭난 모든 사람들에게 거하신다. "너희가 아들인 고로 하나님이 그 아들의 영을 우리 마음 가운데 보내사 아바 아버지라 부르게 하셨느니라."(갈4:6) 이미 거하시는 데 "전능왕 오셔서 우리로 찬송케 하옵소서.", "불과 같은 성령이여 간구하는 우리게 영광 보여주소서.", "성령이어 내 맘 어둔 것을 변하여 밝게 하여 주소서." 간구하는 것은 잘못된 것일 수 있다. 그러나 성령이 더 충만히 임하기를 바라는 뜻이라면 문제가 없다.

오늘도 우리를 찾아 거듭나게 하시며 깨우치시며 순결하게 하시는 성령님의 힘을 느끼자. 그 능력으로 우리의 어둔 구석을 밝히고, 세상을 밝히자. 성령이 함께하시리라.

15. 너희 안에 이 마음을 품으라 곧 그리스도 예수의 마음이니

"너희 안에 이 마음을 품으라 곧 그리스도 예수의 마음이니." 빌립보서 2장 5절의 말씀이다.

빌립보서 2장은 마음으로 시작한다. 빌립보 교인들의 마음이 나뉘어 서로 분쟁하고 있었기 때문이다. "마음을 같이하여 같은 사랑을 가지고 뜻을 합하여 한 마음을 품어 아무 일에든지 다툼이나 허영으로 하지 말고 오직 겸손한 마음으로 각각 자기보다 남을 낮게 여기고."(빌2:2, 3) 한 마음을 가지라는 것이다.

교인들이라고 해서 모두 완전한 사람이 아니다. 오히려 불완전한 사람들이지만 예수님의 삶을 본받아 보다 완전한 데로 나아가고자 한다는 점에서 비그리스도인과 다를 뿐이다. 사람들은 각기 다른 기질을 가지고 교회에 들어온다. 따라서 교회마다 기질이 다를 수 있다. 빌립보 교회는 남을 잘 돕는다는 점에서 좋은 점을 가졌다. 그러나 도시 전체의 기질로 인해 하나 되지 못하는 문제점을 가졌다.

빌립보서 4장 2절을 보자. "내가 유오디아를 권하고 순두게를 권하노니 주 안에서 같은 마음을 품으라." 유오디아와 순두게는 이 교회의 여성 지도자이다. 빌립보 교회는 자주장사 루디아의 가정에서 시작한 교회여서 그런지 여성의 힘이 강하게 작용해 온 것으로 보인다. 그런데 지금 이 여성 지도자들이 화합하지 못하고 서로 나뉨으로써 교인들뿐 아니라 바울의 마음을 아프게 하고 있는 것이다.

그래서 바울은 교인들이 하나가 되어야 하며, 이를 위해 품어야 할 마음이 있다고 말한다. 그 마음이 바로 예수 그리스도의 마음이라는 것이다. 이 마음을 품으라는 것은 그들의 마음가짐과 태도를 고쳐야 할 것을 말한다. 그들이 지향해야 할 목표는 예수님의 마음이다. 예수님이 보여주신 겸손한 마음과 태도, 그리고 자세를 배우면 확실히 달라진다는 것이다.

때로 우리 속에 있는 태도가 사람들을 아프게 한다. 헌신적인 교인의 경우 종종 사람의 인정을 받고자 하는 모습을 보인다. "내가 이만큼 헌신했다"며 고압적인 자세를 취하고, "나를 몰라주면 안 되지" 하며 인정을 강요한다. 그 속에서 온유와 겸손을 볼 수 없다. 이것은 주님을 순종하는 자들의 모습이 아니다.

사람이다 보니 사람으로부터 인정을 받고 싶은 욕망이 있는 것은 당연하다. 그러나 그리스도인은 이미 사람으로부터 받는 인정을 묻은 사람들이 아니던가. 그럼에도 불구하고 보이지 않는 하나님으로부터의 인정보다 보이는 사람들로부터의 인정이 더 가깝다.

바울은 그들에게 예수 그리스도를 바라보라 한다. 주님은 겸손으로 그 모든 싸움을 이기셨다. 겸손은 예수님의 마음이다. 마음은 인격·정신·삶·의식·얼굴·영성 모두를 포함한다. 이제 주님을 모델로 삼아 교만한 우리 자신을 쳐야 한다는 것이다. 우리는 늘 주님의 종이라 말한다. 그러나 정작 종으로 취급받기는 싫어한다. 변화되지 못한 내 태도가 문제다.

예수님은 어떤 마음을 가지셨을까? 첫째, 깨끗한 마음이다. 하나님을 바라보는 정결한 마음이다. 그 속에는 속임도 증오도 없다. 둘째, 넓은 마음이다. 그 사랑의 길이와 너비와 깊이를 생각해 보라. 널리 포용하고 깊이 받아들이셨다. 셋째, 용서와 사랑의 마음이다. 베드로는 예수님을 세 번이나 부인했다. 닭이 울 때 그는 예수님과 시선 마주쳤다. 두 분 사이에 대화는 없었지만 그 눈으로 많은 대화가 이뤄졌을 것이다. 주님의 눈에는 야속함·분노·원망·저주·조롱도 없었다. 그래도 너를 사랑한다 하시는 태도를 보여주셨다. 베드로는 밖에 나가 통곡할 수밖에 없었다. 끝으로, 온유하고 겸손한 마음이다. 주님은 자신을 가리켜 "나는 온유하고 겸손하니."라 하셨다. 주님은 온유한 마음으로 십자가를 지셨다.

왕으로 오신 예수상은 바리새인이 생각하는 메시아 상을 구현한 것이다. 그러나 예수께서 보여주신 태도는 한 인간으로의 종의 모습이다. 우리는 주님의 종이다. 종이 되어야 할 우리가 주인이 되겠다고 한다면 문제는 크다.

빌립보 교회는 예수의 마음이 없어 서로 시기하고 질투하며 싸웠다. 이제 그들에게 필요한 것은 예수님이 가지신 겸손과 온유의 마음이다. 바울은 그들을 향해 "이 마음을 품으라."고 말한다. 이 말 속에는 바울의 간절한 기도와 눈물과 간구가 숨어 있다.

바울은 전투하는 인생을 살았다. 선으로 악을 이기고자 했고, 긍정적이고 적극적으로 살았다. 그는 고난도 은혜로 받았고, 겸손한 마음을 가지고자 했다. 마음과 뜻을 모아 남을 높이는 삶을 살고자 했다. 그 속에는 늘 예수님을 닮고자 하는 마음이 있었다.

우리가 싸우는 것도 실상은 예수의 마음이 없기 때문이다. 내 권

위 따위는 저 아래로 내려놓고, "예수님의 마음을 주옵소서." 기도하
자. 하나 되기 위해 성령의 기름 부으심이 넘치도록 간구하자. 주님
이 우리 마음에 계시면 우리 공동체 안에 평화를 주신다. 위로와 희
망이 넘친다. 이 예수님을 바로 보자. 주님의 겸손 배우기를 더 이
상 미루지 말자.

16. 진리와 진리의 영

예레미야 5장을 보면 진리를 구하는 자가 없음을 보고 한탄하는
장면이 나온다. "너희는 예루살렘 거리로 빨리 왕래하며 그 넓은 거
리에서 찾아보고 알라 너희가 만일 공의를 행하며 진리를 구하는 자
를 한 사람이라도 찾으면 내가 이 성을 사하리라."(렘5:1) 소돔 성은
의인 열 명이 없다고 하셨는데 예루살렘 성을 보시면서는 "한 사람
이라도 찾으면"이라 하신다. 그들이 말로는 여호와의 이름으로 맹세
하지만 그 모두 거짓맹세다. 정직을 말하지 아니하고 각기 제 길로
갔다. 그래서 하나님은 결정하신다. "지혜롭다 하는 자들은 수욕을
받으며 경황 중에 잡히리라 보라 그들이 나 여호와의 말을 버렸으니
그들에게 무슨 지혜가 있으랴. 그러므로 내가 그들의 아내를 타인에
게 주겠고 그들의 전지를 그 차지할 자들에게 주리라."(렘8:9, 10)

우리가 구해야 할 진리는 무엇일까? 그것은 무엇보다 하나님의 말씀이다. 예수님은 말씀하신다. "저희를 진리로 거룩게 하옵소서. 아버지의 말씀은 진리이니이다."(요17:17) 그 진리의 말씀이 우리를 거룩한 길로 인도한다. 주님은 진리의 말씀을 통해 죄 짓는 삶에서 벗어나도록 하신다. 요한은 "만약 우리가 죄 없다고 하면 스스로 속이고 또 진리가 우리 속에 있지 아니할 것이요."(요일1:8)라 했다.

예수님은 오직 길이요 진리요 생명이 되는 말씀을 하신다. "내가 곧 길이요 진리요 생명이니 나를 말미암지 않고서는 아버지께로 올 자가 없느니라."(요14:6) 주님은 이 진리를 위해 세상에 오셨고, 진리에 대해 증거 하셨다.

빌라도 법정에서 빌라도는 묻는다. "네가 왕이 아니냐?" 예수님은 "네 말과 같이 내가 왕이니라 내가 이를 위하여 났으며 이를 위하여 세상에 왔나니 곧 진리에 대하여 증거 하려 함이로라. 무릇 진리에 속한 자는 내 소리를 듣느니라."(요18:37) 하셨다. 이어 빌라도는 아주 중요한 물음을 던진다. "진리가 무엇이냐?" 그러나 그는 이에 대한 답을 들을 사이도 없이 다시 유대인에게 나갔다. 우리도 그처럼 질문만 하고 본질에 접근하지 않는 태도를 보이는 것은 아닌가. 예수님이 바로 진리 그 자체이신데.

요한복음 14장에 보혜사 성령에 대한 말씀이 나온다. 예수님은 너희가 나를 사랑하면 나의 계명을 지키라 하시고 내가 아버지께 구하여 또 다른 보혜사를 보내 우리와 영원히 함께 있게 하시겠다고 하셨다. 그리고 그 보혜사를 가리켜 "저는 진리의 영이라 세상은 능히 저를 받지 못하나니 이는 저를 보지도 못하고 알지도 못함이라. 그러나 너희를 저를 아나니 저는 너희와 함께 거하심이요 또 너희 속에 계시겠음이라."(요14:17)이라 하셨다.

진리의 성령은 어떤 일을 하실까? 요한복음 16장을 보자. "진리의 성령이 오시면 그가 너희를 진리 가운데로 인도하시리니 그가 자의로 말하지 않고 오직 듣는 것을 말하시며 장래 일을 너희에게 알리시리라. 그가 내 영광을 나타내리니 내 것을 가지고 너희에게 알리겠음이니라."(요16:13, 14) 진리의 영은 진리 가운데로 우리를 인도하시고, 주님의 것을 우리에게 알리며 주님의 영광을 나타내신다는 것이다. 그러므로 진리의 영은 철저히 예수님 쪽에 서 있음을 알 수 있다. 주님과 하나이시기 때문이다.

우리는 매일 진리의 말씀을 읽으며 산다. 그리고 그 말씀 속에서 진리이신 주님을 만난다. 또한 진리의 영이신 성령께서 우리 속에 함께하셔서 우리를 늘 진리 가운데 인도하신다. 따라서 우리는 진리와 떨어질 수 없는 삶을 살고 있다. 당신은 오늘도 진리 속에 살고, 그 진리를 행하며 살고 있는가.

17. 자랑할 것과 자랑하지 아니할 것

하나님이 싫어하시는 것 가운데 하나가 바로 인간의 자랑과 교만이다. 예레미야 9장을 보자.

> "여호와께서 이같이 말씀하시되 지혜로운 자는 그 지혜를 자랑치
> 말라. 용사는 그 용맹을 자랑치 말라. 부자는 그 부함을 자랑치 말라.
> 자랑하는 자는 이것으로 자랑할지니 곧 명철하여 나를 아는 것과 나
> 여호와는 인애와 공평과 정직을 땅에 행하는 자인 줄 깨닫는 것이라.
> 나는 이 일을 기뻐하노라 여호와의 말이니라."(렘9:23, 24)

이 말씀에는 인간이 자랑치 말아야 할 사항들이 소개되어 있다.
인간의 지혜, 용맹, 부함이 바로 그것이다. 사람은 자기가 얼마나 현
명한 사람인가, 용맹스러운가, 부자인가를 자랑한다. 그런데 하나님
보시기에 그것은 하루살이들의 힘자랑과 같다.

이 말씀은 유다에 임할 하나님의 심판과 슬픔을 나타내는 글의
일부다. 이제 곧 심판이 임할 터인데 그것들이 대수가 아니라는 말
이다. "사람의 시체가 분토같이 들에 떨어질 것이며 추수하는 자의
뒤에 떨어지고 거두지 못한 뭇같이 되리라."(렘9:22) 이런 판국에 자
기를 자랑하는 것이 무슨 소용이 있다는 말인가.

예레미야는 차라리 애곡을 가르치고 애가를 부르게 하라고 말한
다. "너희 딸들에게 애곡을 가르치며 각기 이웃에게 애가를 가르치
라."(렘9:20) "그들로 빨리 와서 우리를 위하여 애곡하게 하여 우리
의 눈에서 눈물이 떨어지게 하며 우리 눈꺼풀에서 물이 쏟아지게 하
라."(렘9:18)

왜 이런 상태가 되었는지 아는 것이 중요하다. 하나님은 말씀하신

다. "이는 그들이 내가 그들의 앞에 세운 나의 법을 버리고 내 목소리를 청종치 아니하며 그대로 행치 아니하고 그 마음의 강퍅함을 따라 그 열조가 자기에게 가르친 바알들을 좇았음이라."(렘9:13, 14) 하나님의 말씀을 따르지 아니함 때문이라는 것이다.

그래서 하나님은 자랑하려면 이것으로 자랑하라고 하신다. "명철하여 나를 아는 것과 나 여호와는 인애와 공평과 정직을 땅에 행하는 자인 줄 깨닫는 것"이다. 하나님을 아는 것이 더 중요하고 긴박하다는 것이다.

호세아서에 따르면 이스라엘도 같은 죄를 범해 문제가 되었다. 그런데도 깨닫지 못했다. "저는 이방인에게 그 힘이 삼키웠으나 알지 못하고 백발이 얼룩얼룩할지라도 깨닫지 못하는 도다 이스라엘의 교만은 그 얼굴에 증거가 되나니 이 모든 일을 당해도 하나님께로 돌아오지 아니하며 구하지 아니하도다."(호7:9. 10) 이 일을 어찌할꼬. 미가 선지자에게 내린 하나님의 말씀을 보자. "침상에서 악을 꾀하며 [-] 밭들을 탐하여 빼앗고 집들을 탐하여 취하니 그들이 사람과 그 집 사람과 그 산업을 학대하도다. 그러므로 여호와의 말씀에 내가 이 족속에게 재앙 내리기를 계획하나니 너희의 목이 이에서 벗어나지 못할 것이요 또한 교만히 다니지 못할 것이라. 이는 재앙의 때임이니라 하셨느니라."(미2:1-3)

현대를 살아가는 우리를 향해 바울은 말한다. "그러나 내게는 우리 주 예수 그리스도의 십자가 외에 자랑할 것이 없으니 그리스도를 말미암아 세상이 나를 대하여 십자가에 못 박히고 내가 또한 세상에 대하여 그리하리라."(갈6:14) 이 땅에 살면서 과연 우리가 자랑해야 할 것이 무엇이며 자랑하지 말아야 할 것은 무엇인가. 그것은 너무 확연하다.

18. 우리가 아직 죄인 되었을 때

여러 종교에서는 신을 달래기 위해 또는 자기들의 죄를 속량하기 위해 다양한 행동을 해 왔다. 그것들은 사실 어떤 효과를 가져오지 못한다는 점에서 헛된 행위라 할 수 있다. 다음은 그 보기들이다.

- 우상 신 몰렉에게 드리기 위해 자기 아들을 불 속에 집어넣는 행위
- 귀여운 아기를 악어 밥이 되게 하는 행위
- 못 침대에서 자는 수도승
- 혹한에서 발가벗고 조금 먹고 사는 행위
- 은둔, 세상 유혹과 결별하고 사는 수도승
- 강물이 죄를 씻어준다는 믿음

이런 예들을 보면 용왕을 달래기 위해 제물로 바쳐진 심청의 얘기도 생각이 난다. 이런 행위들이 과연 신을 달래고 죄를 깨끗이 할 수 있을까. 성경에서는 "아니오"라고 말한다. 죄의 근원과 그 속성을 알지 않고, 단지 인간의 생각으로 그렇게 하는 것은 더 문제가 되기

때문이다.

"한 사람으로 말미암아 죄가 세상에 들어오고 죄로 말미암아 사망이 왔나니. 이와 같이 모든 사람이 죄를 지었으므로 사망이 모든 사람에게 이르렀느니라."(롬5:12) 여기서 한 사람은 아담을 말한다. 그 죄로 인해 인간은 죽음을 맛본다. 죄의 값, 곧 그 마지막은 사망이다. 그것은 오늘도 생명을 죽게 한다. 가정을 파괴하고, 우리의 이성을 마비시킨다. 사랑과 질서가 파괴되고 위선과 탐욕과 불안과 혼돈이 우리를 점령한다.

구약의 사람들은 제사를 드리면 죄가 없어질 줄 알았다. 그러나 히브리서는 말한다. "황소와 염소의 피가 능히 죄를 없이 하지 못함이라. [-] 하나님이 제사와 예물을 원치 아니하시고 오직 나를 위하여 한 몸을 예비하셨도다."(히10:4, 5) 그 한 몸이 바로 예수 그리스도시다. 그리스도는 죄를 위하여 한 영원한 제사를 드리셨다(히10:12). "예수 그리스도의 몸을 단번에 드리심으로 말미암아 우리가 거룩함을 얻었노라."(히10:10) 그 아들 예수의 피가 우리를 모든 죄에서 깨끗하게 하신 것이다(요일1:7). 단번에 영원히 죄를 도말한 것이다. 이사야는 "하나님께서는 우리 무리의 죄악을 그에게 담당시키셨도다."(사53:6)라고 예언했고, 히브리서 기자는 "그리스도는 많은 사람의 죄를 담당하시려고 단번에 드리신바 되고"(히9:28)라 하였고, 바울도 "하나님이 죄를 알지도 못하신 자로 죄를 삼으신 것은 우리로 하여금 저의 안에서 하나님의 의가 되게 하려 하심이라."(고후5:21) 하였다.

죄로부터 해방될 수 있는 유일한 길은 예수 그리스도를 믿는 것이다. "우리가 아직 죄인 되었을 때에 그리스도께서 우리를 위하여 죽으심으로 하나님께서 우리에게 대한 자기의 사랑을 확증하셨느니라."(롬5:8) 그것은 우리를 사랑한 때문이다. 그것은 우리가 경건하게 살았기 때문이 아니다. 그는 경건치 않은 자를 위해 죽으셨다(롬5:6). "한 사람이 순종치 아니함으로 많은 사람이 죄인 된 것 같이 한 사람의 순종하심으로 많은 사람이 의인이 되리라."(롬5:19)

우리의 어떤 행위로 죄를 씻을 수는 없다. 그것을 아신 하나님께서 우리 죄를 도말하기 위해 예수 그리스도를 이 땅에 보내셨다. 그리고 십자가에 달리게 하셨다. 성경은 말한다. "죄의 값은 사망이요 하나님의 은사는 그리스도 예수 우리 주 안에 있는 영생이니라."(롬6:23)

19. 마음 가죽을 베고 나 여호와께 속하라

창조에는 두 가지가 있다. 하나는 이 세상의 창조이고, 다른 하나는 우리 마음의 새 창조이다. 그 모두 하나님의 축복이라는 점에서 공통된다. 창조는 무엇보다 하나님의 개입이라는 점에서 특색이 있다.

이 세상의 창조는 창세기 1장에 잘 나타나 있다. 혼돈하고 공허한 상태에 하나님이 개입하신다. 카오스 상태의 세계에 코스모스, 곧 하나님의 질서를 부여한 것이다. 그 창조는 빛의 창조로 시작된다. 빛이신 하나님이 이 세상에 빛을 주신 것이다. 이 빛은 하나님 보시기에 좋았다. 하나님과의 관계가 온전할 때 창조된 세상은 아름답다.

그러나 이 창조의 세계는 오래 유지되지 못한다. 예레미야 4장을 보자. "내가 땅을 본즉 혼돈하고 공허하며 하늘들을 우러른즉 거기 빛이 없으며 내가 산들을 본즉 다 진동하며 작은 산들도 요동하며 내가 본즉 사람이 없으며 공중의 새가 다 날아갔으며 내가 본즉 좋은 땅이 황무지가 되었으며 그 모든 성읍이 여호와의 앞 그 맹렬한 진노 앞에 무너졌으니."(렘4:23-26) 이 모습은 창조의 모습과는 아주 대조적이다. 혼돈으로의 복귀이다. 그것은 인간의 죄 때문이다. 죄는 파괴를 가져온다.

하나님은 말씀하신다. "이스라엘아 네가 돌아오려거든 내게로 돌아오라. 네가 만일 나의 목전에서 가증한 것을 버리고 마음이 요동치 아니하며 진실과 공평과 정의로 여호와의 삶을 가리켜 맹세하면 열방이 나로 인하여 스스로 복을 빌며 나로 인하여 자랑하리라."(렘4:1, 2) 이것은 창조가 인간에게 얼마나 큰 축복인가를 보여준다.

죄를 짓지 않기 위해서는 마음의 새로운 창조가 필요하다. 하나님의 자녀인 표들로 구약시대에는 할례가 있었고, 신약에는 세례가 있었다. 이 모두 중요하다. 하지만 살가죽을 베는 할례만으로는 부족하다. 마음가죽을 베는 것이 무엇보다 필요하다. "유다인과 예루살렘 거민들아 너희는 스스로 할례를 행하여 너희 마음 가죽을 베고 나 여호와께 속하라. 그렇지 아니하면 너희 행악을 인하여 나의 분노가 불같이 발하여 사르리니 그것을 끌 자가 없으리라."(렘4:4)

마음의 가죽을 베는 것은 마음의 새로운 창조다. 그것은 회개와 중생, 곧 거듭남으로 나타난다. 심령이 새롭게 변화되는 것이다. 예수님의 메시지 중 가장 강한 것들로 회개와 거듭남이 있다. 마음의 새 창조인 회개와 거듭남은 우리의 삶을 변화시킨다는 점에서 축복이다. 영생과 구원의 길로 인도한다는 점에서 궁극적인 축복이다. 우리 마음에 이러한 변화가 없다면 우리는 혼돈의 삶으로 빠져들고, 결국 하나님의 진노를 부를 수밖에 없다.

회개하고 거듭난 삶을 산다면 다시는 과거의 삶으로 돌아가서는 안 된다. 하나님은 명령하신다. "나 여호와가 유다와 예루살렘 사람에게 이같이 이르노라 너희 묵은 땅을 갈고 가시덤불 속에 파종하지 말라."(렘4:3) 묵은 땅을 갈아엎을 뿐 아니라 파종할 때도 가시덤불에 씨를 뿌리는 우를 범해서는 안 된다. 예수님은 비유의 말씀을 통해 옥토에 씨를 뿌리도록 하셨다. 길가, 돌밭, 가시떨기에 뿌리는 것은 다 문제가 있다. 지금 옥토에 뿌려져 있다 해도 안심하지 말자. 언제 다시 가시떨기에 뿌릴지 알 수 없기 때문이다.

에스겔서에 하나님의 포도나무 비유말씀이 소개된다. "그 땅의 종자를 꺾어 옥토에 심되 수양버들 가지처럼 큰 물가에 심더니."(겔17:5) 포도나무를 큰 물가 옥토에 심은 것은 가지를 내고 열매를 맺어서 아름다운 포도나무를 이루게 하려는 뜻이 담겨 있다(겔17:8). 하나님은 우리를 향하신 뜻이 있다. 그것은 하나님이 우리 안에 창조하신 빛이 영원히 빛나도록 하는 것이다. 옥토가 되어 아름다운 열매를 맺는 것이다. 축복을 저주로 바꾸지 말자.

20. 손 할례당과 진정한 할례당

바울은 예수를 안 뒤 율법주의자들을 경계했다. 회심하기 이전 그는 율법주의자로 살았지만 회심 이후 그는 완전히 다른 삶을 살았다.

그는 빌립보 교인들에게 "개들을 삼가고 행악하는 자들을 삼가고 손 할례당을 삼가라."(빌3:2) 했다. 개, 행악자, 손할례당 모두 거짓을 가르치는 사람들이다. 예수의 십자가 공로를 무효화하며 율법을 통해서만 구원을 얻는다고 가르치기 때문이다. 바울은 그들의 가르침을 문제 삼고, 그들을 멀리하고 경계하라 한다. 그들은 교회에 들어와 우리를 율법의 종으로 삼고자 하는 거짓형제들이다.

바울이 그들을 한마디로 개들이라 한다. 여기서 개는 '퀴나스'로 애완용개가 아니라 집 없는 들개다. 들개는 더럽고 사나울 뿐 아니라 이리저리 돌아다니며 사람을 물어뜯고 상처를 낸다. 개라는 말은 원래 유대인들이 이방인을 멸시할 때 사용하는 단어다. 그런데 이 단어를 성도들을 꾀는 유대인들에게 적용하였다. 그들은 복음의 내용을 변질시키고 성도들을 유혹해 유대교로 개종시키기 위해 교회 주변을 배회한다.

행악하는 자들은 헬라어로 '카쿠스 에르가타스(kakous ergatas)', 곧 악한 일꾼을 말한다. 말로는 주님을 위한다고 하지만 사리사욕에 눈이 어둡고 교회 안에서 분란을 조장한다. 사람들을 파멸로 인도하는 사단의 세력들이다.

손할례당(損割禮黨)은 손해를 주는 할례당으로, 참뜻으로 하지 않는 형식주의자들을 가리킨다. 바울은 손 할례 '카타토메(katatome)'와 할례 '페리토메(peritome)'를 구분했다. 손 할례는 살을 베어내는 할례만을 구원의 징표로 삼는 유대율법주의자들의 할례임에 반해 할례는 진정한 의미의 할례, 곧 페리토메는 마음과 입과 귀 모두에 할례를 받는 것을 말한다. 페리토메가 할례의 영적인 의미를 살린 참할례이지 카타토메는 진정한 의미의 할례가 아니라는 말이다.

진정한 할례당은 누구인가? 바울은 "하나님의 성령으로 봉사하며 그리스도 예수로 자랑하고 육체를 신뢰하지 아니하는 우리가 곧 할례당이라."(빌3:3) 선언한다. 진정한 할례당은 세 가지 증거로 나타난다. 하나님의 성령으로 봉사하고, 예수 그리스도를 자랑하며 육체를 신뢰하지 않는 것이다. 진정한 할례당은 예수 그리스도인이라는 말이다.

하나님의 성령으로 봉사한다는 것은 외형적인 할례의식이 아니라 신령과 진정으로 예배하고, 봉사하는 것을 말한다. 봉사에는 예배라는 의미도 담겨 있다. 성령의 감동으로 마음속 깊이 주님을 경배할 뿐 아니라 이웃을 위해 봉사의 삶을 산다.

예수 그리스도를 자랑한다는 것은 인간을 자랑하지 않는 것이다. 손할례당은 할례의 외형적 의미에만 집착할 뿐 예수 그리스도를 자랑하지 않는다. 하지만 진정한 할례당은 인간 자신의 것을 자랑하지 않고 오직 예수 그리스도만을 자랑하는 사람들이다.

진정한 할례당은 예수 그리스도를 신뢰하지 육체(sarx)를 신뢰하지 아니한다. 구원을 얻기 위해서는 자신의 육적인 모든 것을 포기하고 오로지 주님을 신뢰하며 겸손하게 주님께 나가야 한다. 우리의 육체가 아니라 우리의 죄 때문에 피 흘리신 그 무한한 사랑과 은총을 감사함으로 받고, 더 깊은 영적인 자리에 나가는 사람이 바로 진정한 할례당이다.

손 할례당으로 살 것인가 아니면 진정한 할례당으로 살 것인가. 성령으로 봉사하고, 오직 주님을 자랑하며, 더 이상 자신의 육체를 신뢰하지 않을 때 오늘 당신은 개들의 공격으로부터 자유로울 수 있다.

21. 내 입의 말과 마음의 묵상이

묵상은 그리스도인의 생활 가운데 빼놓을 수 없는 부분이다. 성경을 읽으며 하나님의 말씀을 묵상하기도 하고, 기도하는 가운데서도 주님이 나에게 하시고자 하는 말씀이 무엇인지 묵상하기도 한다. 그 묵상을 통해 지혜를 얻고, 삶의 대답을 얻기도 한다.

창세기 24장 63절을 보면 이삭의 묵상 장면이 소개된다. "이삭이 저물 때에 들에 나가 묵상하다가 눈을 들어 보매 낙타들이 오는지라." 묵상하다가 사랑하는 아내 리브가를 만나게 된 것이다. 우리도 묵상을 생활화하면 그 속에서 하나님의 인도하심을 받는다.

묵상은 무엇보다 말씀묵상이다.

- "이 율법책을 네 입에서 떠나지 말게 하며 주야로 그것을 묵상하여 그 안에 기록된 대로 다 지켜 행하라. 그리하면 네 길이 평탄하게 될 것이며 네가 형통하리라."(수1:8)
- "오직 여호와의 율법을 즐거워하여 그의 율법을 주야로 묵상하는도다."(시1:2)
- "내가 주의 법도를 묵상하며 주의 도에 주의하며"(시119:15)
- "주의 말씀을 묵상하려고 내 눈이 야경이 깊기 전에 깨었나이다."(시119:148)
- "주의 존귀하고 영광스러운 위엄과 주의 기사를 나는 묵상하리이다."(시145:5)

루시 쇼(Luci Shaw)의 책 『하나님을 만나는 글쓰기』(Life Path)를 보면 관상과 묵상의 차이가 더 드러난다. 물론 이 두 단어는 서로 맥을 같이하고 있어 비슷비슷한 점이 없지 않다. 그러나 그 차이를 알고 집중한다면 도움이 될 것이다.

우선 관상을 살펴보자. 관상(contemplation)의 어원은 라틴어 'templari'로 공간을 의미한다. 하나님의 임재를 위해 마련된 공간이라는 뜻을 가진 성전(temple)과 어원이 같다. 관상은 성령님의 임재와 도움으로 일어난다. 루시는 관상을 내면세계에서 시간을 보내는 것으로 간주한다.

묵상은 초대 교회에서 지키던 원칙으로 합리적이고 논리적이며 일차원적인 사고에서 벗어나 마음속에서 이미지나 그림을 보는 상상의 공간으로 활동 영역을 옮기는 행동을 말한다. 이런 점에서 묵상은 관상과 비슷하다. 하지만 차이는 있다. 묵상(meditation)의 어원은 'media'로 '가운데', '중심'(middle)을 의미한다. 묵상을 통해 겉으로 드러나지 않은 진리를 탐구하고 사물의 중심을 관통한다. 리처드 포스터는 우리 영이 평안해져서 진정한 묵상이 가능한 마음 상태가 되는 과정을 '중심으로 내려가기'(centering down) 또는 '중심으로 들어가기'(centering in)로 표현한다.

관상과 묵상은 우리를 하나님의 임재 자리로 나아가게 하고, 그분의 진리 중심에 들어가게 한다는 점에서 중요하다. 어떤 이는 묵상의 어원을 라틴어 '메디칼루스(medicalus)'로 보기도 한다. 이것은 약(medicine)의 어원이기도 하다. 약이 봄 안에 들어와 온몸에 퍼져 약효를 내듯이 묵상이란 어떤 한 생각이나 사실이 인간의 내면으로 들어가서 영향을 미치는 것을 뜻한다. 그래서 하나님의 말씀을 깊이 묵상할 때 우리의 내면에 치유가 일어난다.

내가 주의 교훈을 묵상하고 주의 길을 깊이 생각하면 내 입이 지혜의 말을 할 것이고 내 마음의 묵상으로 주님의 뜻과 길을 꿰뚫어 알게 되리라(시49:3). 시편 저자는 말한다. "나의 반석이시요 나의 구속자이신 여호와여 내 입의 말과 마음의 묵상이 주님 앞에 열납되기를 원하나이다."(시19:14) 우리의 마음을 주님께 온전히 향하게 하는 묵상, 이 묵상이 좋다. 그로 인해 우리 영혼이 오늘도 산다.

22. 유대인들이 삶은 달걀과 맛소를 먹는 이유

유대인들은 고통과 굴욕의 날에 삶은 달걀을 먹는다고 한다. 달걀은 삶을수록 더 단단해진다. 그들은 이 단단해진 달걀을 먹으면서 고난과 실패가 오히려 인간을 강인하고 단단하게 만든다고 믿는다. 유월절 식탁에는 맛소라는 딱딱한 빵과 쓰디쓴 잎사귀도 오른다. 이집트 노예 시절에 먹었다는 이 빵은 고통을 회상케 한다. 그리고 그 잎사귀를 씹으며 굴욕의 시대를 돌아다본다. 인간에게 있어서 고난과 고통은 절망으로 끝나지 않는다. 그것은 새로운 시작을 위한 기회다. 인간이 위대한 것은 바로 그 고통을 딛고 일어선다는 점에 있다.

출애굽한 이스라엘 민족을 향해 하나님은 여러 차례 명령을 내리셨다. 그것은 "기억하라"는 말씀이다. 그 땅에서 종 되었던 것을 기억하고, 그 억압 속에서 기적적으로 해방시켜 주신 일을 기억하라는 말씀이다.

- "너는 애굽 땅에서 종 되었던 것을 기억하라. 이러므로 내가 네게 이 일을 행하라 명하노라."(신24:22)
- "너희가 이집트에서 종이었음을 기억하고 이 규례를 잘 따르도록 하라."(신16:12. 우리말성경)
- "그분이 하신 놀라운 일과 그분이 베푸신 기적과 그분이 하신 판단을 기억하라."(대상 16:12. 우리말성경)

하나님은 이스라엘을 향한 은총의 역사뿐 아니라 지켜야 할 규례를 만들어 자자손손 기억하도록 가르치라 하셨다.

- "이는 곧 너희 하나님 여호와께서 너희에게 가르치라. 명하신바 명령과 규례와 법도라 너희가 건너가서 얻을 땅에서 행할 것이니. [-] 네 자녀에게 부지런히 가르치며 집에 앉았을 때에든지 길에 행할 때에든지 누웠을 때에든지 일어날 때에든지 이 말씀을 강론할 것이며"(신6:1, 7)
- "여호와는 야곱을 위해 증거를 세우시고 이스라엘 안에 법규를 만드셨습니다. 그리고 우리 조상들에게 그것을 자녀들에게 가르치라고 명령하셨습니다."(시78:5. 쉬운성경)

이 준엄한 하나님의 명령이 훗날 어떻게 되었을까? 사사기 2장은 이 사실을 분명히 보여주고 있다. 7절은 아주 좋다. "백성이 여호수아의 사는 날 동안과 여호수아 뒤에 생존한 장로들 곧 여호와께서 이스라엘을 위하여 행하신 모든 큰일을 본 자의 사는 날 동안에 여호와를 섬겼더라." 여호수아 때나 하나님이 이스라엘을 위해 큰일을 행하신 것을 본 장로들이 살아 있을 때는 문제가 없었다. 하나님의 명령이 잘 지켜졌음을 알 수 있다. 그러나 10절에 가면 문제가 생긴다. "그 세대 사람도 다 그 열조에게로 돌아갔고 그 후에 일어난 다른 세대는 여호와를 알지 못하며 여호와께서 이스라엘을 위하여 행하신 일도 알지 못하였더라." 세월이 흐르면서 잊혀진 하나님의 명령. 명령뿐 아니라 여호와도 알지 못하게 된 세대들. 안타깝기 그지없다.

시편 저자는 우리를 향해 말한다. "내 영혼아 여호와를 송축하며 그의 모든 은택을 잊지 말지어다.”(시103:2) 지금 이스라엘 민족은 초막절을 지키며 그때를 기억한다. 삶은 달걀과 맛소를 먹으며 고난을 회상한다. 하나님을 잊지 않고자 하는 몸부림이다. 우리도 ‘잊지 않는 몸부림’을 해야 한다. 자자손손 그 광대하신 주님의 은혜를.

23. 하나님이 기뻐하시는 금식

이사야 58장에는 금식에 관한 여러 말씀이 기록되어 있다. 우선 금식을 이렇게 정의한다. “마음을 괴롭게 하는 날, 그러나 하나님께 열납될 날.” 마음을 괴롭게 하는 것이지만 하나님이 이를 기쁘게 받으시는 날이라는 말이다.

이 금식의 날에 관해서도 행동강령이 소개된다. 그에 따라 하나님이 기뻐하는 금식이 되기도 하고, 하나님이 기뻐하지 않는 금식이 되기도 한다. 우선 기뻐하지 않는 것에 해당되는 행위들을 보자. 3절에서 5절에 잘 나타나 있다.

- 금식하는 날에 오락을 찾아 얻는다.
- 온갖 일을 시킨다. (이것은 일하는 사람에게 일을 많이 시키는 것으로 압제행위이다.)
- 금식하면서 다투며 싸우며 악한 주먹으로 친다.

이런 행위들은 마음을 괴롭게 하는 날에 할 일들이 아니다. 금식을 하면서 기도를 할 터인데 이런 행동을 한다면 자신의 기도를 하나님께 상달하고자 하는 의도가 전혀 없다는 표식이 아니겠는가. 나아가 '갈대같이 머리를 숙이고 굵은 베와 벼를 펴는 것'을 어찌 금식이라 말할 수 있겠는가 하신다. 금식의 모양은 있지만 실제적인 금식은 아니라는 말씀이다.

하나님이 기뻐 받으시는 금식은 다음과 같다. 6절과 7절을 보자.

- 흉악의 결박을 풀어주며 멍에의 줄을 끌러 주며 압제당하는 자를 자유케 하며 모든 멍에를 꺾는다.
- 주린 자에게 식물을 나눠주며 유리하는 빈민을 네 집에 들이며 벗은 자를 보면 입히며 또 골육을 피하여 스스로 숨지 않는다.

흉악의 결박과 멍에의 줄은 가난한 자들, 약소민족들에 대한 강대국, 가진 자들의 억압과 수탈을 가리키는 말이다. 이들이 이로 인해 받는 고통은 당시 금식하던 이스라엘 민족이 당하는 고통과 같다. 따라서 이런 억압에 시달리는 사람들을 돕고, 그들에게 자유를 누리게 해 주는 것은 바로 자신의 문제를 해결하는 일이기도 하다. 금식은 이처럼 어려움에 처한 자를 돌보는 마음에 이르게 한다. 금식을 통해서 이웃 사랑을 실천하는 것이다.

이렇듯 하나님이 기뻐하시는 금식을 하면 하나님의 응답도 아주 긍정적이다.

"그리하면 네 빛이 아침같이 비칠 것이며 네 치료가 급속할 것이며 네 의가 네 앞에 행하고 여호와의 영광이 네 뒤에 호위하리니. 네가 부를 때에는 나 여호와가 응답하겠고 네가 부르짖을 때에는 말하지를 내가 여기 있다 하리라.”(사58:8, 9)

다보스 포럼에서 리더십 2.0 원칙을 제시하면서 ‘두 사람을 위한 식탁(table for two)’ 운동을 전개하도록 했다. 먹는 것이든 에너지든 자신의 것을 절약하여 얻은 것을 이웃과 나누는 것이다. 절제를 통한 이웃사랑의 실천이다. 이것은 금식 차원은 아니라 절식 차원이다. 그래도 의미가 있다. 주님의 마음을 담고 이를 실행에 옮긴다면 그것은 하나님이 기뻐하시는 절식이 아니겠는가.

금식은 음식·수면·안식·교제 등 생활의 필수조건으로부터 자신을 끊고 영적인 일에 강하게 주의를 집중하는 행위다. 금식은 특별히 시험을 당한 때, 결정적 선택을 하기 전, 극도로 어려운 문제를 계획하고 수행할 때, 크고 엄청난 일을 하기 전에 유용하다. 이런 때일수록 마음을 가다듬고, 하나님이 기뻐하시는 일을 한다면 더욱 의미 있는 금식이 될 것이다.

24. 전심으로 자기에게 향하는 자를 위해 능력을 베푸시나니

기도는 영혼치료를 위한 광선 요법이다. 영혼을 좀먹는 병을 하늘의 빛으로 구석구석 쬐어 빛 앞에 드러나 고백되고 용서함 받고, 그 균은 죽임을 당하는 광선요법이다. 이 광선요법은 우리가 이 땅 위에 살고 있는 동안 매일 계속되어야 한다. 햇빛에 널듯.

영혼의 의사인 하나님께 혼자서 병세만 말하고 "아멘" 하며 불쑥 진찰실을 나올 일이 아니다. 진단을 철저히 받고 양심의 깊은 고통을 해결할 처방을 얻어내는 것이 중요하다. 시편 139편 저자는 이렇게 말한다.

> "하나님이여 나를 살피사 내 마음을 아시며 나를 시험하사 내 뜻을 아옵소서. 내게 무슨 악한 행위가 있나 보시고 나를 영원한 길로 인도하소서."(시139:23, 24)

역대하에 이런 말씀이 있다. "여호와의 눈은 온 땅을 두루 감찰하사 전심으로 자기에게 향하는 자를 위해 능력을 베푸시나니."(대하 16:9) 하나님은 사람을 찾고 있다. 그 사람은 진정 하나님께 향하는 자이다. 이런 자에게 하나님은 능력을 베푸신다는 것이다. 이것은 우리가 하나님을 향해 어떤 자세를 가져야 하는가를 보여준다.

전심으로 향한다는 것은 무엇인가? 기도와 간구의 경우 그것은 믿음과 온 마음(whole heart)을 담은 것이어야 함을 말한다. 전심으로 주를 향하고, 그 주님을 향한 믿음이 강할 때 그 기도는 효력을 발할 수 있다. 하나님께서 능력을 베푸시기 때문이다. 믿음이 있을 때 우리는 기도 응답에 대한 확신이 강하게 선다. 우리는 기도로서 배전장치의 스위치를 튼다. 사람이 죄에 빠질 때 그 심령은 하나님에게서 끊어지고 배전장치마저 끊어져 전류가 흐르지 않게 된다. 그러나 하나님을 향한 마음이 진실한 경우는 그 연결망이 튼튼하고 전류가 강하게 흘러 소통이 원활해진다.

전류가 강하면 통회의 정도가 크다. 아울러 하나님은 그러한 마음에 거하신다. 이사야서를 보자. "내가 또한 통회하고 마음이 겸손한 자와 함께 거하나니. [―] 이는 통회하는 자의 마음을 소성케 하려 함이라."(사57:15) 하나님이 우리 마음에 거하시면 우리의 마음이 소생함을 얻는다. 그 얼마나 기쁜 소식인가.

예수님의 제자들은 예루살렘에 머물며 성령의 인도를 간구했다. "이 모든 사람들이 마음을 같이하여 전혀 기도에 힘 쓰니라."(행 1:14) 전심으로 기도한 것이다. 이로 인해 그들의 마음은 성령으로 하나 되었다. 성령은 논쟁, 투쟁, 의견의 불일치를 제거하고 성령 안에서 하나 되게 하신다. 하나님의 능력이 나타난 것이다. 성령을 받은 후 그들은 담대히 복음을 전파하게 된다. 성령 안에서의 기도는 능력이 있다.

안디옥 교회의 경우 바나바와 바울을 선교사로 파송할 때 하나님께 엎드렸다. "이에 금식하고 기도하고 두 사람에게 안수하여 보내니라."(행13:3) 금식하며 기도했다는 것은 그들이 얼마나 전심으로 기도했는가를 보여준다. 하나님은 그 기도를 받으시고 역사하셨다.

하나님은 믿음의 기도, 전심의 기도에 응답하신다. 하나님은 능력으로 그 기도에 임하신다. 그때 우리는 기도를 통해 하나님의 능력을 본다. 물이 포도주로 바뀌며, 귀신을 쫓아내는 것도 하나님의 능력이 임한 것이다. 이 기적만 능력이 아니다. 우리 자신의 생활에서 산까지도 옮길 수 있는 힘이 생기는 것도 하나님의 능력이 임함이다. 죄 가운데 빠진 자를 구원시키는 힘도 능력의 임함이다. 하나님은 오늘도 전심으로 자기에게 향하시는 자를 찾으신다. 하나님의 능력은 우리가 주님을 얼마나 전심으로 찾느냐에 달려 있다. 하나님을 탓하지 말자. 문제는 우리에게 있다.

25. 사랑하면 기도가 달라진다

한밤중 일어나 시편 이곳저곳을 읽었디. 그것엔 다윗의 여러 기도시가 담겨 있다. 그의 시를 읽으면서 기도에 관해 여러 생각을 하게 되었다. 무엇보다 그는 하나님을 사랑했다. 그래서 사랑하면 기도가 달라진다는 생각이 더 들었다.

그리스도인은 누구나 기도를 한다. 그러나 기도처럼 어려운 것도 없다. 기도는 하나님께 가는 가장 쉬운 길이다. 그러나 그 쉬운 길이 가장 어렵게 느껴지는 것은 왜일까. 600여 명의 성도를 대상으로 한 조사에 23명만 자신의 기도생활에 만족한다고 대답한 것을 보면 기도가 얼마나 어려운가를 새삼 느끼게 된다.

옥한흠 목사에 따르면 기도를 하기 위해 가장 중요한 것은 하나님을 사랑하는 것이다. 기도는 사랑의 행위이다. 우리가 사랑에 빠지면 그를 만나고 싶고, 말하고 싶어진다. 할 말이 없으면 어떤가. 함께 있는 것만으로도 행복한데. 기도도 마찬가지다. 하나님을 사랑하면 그분을 만나고 싶고, 함께 있고 싶고, 한마디라도 더 하고 싶다. 사랑하면 기도는 자연적으로 시작된다.

사랑은 거래가 아니듯 기도도 거래가 아니다. 주님은 때로 우리의 거래적(transactional), 조건적(If-then prayer) 기도도 들어주시지만 그것은 우리의 믿음이 연약할 때 이야기다. 따라서 무조건 달라는 기도, 이 문제를 해결해 주시면 더 섬기겠다는 기도로 시작하지 말라. 무엇보다 먼저 하나님을 미치도록 사랑하라. 그러면 우리의 기도도 달라지리라.

사랑한다고 해서 우리의 기도가 유창해지는 것은 아니다. 말하고 싶은 데 표현이 잘 안 될 때 주님은 성령님을 보내셔서 우리의 기도를 도우신다. "성령도 우리의 연약함을 도우시나니 우리가 마땅히 빌 바를 알지 못하나 성령이 말할 수 없는 탄식으로 우리를 위해 친히 간구하시느니라."(롬8:26) 주님을 사랑하면 더 이상 나 홀로 기도가 아니다. 주님은 기도하는 자와 함께 같이 기도해 주시고, 기도를 통해 하나님의 뜻을 찾고 또 주의 뜻에 따라 살게 하신다. 이때 우리는 우리와 함께 임재하시는 주님을 체험하게 된다. 물론 성령 안에서 기도하면 주님은 우리의 간구를 들어주신다.

소설가 손홍규가 쓴 장편소설 『청년의사 장 기려』를 보면 이런 글이 나온다. 소설가 이광수는 한때 청년 의사 장기려의 환자였다. 병원에 입원한 이광수는 악몽을 꾸다가 누군가 곁에서 기도하는 것을 느꼈다. 장기려가 환자들을 위해 때와 장소를 가리지 않고 기도한다는 소문도 사실이지 않을까 생각했다. 그때부터 그를 보는 이광수의 눈길이 조금 달라졌다. 사람들 보는 곳에서 호들갑을 떨며 기도하는 것과, 잠들어 있는 환자를 지그시 내려다보며 나직한 어조로 기도를 하는 것은 분명 커다란 차이가 있으니까. 장기려가 얼마나 기도의 사람인가를 보여주는 대목이다. 이 땅의 많은 의사들도 환자를 놓고 기도한다. 우리는 그들의 기도를 통해 직업 속에 임하시는 주님을 보게 된다.

사랑하면 격렬해지고 간절해진다. 주님을 향한 기도도 마찬가지다. 기도하면 힘을 다하는 기도를 생각한다. 힘을 다한다는 것은 자기가 할 수 있는 것을 모두 주님께 드리는 것이다. 격렬히, 마음을 다해. 다윗은 말한다. "백성들아 시시로 저를 의지하고 그 앞에 마음을 토하라. 하나님은 우리의 피난처시로다."(시62:8) 예수님도 택하신 자의 원한을 풀어주지 않겠느냐(눅18:7-8) 말씀하신다. 나아가 사랑하면 기도도 간절해진다. 간절히는 '에크테노스'로 '뻗친다'는 뜻을 가지고 있다. 절박한 심정으로 주님을 향해 손을 뻗치는 것이다. 그러면 주님은 우리의 손을 잡아 주신다.

사랑하면 때로 고독감을 느낀다. 고독할 때, 외로울 때 더 주님께 나아가라. 시인 하피즈(Hafiz)에 따르면 고독은 하나님 앞에 더 가까이 다가가는 통로다. "당신의 고독을 내버리지 마시오. 오히려 그 아픔이 더 깊게 지르도록 하시오. 신적인 방법, 곧 인간적인 것들로 할 수 없는 방법으로 당신을 단련시키십시오. 이 밤에 당신 마음속의 공허함이 내 눈을 부드럽게 하며 내 목소리를 다정하게 하고 내가 하나님이 필요함을 더 분명하게 할 것입니다."

화니 제인 크로스비는 여러 찬송 시 가운데 찬송가 480장 기도하는 이 시간을 작시했다. 특히 사도행전 1장 14절을 읽으면서 제자들은 물론 여자들, 예수의 모친 마리아와 예수의 아우들이 마음을 같이하여 오직 기도에 힘쓰는 모습에 자극을 받고, 이 말씀을 바탕으로 시를 썼다. 예수님이 떠난 그 시간 그들의 심정이 어떠했을까. 그러나 그들은 기도로 주님 앞에 나갔다.

"기도하는 이 시간 주께 무릎 꿇고 우리 구세주 앞에 다 나옵니다. 믿음으로 나가면 그가 보살피사 크신 은사를 주네 거기 기쁨 있네 기도 시간에 복을 주시네 고난 내 영혼에 기쁨 충만하네." 주님은 곤한 영혼의 기도를 더 기뻐 받으신다.

혹시 바쁘다는 이유로 기도를 소홀히 하고 있지 않은가. 당신이 누구를 미치도록 사랑한다면 그 바쁜 시간에도 그에게 더 가려 할 것이다. 루터는 말한다. "바쁠 때 더 기도하라." 주님을 사랑하면 기도도 달라진다. 마더 테레사는 말한다. "기도하고 싶으면 기도하라. 더 잘하고 싶으면 더 많이 하라." 주님을 사랑하는 데 누가 기도를 막을 수 있겠는가. 기도할 때 당신은 하나님을 진정 사랑한다는 것을 알게 되리라. 사랑하면 기도가 달라진다.

26. 구하라 주실 것이요 두드리라 열릴 것이니

"구하라 그리하면 니희에게 주실 것이요 찾으라 그러면 찾을 것이요 문을 두드리라 그러면 너희에게 열릴 것이니 구하는 이마다 얻을 것이요 찾는 이가 찾을 것이요 두드리는 이에게 열릴 것이니라 너희 중에 누가 아들이 떡을 달라 하면 돌을 주며 생선을 달라 하면 뱀을 줄 사람이 있겠느냐 너희가 악한 자라도 좋은 것으로 자식에게 줄줄 알거든 하물며 하늘에 계신 너희 아버지께서 구하는 자에게 좋은 것으로 주시지 않겠느냐."(마7:7-11)

이 말씀은 산상수훈에 나오는 여러 말씀 가운데 한 부분이다. 특히 아버지 하나님과의 관계에서 기도의 중요성을 강조하는 말씀이다. 산상수훈이 기본적으로 하나님 나라의 삶을 교훈한다면 기도도 그 나라의 삶에서 아주 중요한 부분임을 보여준다. 하나님과의 소통을 위해 기도만큼 중요한 것도 없으리라.

어떤 이는 기도하지 않는 것은 할 것을 하지 않는 죄의 원인이 된다고 말한다. 기도하지 않는다는 것은 하나님과의 관계를 소홀히 하는 것이기 때문이다. 그것은 영적 싸움을 포기하는 것이요 영적으로 게으르다는 것을 스스로 입증하는 것이다.

육적인 사람은 기도를 거추장스런 일로 여긴다. 마귀도 우리가 가급적 하나님께 가는 길을 막는다. 기도가 노력의 성질을 띨수록 더욱 등한시하게 된다. 기도는 재능·지식·돈보다는 실행과 인내로 얻는 신성하고도 정교한 도구이다. 기도할 때 진실하고 거짓이 없어야 한다. 게으른 기도생활에 대해 변명은 하지 말아야 한다. 솔직하게 자신이 게을렀음을 고백하고 우리의 연약함을 인정해야 한다. 그리고 우리가 해결할 수 없는 문제에 직면하고 있음을 솔직히 시인한다.

기도는 무력한 자의 최후의 호소이다. 무력한 자만이 참으로 기도

할 수 있다. 무력함, 그것이 바로 훌륭한 기도다. 아이러니하지만 그 무력함이 하나님께 호소하게 만들고, 마지막 돌파구를 찾으며, 이것이 최후의 생명줄임을 느끼게 한다. 아기의 최선의 방법은 우는 것이 아니던가. 기도는 우리로 하여금 하나님을 향해 고개를 들었음을 의미한다.

야고보도 기도를 하라고 말한다. "너희가 얻지 못함은 구하지 아니함이요."(약4:2) 기도를 등한히 하면 우리의 영적 생명은 서서히 죽어간다. 주님은 내안에 거하라 하신다. "너희가 내 안에 거하고 내 말이 너희 안에 거하면 무엇이든지 원하는 대로 구하라 그리하면 이루리라."(요15:7) 그 기도도 주 안에서 하라는 말씀이다.

"구하라, 찾으라, 두드리라."는 주님의 말씀 속에서 우리는 기도의 세 유형, 곧 구하는 기도, 찾는 기도, 두드리는 기도가 있음을 알 수 있다. 그리고 기도에도 강도가 다름을 알 수 있다. 힘써 구하면 응답하시되 더 좋은 것으로 응답하시겠다는 것이다. 그래서 바울은 우리에게 권면한다. "아무것도 염려하지 말고 오직 모든 일에 기도와 간구로 너희 구할 것을 감사함으로 하나님께 아뢰라."(빌4:6)

기도는 어렵다. 그것은 내 힘으로 하려고 하기 때문이다. 우리 안에 기도의 영, 곧 성령님이 계심을 인정하라. 그러면 그분이 우리의 기도를 인도하시고, 기도의 방법을 가르쳐 주신다. 우리는 그 영에 온전히 자신을 맡기고 그분이 가르치시는 기도의 법칙에 따라 올바로 기도하기만 하면 된다. 기도로 하나님과 거래하려 들지 말고, 오직 성령님의 인도를 받으라. 그러면 기도는 더 이상 고역거리가 되지 않는다.

기도는 구하는 것이다. 기도는 우리에게 없는 것, 곧 하나님 나라의 삶과 그 의를 구하는 것이다. 그러면 주님은 우리의 내면의 곤핍함을 보시고 그의 영을 풍성히 채워주신다. 우리에게 그 주님이 계신다는 것만 생각해도 어찌 아니 기쁠까.

27. 성경이 가르치는 기도 방법

성령 안에서 기도하라

바울은 에베소 교인들에게 기도하라 역설하면서 성령 안에서 기도할 것을 강조했다. "모든 기도와 간구로 하되 무시로 성령 안에서 기도하고 이를 위하여 깨어 구하기를 힘쓰며"(엡6:18) 야고보의 형제 유다도 성령으로 기도할 것을 강조한다. "사랑하는 자들아 너희는 너희의 지극히 거룩한 믿음 위에 자기를 건축하며 성령으로 기도하며."(유1:20) 기도는 나 혼자 하는 것이 아니다. 성령과 함께한다. "우리가 마땅히 빌 바를 알지 못하나 오직 성령이 말할 수 없는 탄식으로 우리를 위하여 친히 간구하시느니라."(롬8:26) 기도에 대한 성령의 권고를 듣고 성령을 거슬리지 않으며 우리의 영과 혼을 다해 기도할 때 기쁨이 있다.

이웃을 위해 기도하라

그리스도인은 이 세상의 영혼들이 구원을 받아 하나님의 나라에 인도될 수 있도록 기도한다. 나 자신만을 위한 것은 바른 기도가 아니다. "너희 기도에 나와 힘을 같이하여 [-] 유대에 순종치 아니하는 자들에게서 구원을 받게 하고."(롬15:30, 31) 우리의 이기적인 무관심을 깨뜨리고 이웃을 위한 사랑의 열정으로 채워야 한다. 기도의 수고를 하는 것이다. "저가 항상 너희를 위하여 애써 기도하여 [-] 수고하는 것을 내가 증거 하노라."(골4:12, 13) 에바브로디도가 골로새 교인을 위해 기도하는 것을 바울은 잊지 않았다. 아울러 그는 에베소 교인들을 향해 성도들뿐 아니라 자신을 위해 기도해 달라고 한다. "성도들을 위하여 구하고 나를 위해 구할 것은 내게 말씀을 주사 나로 입을 벌려 복음의 비밀을 담대히 알리게 하옵소서 할 것이니."(엡6:18 - 19)

깨어 기도하라

주님은 베드로를 향해 "시험에 들지 않게 깨어 있어 기도하라." (마26:41) 하셨다. "시몬아 자느냐 네가 한 시 동안도 깨어 기도할 수 없더냐 시험에 들지 않게 깨어 있어 기도하라 마음에는 원이로되 육신이 약하도다."(막14:37 - 38) 마음은 원이로되 육신이 약한 자의 자리에 앉지 말자.

은밀한 중에 기도하라

외식히는 자는 사람에게 보이려고 회당과 큰 거리 어구에서 서서 기도하기를 좋아한다. "너는 기도할 때에 네 골방에 들어가 문을 닫고 은밀한 중에 계신 네 아버지께 기도하라 은밀한 중에 보시는 네 아버지께서 갚으시리라."(마6:6) 또한 중언부언하지 말자. 말을 많이 해야 들으실 줄 생각하지만 그렇지 않다. 하나님은 우리가 구하기 전에 우리에게 있어야 할 것을 이미 아신다(마6:8).

진실하게 간구하라

"내 마음이 악한 일에 기울어 죄악을 행하는 자와 함께 악을 행치 않게 하시며 저희 진수(dainties)를 먹지 말게 하소서 의인이 나를 칠지라도 은혜로 여기며 책망할지라도 머리의 기름같이 여겨서 내 머리가 이를 거절치 아니할지라 저희의 재난 중에라도 내가 항상 기도하리로다."(시141:4, 5) "여호와께서는 자기에게 간구하는 모든 자 곧 진실하게 간구하는 모든 자에게 가까이 하시는도다. 저는 자기를 경외하는 자의 소원을 이루시며 또 저희 부르짖음을 들으사 구원하

시리로다.”(시145:18, 19)

기도하고 낙망하지 말라

기도하고 낙망하지 말자. 예수님은 우리가 자주 낙망하는 것을 아셨다. 그래서 성가시게 조르는 과부의 비유를 들어 우리에게 가르치셨다. “항상 기도하고 낙망치 말아야 할 것을 비유로 하여 가라사대.”(눅18:1-8) 야곱이 하나님과 끈질기게 씨름한 것을 기억하라(창32:24-32). 수로보니게 여자의 끈기 있는 간구에 주님도 탄복하셨다(마15:21-28).

28. 기도생활에 변화를 원한다면

기도란 하나님을 선하게 만들어 우리의 기도를 들어주시도록 하는 수단이 아니다. 왜냐하면 하나님은 태초부터 선하시고 우리를 사랑하시며 누구에게든지, 즉 악한 사람에게든지 선한 사람에게든지 해를 비추고 비를 내리신다(마5:45).

당신은 주님께선 거듭난 자녀의 기도만을 들어주신다고 말하고 싶을 것이다. 하지만 주님은 불신자의 기도도 들어주신다. 하나님을 찾는 것이 귀하기 때문이다. 하나님은 의인이든 악인이든 똑같이 축복해 주시는 것처럼 그를 구원하고자 은혜로운 방법으로 그의 기도를 들어 주실 수도 있다. 하나님은 아벨을 죽인 가인의 기도도 듣지 않으셨는가(창4:13 - 16). 죄의 결과가 두려워 하나님께 향한 것뿐인데. 하나님의 사랑은 그만큼 폭이 넓다.

기도는 우리의 필요한 것을 하나님께 아뢰는 것도 아니다. 하나님은 우리의 필요한 것, 궁핍한 것을 이미 아신다. 재물을 달라 기도하지 않아도 공급해 주신다. 믿지 않는 자에게까지. 그렇다고 아뢰지 않으랴. 기도하지 않으면 어떤 것은 주시지 않을 수도 있다. 특히 구원문제는 그렇다. 마음 문을 열고 그것을 받아들이지 않는 사람에게는 주어지지 않는다. 그래서 하나님을 향한 간절한 마음과 기도가 필요하다. 주님이 우리 마음을 두드리실 때 "예"로 응답하고, 마음 문을 열어 그분을 우리 중심에 모신다.

그러나 사단은 우리가 주님께 가까이 가는 것을 방해한다. 사단은 어떻게 하든지 우리가 하나님 앞에 가려는 길을 차단시키며, 하나님 안에 있는 우리 생명을 약화시킨다. 사단은 영적인 것보다 육체의 욕구를 더 따르게 하고, 기도생활을 싫증나게 만든다. 바쁘다는 생각을 심어 마음을 어지럽힌다. 또한 세상 사람들과 끊임없이 만나게 해 하나님께 집중하고자 하는 우리의 생각을 단절시킨다. 이 모두 기도의 훼방꾼들이다.

예수님은 하나님과 끊임없는 기도의 교제 안에 사셨다. 바쁘지만 무리들과 소란한 생활에서 벗어나 홀로 고요히 기도하러 가셨다.

"새벽 오히려 미명에 예수께서 일어나 나가 한적한 곳으로 가사 거기서 기도하시더니."(막1:35) "무리를 보내신 후에 기도하러 따로 산에 올라가시다 저물매 거기 혼자 계시더니."(마14:23) "이때에 예수께서 기도하시러 산으로 가사 밤이 맞도록 하나님께 기도하시고."(눅6:12)

예수님의 이러한 기도 모습은 얼마나 아버지 하나님과 깊은 관계를 유지하고자 하셨는가를 보여준다. 우리도 주님과 시간을 갖기 위해 조용한 시간을 가질 필요가 있다.

바울은 우리로 하여금 쉬지 말고 기도하라 하였다. 기도는 영의 호흡과 같은데 그 호흡을 쉴 수는 없다. 우리가 기도하지 않는 이유는 영적으로 나태하기 때문이다. 사단은 우리의 게으름을 기뻐한다. 영적인 게으름에서 벗어나려면 우리 안에 새로운 성품이 창조되어야 한다. 그렇게 되면 하나님의 계획과 목적에 집중하게 되고, 하나님을 향해 기도하게 된다. 기도할 일도 많아져 자신이 주님의 일을 이루는 도구가 되게 해 달라 기도하고, 주님의 여러 일군을 위해 기도한다. "추수할 것은 많은 데 일꾼은 적으니 그러므로 추수하는 주인에게 청하여 추수할 일꾼을 보내어 주소서 하라."(마9:37, 38) 그뿐이랴! 불신자의 구원을 위해 기도한다. 기도의 삶이 달라지고, 기도의 제목도 달라진다. 주님의 일이 곧 나의 일이 된다. 주님은 우리의 달라진 삶을 기뻐하신다. 기도의 생활에서도.

29. 간구하는 심령을 부어 주리니

"내가 다윗의 집과 예루살렘 거민에게 은총과 간구하는 심령을 부어 주리니."(슥12:10) 간구하는 심령은 기도하고자 하는 마음이다. 주님을 향해 우리가 마음을 여는 것이다. 기도는 하나님과 대화가 시작된다는 점에서 삶의 전환점이라 할 수 있다. 주님은 우리 속에 들어오셔서 우리와 더불어 먹기를 원하신다. 먹는다는 것은 친밀함으로의 초대이다. 주님은 우리 기도생활에 빛을 던져주시는 분이시다. 우리에게 기도의 영을 부어주시고, 삶을 풍성하게 하신다.

기도하는 일이 괴로울 때 스스로 기도할 심정이나 태도를 얻으려 하지 말고 어린 아이외 같이 기도의 영을 구해 기도하자. '어린 아이와 같이'란 주님께 의지하는 심령으로 나아가는 것을 말한다. 그러면 주님은 기꺼이 기도의 영을 허락하신다. 주님은 우리를 향해 문을 닫는 분이 아니시기 때문이다.

혹시 무슨 말부터 해야 할지 모른다면 어린 아이의 심정으로 돌아가라. 아이가 말을 알고 태어난 것은 아니지 않는가. 그러나 잘못 기도할까 염려된다면 "내 입 앞에 파수꾼을 세우시고 내 입술의 문을 열어주소서."(시141:3) 하라.

속이 상한 가운데 있는가. 다윗은 주 앞에 토하라 말한다. "백성들아 시시로 저를 의지하고 그 앞에 마음을 토하라 하나님은 우리의 피난처시로다."(시62:8) 다윗 자신도 곤고에 처했을 때 그런 기도를 드렸다. "내가 소리 내어 여호와께 부르짖으며 소리 내어 여호와께 간구하는도다 내가 내 원통함을 그 앞에 토하며 내 우환을 그 앞에 진술하는도다 내 심령이 속에서 상할 때에도 주께서 내 길을 아셨나이다."(시142:1－3)

구하고 싶은가. 그러면 감사한 마음으로 아뢰라. "기도와 간구로 너희 구할 것을 감사함으로 하나님께 아뢰라."(빌4:6) 주실 것을 믿고 감사하는 것이다. "범사에 그리스도의 이름으로 항상 하나님께 감사하며."(엡5:20) 혹시 아뢴 것이 성취되지 않았다 해도 감사하자. 그것이 우리에게 오히려 좋은 것일 수 있다. 주님은 우리로 하여금 기도한 다음 낙망하지 말라 하지 않으셨는가(눅18:1－8).

말하는 것만이 기도는 아니다. 찬송도 기도다. 시편의 많은 찬송시가 기도로 표현되어 있다. 우리는 그것을 읽으며 하나님과의 관계가 어떠해야 하는가를 배운다. 또한 말없는 기도도 있을 수 있다. 사랑하는 사람과 함께 있을 때, 또는 잘 아는 사람과 같이 있을 때 때로는 말이 필요 없을 때가 있다. 말하지 않아도 주님 앞에 앉아 있는 것만으로도 주님을 향한 우리의 마음을 전할 수 있기 때문이다. 주님은 우리의 그 마음을 익히 아신다.

말하고 싶은데 어떻게 해야 할지 모르겠다면 주님께 가르쳐 달라하라. 예수님께서 한곳에 가셔서 기도를 마치실 때 한 제자가 주님께 나아와 정중히 부탁한다. "주여 요한이 자기 제자들에게 기도를 가르친 것과 같이 우리에게도 가르쳐 주옵소서."(눅11:1) 솔직하지 않은가. 그렇게 해서 가르쳐주신 기도가 바로 주기도문이다.

기도는 매일 매 순간 주님께 우리의 존재를 나타내 보일 수 있는 절호의 기회다. 성령님과 함께하는 기도이니 얼마나 좋은가. 우리가 궁핍할수록, 곤고할수록 더 이상 나를 내세우지 않고 기도로 주님 앞에 나갈 수 있다는 것은 그리스도인이 가지는 특권이다. 기도는 하늘 문을 여는 열쇠와 같다. 하나님을 향한 비밀을 배운 사람만이 평안하고 승리에 넘친 그리스도인이 될 수 있다. 기도는 영의 호흡이다. 쉬지 말고 기도하라. 우리는 주님의 사람이다. 기도로 하나님께 나아가자. 겁낼 것 없다. 간구하는 심령을 부어주겠다 하시지 않는가.

30. 그의 뜻대로 무엇을 구하면 들으심이라

"여호와여 내 기도와 간구에 귀를 기울이사 주의 진실과 의로 내게 응답하소서."(시143:1) 우리는 기도한 후 응답을 기다린다. 때로는 조급하기까지 하다. 그러나 요한은 구한 것을 받은 줄로 알라고 말한다. "그를 향하여 우리의 가진바 담대한 것이 이것이니 그의 뜻대로 무엇을 구하면 들으심이라 우리가 무엇이든지 구하는 바를 들으시는 줄을 안즉 우리가 그에게 구한 그것을 얻은 줄을 또한 아느니라."(요일5:14, 15) 주님께서 들으셨기 때문이다. 그 응답이 곧 이루든지 뒤에 이루든지 하나님의 손에 맡기고 즐겁게 보내는 것을 배워야 할 것을 가르친다.

우리는 그 응답이 당장, 그리고 자기의 소원과 계획대로 와야 한다고 생각하는 잘못을 범하고 있다. 기도 응답의 경우 주실 때와 그 방법을 결정하시는 권한은 오직 하나님만이 가지고 계신다는 것을 인정하라.

혹시 적게 주시면 어떡하나 걱정이 되는가. 바울은 "우리의 온갖 구하는 것이나 생각하는 것에 더 넘치도록."(엡3:20) 주시는 주님이라고 말한다. 루터도 "은을 달라 기도하면 하나님은 종종 금을 주신다." 했다. 그러니 주님을 믿고 참으라.

그렇다고 우리 기도를 전부 들어주시는 것은 아니다. 하나님의 뜻에 부합해야 한다. 하나님 나라의 계획과 그 실현을 대망하는 기도는 응답된다. 하나님 나라 계획에는 변함이 없기 때문이다. 예수님은 세 번이나 "내 아버지여 만일 할 만하시거든 이 잔을 내게서 지나가게 하옵소서 그러나 내 뜻대로 마옵시고 아버지의 뜻대로 하옵소서." 기도하셨다. 십자가의 고통을 아셨기 때문이다. 그러나 인간의 뜻보다 하나님 아버지의 뜻을 우선하셨다.

구해도 받지 못하는 데는 이유가 있다. "구하여도 받지 못함은 정욕으로 쓰려고 잘못 구함이라."(약4:3) 이기심, 자기애, 욕망으로 구하면 안 된다. 자기 욕심에 따라 기도를 드린 후 들어주지 않으면 실망도 하고 상심하기도 한다. 자식이 공기총을 사달란다고 해서 선뜻 사줄 부모는 없다. 주님이 우리의 요구를 들어주지 않으실 때에도 그분은 여전히 자비로운 분이심을 잊어서는 안 된다. 세베대의 아들들의 어머니가 주님을 찾아와 주의 나라가 임할 때 자기 아들들을 주님의 좌우편에 앉도록 간구했다. 그러나 주님은 너희 구하는 것을 알지 못한다며 한마디로 거부하셨다(마20:20-23). 들을 것과 안 들을 것이 있다는 말이다. "너희가 손을 펼 때 내가 눈을 가리고 너희가 기도를 많이 해도 내가 듣지 아니하리니 너희 손에 피가 가득함이니라."(사1:15)

바울도 기도에 응답받지 못한 것이 있었다. "이것이 내게서 떠나기 위해 내가 세 번 주께 간구하였더니 네게 이르시되 내 은혜가 네게 족하도다 이는 내 능력이 약한 데서 온전하여짐이라 하시니 [-] 도리어 크게 기뻐함으로 나의 여러 약한 것들에 대하여 자랑하리니 [-] 이는 내가 약할 그때에 곧 강함이라."(고후12:8-10) 그는 오히려 들어주시지 않은 이유에 대해 감격하며 오히려 그것을 사랑하고 있다.

그리스도인은 기도하는 존재다. 그것은 자녀로서의 특권이다. 그러나 우리의 기도가 주님을 강요하는 것이 되어서는 안 된다. 주님은 기도하기 전에 이미 우리 형편을 아시고, 우리의 기도를 들으시며, 응답할 가장 적절한 시간과 방법을 준비하고 계신다. 우리가 주께 말씀드렸으므로 우리 할 일은 다 했다. 이젠 이 모든 것을 주님께 맡기고 기다리는 일만 남았다. 주님을 신뢰함으로, 설사 그 기도를 들어주지 않으셔도 감사하는 마음으로.

31. 모든 사람을 위하여 간구와 기도와 도고와
감사를 하되

우리는 중보기도라는 말을 자주 한다. 우리가 중보기도를 한다 할 때 그것은 대부분 다른 사람을 위해 특별히 기도한다는 의미로 사용되어 왔다. 그러나 중보기도라는 용어는 신학적으로 신중하게 사용하지 않으면 문제를 일으킬 수 있다. 정통기독교의 경우 우리의 중보는 오로지 예수님 한 분이시기 때문에 엄밀한 의미에서 우리를 위한 중보기도는 예수님만 하실 수 있다는 것이 기본적인 입장이다. 따라서 중보기도라 할 때 신중할 필요가 있다.

어떤 경우 중보를 좁은 의미와 넓은 의미로 나누기도 한다. 좁은 의미의 경우 중보자는 오직 예수님 외에는 없다. 하지만 넓은 의미의 경우 우리도 남을 위해 중보기도를 할 수 있다는 것이다. 그러나 넓은 의미로 중보기도를 해야 할 사람들이 마치 자기가 중보자나 된 것처럼 자만하는 우를 범해서는 안 된다. 순수하지 못하기 때문이다.

중보는 일반적으로 중개나 중재라는 뜻으로 사용되고 있어 문제가 없다는 주장도 있다. 이 경우 아브라함이나 모세가 드렸던 기도 형식이 되기 때문이다. 그러나 그것이 중보자로서의 예수 그리스도만이 드릴 수 있는 대속적인 중보의 기도일 경우 그 단어는 사용되어서는 안 된다.

우리나라에서 중보기도라는 단어가 크게 사용하게 된 것은 1990

년대이다. 이 기도가 신학적으로 문제가 된 것은 2000년 장로회 총회 신학부가 "타인을 위한 기도를 중보기도라 함은 예수님의 대제사장적 중보사역을 약화시킬 우려가 없지 않다."며 중보기도 대신 이웃을 위한 기도라 하는 것이 합당하다는 보고서를 내놓으면서부터다.

그로부터 중보기도 대신 어떤 단어가 합당한가에 대한 논의가 있어왔다. 주로 제시된 것이 도고(禱告, intercession)다. 이 단어는 개역성경이 디모데전서 2장 1질에 "그러므로 내가 첫째로 권하노니 모든 사람을 위하여 간구와 기도와 도고와 감사를 하되."에서 도고라는 단어를 사용한 데서 비롯된 것이다. 간구는 특별한 제목을 두고 하는 기도를, 기도는 일반적인 기도를, 도고는 남을 위해 하나님께 간청하는 중보기도다. 그러나 도고라는 단어는 어렵고 생소해 실용화하기는 쉽지 않다. 나아가 표준새번역 등에서는 도고 대신 중보라는 단어로 사용함으로써 번역상 혼란을 일으키기도 했다.

중보기도란 단어가 안 된다면 도고로 사용하자. 그것이 너무 생소하다면 그저 쉽게 '남을 위한 기도,' '이웃을 위한 기도'라 하자. 가족이나 좁다란 공동체를 넘어 얼굴 한 번 본적이 없는 먼 이웃나라를 위해 기도하는 그리스도인들이 얼마나 많은가.

작고한 대천덕 신부는 남을 위한 기도가 참 신앙이라 말한다. 한국 기독교인 중에는 자기만 행복하고 구원받으려고 신앙생활을 하는 사람이 많은데, 진정한 의미의 신앙은 남을 위해 기도하는 생활이라는 것이다. 예수원은 하루 3시간의 기도, 7시간의 노동, 그리고 3시간의 침묵을 지킨다. 이곳의 특색은 대도(代禱)다. 매일 점심식자 전 30분과 월요일 저녁 2시간은 남을 위해서만 기도한다. 전 세계 난

민, 수감자, 수재민, 정치지도자들의 안녕과 위안도 빈다. 예수원의 대도는 바로 이웃을 위한 기도다. 대도는 도고라는 단어보다 생소하지 않다. 그런대로 괜찮은 느낌이 든다.

세계복음주의협의회(WEF)는 박해받는 교회를 위한 국제기도의 날을 선포했다. 그리고 중동평화를 위해, 지진으로 고통받고 있는 이 땅의 백성을 위해 기도할 것을 주문했다. 인도에서 핍박받고 있는 교인들, 무슬림 지역의 성도들도 기도의 대상이다. 고통받고 있는 이 땅의 모든 사람을 위해 기도의 끈을 놓지 않는 것이 그리스도인의 본분이다. 신학적으론 용어를 구별해 사용해야 하겠지만 그들을 위해 기도한다는 것이 더 중요하다.

32. 우리에게도 주님의 겟세마네 기도가 필요하다

마가복음 14장에 그 유명한 겟세마네 기도가 소개되어 있다. 겟세마네는 '짜다'는 뜻을 가지고 있다. 그곳에 올리브기름을 짜기 위한 기름집이 있었던 곳으로 추정된다.

예수님은 아버지께서 주신 고난의 쓴 잔을 홀로 마시기 위해 기도하시지 않으면 안 되었다. 주님은 더욱 힘쓰고 애쓰고 간절히 그리고 땀방울이 핏방울이 되도록 기두하셨다. 올리브가 기름틀에서 으깨지는 것처럼 겟세마네 동산에서 자신의 몸이 으깨지도록 기도하셨다. 겟세마네의 예수는 기도·순종·겸손을 짜기 위한 것이지만 예수님을 잡으러 온 겟세마네의 무리는 무력·음모·수탈·불법을 짜기 위해 왔다.

예수님은 베드로, 야고보, 그리고 요한을 따로 불러 부탁하셨다. "내 마음이 심히 고민하여 죽게 되었으니 너희는 여기 머물러 깨어 있으라."(34절) 기도하라는 것이다. 영혼불멸을 믿었던 소크라테스는 죽음을 담대히 받아들였다. 오히려 독약을 혀로 핥는 태연함을 보였다. 예수님이 "심히 고민하여 죽게 되었다."고 말씀하시는 것은 죽음에 대한 두려움 때문이 아니다. 죽음에 대한 두려움 때문에 고민하고 죽게 되었다고 말했다면 주님을 소크라테스보다 못한 존재로 인식하는 결과밖에 안 된다. 예수님의 번민은 그가 받아야 할 잔 때문이다.

그 잔은 하나님의 분노의 잔이요 저주의 잔이요 심판의 잔이다. 그 잔은 우리의 죗값을 대신 치르기 위한 고난의 잔이요 대속의 잔이다. 언약의 피를 마시기 위한 것이다. 주님이 그 고난의 잔을 대신 마실 때 하나님의 분노가 쏟아질 것이고 순간이나마 하나님으로부터 버림받게 된다. 순간이지만 하나님과의 교제가 끊어진다. 지금까지 단 1초라도 하나님과 끊어져 본 적이 없는 예수님이 아버지 하나님과의 교제가 끊어진다는 것이 두려운 것이다. 그래서 주님은 이때가 지나가기를 간구했고, "아바 아버지여 아버지께서는 모든 것이 가능하오니 이 잔을 내게서 옮기시옵소서."라고 기도했다(35, 36절). 끊어짐의 순간이 빨리 지나가기를 바라신 것이다.

그러나 예수님은 위대한 기도를 하신다. "그러나 나의 원대로 마옵시고 아버지의 원대로 하옵소서."(36절) 예수님은 비록 짧은 순간의 끊어짐이지만 자신의 뜻보다 아버지의 뜻이 이뤄지기를 기도했다. 예수님은 우리를 사랑하셨으므로 자원하는 마음으로, 기쁜 마음으로, 적극적으로 그 잔을 마셨다.

예수님이 그 잔을 마심으로 하나님과 적대관계에 있던 우리가 하나님과 화해하는 복스런 관계로 발전하게 되었다. 예수님이 이 고난을 당함으로 인해 우리 속에 기쁨과 화해와 회복의 공동체가 세워지게 되었다. 주님만 이 고난의 잔을 마실 것이 아니라 그리스도인 모두도 주님이 원하시면 그 잔을 마셔야 한다. 우리가 그 잔을 기쁨으로, 사랑으로 마실 때 우리의 공동체가 거듭나게 된다. 이제는 우리가 주님을 위해 무엇을 해야 하는가를 고민할 차례다.

주님은 피맺힌 절규의 기도를 하는데 제자들은 자고 있었다. 그 모습을 보시고 주님은 베드로를 향해 한 말씀하셨다. "시몬아 자느냐 네가 한시 동안도 깨어 있을 수 없더냐. 시험에 들지 않게 깨어 있어 기도하라 마음에는 원이로되 육신이 약하도다."(막14:37, 38) 이미 닭이 두 번 울기 전에 세 번 나를 부인하리라는 말씀을 들은 그가 아니었던가. 그럼에도 그는 잠을 이기지 못했다. 주님과의 마지막 밤이라는 사실을 알았더라면 그렇게 잘 수 있었을까. 그러나 베드로만 탓할 일은 아니다. 우리도 잠을 자고 있기 때문이다. 그런 우리에게 주님은 깨어 기도함으로써 영의 새로운 능력을 힘입어 시험을 물리치라 하신다. 우리에게도 주님의 겟세마네 기도가 필요하다.

33. 마라의 삶에서 엘림의 삶으로

출애굽기 15장 22절에서 27절을 보면 마치 우리의 인생길과 같다는 느낌을 받는다. 그리고 마침내 그 길을 끝내고 주님 품에 안길 때의 환희가 느껴진다.

때는 모세가 이스라엘을 인도해 홍해를 건너고 수르 광야에 들어가는 때다. 그들은 희망을 안고 사흘 길을 갔지만 뙤약볕에 물을 얻지 못하였다. 그리고 마라에 이르렀다. 이것은 길 가는 인생의 모습을 그대로 보여준다. 지도자 모세의 인도함을 받아 애굽에서 나오고, 광야로 들어간다. 그리고 길을 계속 행진해 간다.

길 가는 인생이 순탄하면 얼마나 좋을까. 그들은 더 이상 노예가 아니라는 점에서 기뻤을 것이다. 그러나 본향을 향하는 길은 결코 순탄치 않았다. 그럼에도 불구하고 사흘은 꾹 참았다. 우리 같았으면 몇 시간 가지 못해 불평을 늘어놨을 것이다. 그런 점에서 그들은 우리보다 낫다고 생각한다. 사흘이나 참았으니.

그러나 그들도 사람이었다. 마라에 이르러 샘이 보이자 기뻐했는데 그 물이 쓴 물이어서 마실 수 없었다. 마라란 '쓴 물'이라는 뜻을 가지고 있다. 그들은 모세를 향해 원망하기 시작했다. 그런데 그 원망의 정도가 보통이 아니다. "백성이 모세를 대하여 원망하여 가로되"(24절)에 주목할 필요가 있다. 여기서 '대하여'는 대항했다는 뜻이다. 그들은 이번을 시작으로 해서 어려움을 당할 때마다 모세와 아론을 대항하여 원망했다. 그러나 그 원망은 모세나 아론에 대한 원망으로 그치지 않고 실제적으로는 하나님을 향한 불신앙적 원망이라는 점에서 문제가 있다. 물이 쓴 것이 아니라 그들의 영적 상태가 쓴 것이다. 쓴 물을 마실 수 없듯 영적으로 쓴 상태는 하나님께서 기뻐 받을 수 없다. 영적으로 거짓된 상태로는 하나님의 것을 함께 나눌 수 없기 때문이다.

우리도 때론 마라를 경험한다. 이스라엘이 쓴 물을 보고 원망하듯 우리도 조그마한 어려움을 만나기만 해도 원망을 하게 된다. 이런 점에서 우리도 이스라엘과는 하등 다를 것이 없다. 문제는 이 쓰디 쓴 이 땅의 삶을 어떻게 고칠 수 있는가 하는 것이다.

모세가 하나님께 호소하자 하나님은 한 나무를 지시하시고, 그 나무를 물에 던지게 하셨다. 그러자 쓴물이 단물로 변하는 기적이 일어났다. 마실 수 있는 물이 된 것이다. 예수님께서 가나에서 처음 기적을 행하셔서 물이 포도주로 변한 것을 생각해 보라. 이것은 속성이 바뀐 것을 의미한다. 우리의 속성도 바뀌어야 한다. 우리의 죄악 된 속성이 근본적으로 바뀌면 하나님께 기쁨을 줄 수 있다.

하나님은 그것으로 끝내지 않으셨다. 그들에게 법도와 율례를 정하시고 시험하셨다. "너희가 나 여호와의 말을 청종하고 나의 보기에 의를 행하며 내 계명에 귀를 기울이며 내 모든 규례를 지키면 내가 애굽 사람에게 내린 모든 질병의 하나도 너희에게 내리지 아니하리니 나는 너희를 치료하는 여호와임이니라."(26절) 법도와 율례를 주신 것은 그들로 하여금 하나님의 뜻에 맞게 살도록 하신 것이다. 그렇지 않으면 질병을 보내시겠다는 경고의 메시지도 포함되어 있다. 이것은 앞으로 그들이 경계로 삼아야 할 말씀이다.

마라에서 해갈한 그들은 엘림에 도달했다. 엘림은 작은 오아시스이다. 마라의 쓴물을 맛본 그들은 엘림을 기쁨으로 받을 수 있었을 뿐 아니라 감사할 수 있었다. 이 고난, 기쁨, 은혜는 광야에서만 체험할 수 있다. 엘림의 삶은 한마디로 천국의 삶이다. 물 샘 열둘과 종려 칠십 주가 있는 곳이다. 그들은 그곳에 장막을 쳤다. 영적으로 볼 때 물 샘은 하나님의 말씀이 풍성한 것을, 종려나무는 열매의 풍성함을 상징한다. 그곳이 바로 우리가 장막을 쳐야 할 곳이다.

인생은 고해와 같다고 말한다. 실패도 있고, 좌절도 있다. 그러나 주님은 인생길의 해결자이시다. 이 땅에 사는 한 고난과 어려움은 피할 수 없다. 그분만이 우리로 하여금 마라의 삶을 극복하고 엘림의 삶을 풍성히 누리도록 하신다. 우리가 의지해야 할 분은 오직 주님 한 분뿐이다.

34. 한 달란트 받은 자의 변명

마태복음 25장에는 그 유명한 달란트 비유가 소개되고 있다. 그중에 유독 한 달란트 받은 자는 책망을 받았다. 주신 달란트를 계발하지 않은 것도 문제지만 그의 태도가 무척 마음에 안 든다.

우선 주인을 만나 첫 번째 하는 말부터 다른 사람과 다르다. "주여 당신은 굳은 사람이라 심지 않은 데서 거두고 헤치지 않은 데서 모으는 줄 내가 알았으므로."(24절) 이 사람은 기본적으로 주인에 대해 부정적인 인식을 가지고 있다. 한마디로 주인을 가리켜 "당신은 착취하는 사람이요 구두쇠입니다. 나는 희생자입니다."라고 비난하고 있다. 이 사람은 주인을 욕심쟁이, 수전노 등 나쁜 주인으로 간주하였다. 이것은 다른 종들과는 주인관이 아주 다름을 알 수 있다. 이렇게 된 데는 여러 가지 이유가 있을 수 있다.

첫째, 인간관계에 문제가 있을 수 있다. 주인과의 관계가 좋지 않은 사람은 주인이 부탁하면 주인의 말을 듣지 않음으로써 보복하고자 하는 심리를 가지고 있다. 반항적이 되는 것이다.

둘째, 종의 마음에 문제가 있을 수 있다. 마음이 깨어져 있으면 이미 하고자 하는 마음도 없게 된다. 또 그런 사람이 일을 한다 해도 물 컵을 완전히 채울 수도 없다. 기껏 채운다 해도 깨어진 부분 이상을 넘지 못한다. 깨진 물 컵을 가지고는 달란트를 충분히 발휘할 수 없다.

셋째, 몸이 따라주지 않을 수도 있다. 체력의 문제다. 체력이 없으면 게을러지고 잠만 자고 싶어 한다.

넷째, 지적 통합(학습) 능력이 모자랄 수도 있다. 지력의 문제다. 달란트를 남기는 방법을 모르면 남길 수도 없다.

다섯째, 자기 통제력이 부족할 수도 있다. 자기관리 능력이 모자라면 지기가 시금 땅을 파고 묻을 것이 아니라 지금 당장 무엇을 해야 하는가 우선순위(priority)를 알았을 것이다.

우리는 왜 달란트를 발휘하지 못하는가, 왜 문제가 있는가를 확인하고, 이런 사람이 있으면 이런 문제들로부터 벗어나도록 도와줄 필요가 있다.

그는 계속 말한다. "두려워하여 나가서 당신의 달란트를 땅에 감추어 두었었나이다 보소서 당신의 것을 받으셨나이다."(25절) 자기의 달란트를 활용하지 않도록 만든 것은 두려움이었다. 두려움은 자기의문(self-doubt), 올무(snare), 자기연민(self-pity)을 가져온다.

우리 각자도 두려움으로 실패할 수 있다(personal failure). 베드로나 가룟 유다도 실패했다. 그러나 베드로는 회개와 함께 교회탄생의 주역을 맡았고, 유다는 자살로 막을 내렸다. 두려울 때마다 우리가 어떻게 대처하느냐에 따라 결과가 달라질 수 있다.

우리는 각자에게 부여된 달란트에 대해 "이걸 가지고 뭘 한단 말인가?" 비판하지 않고 오히려 그것을 귀하고 자랑스럽게 생각하며 그것을 더욱 활용하도록 해야 한다. 이 병든 몸을 가지고 무엇을 할 것인가 말하지 말자. 오히려 그 자리에서 하나님께 영광 돌릴 수 있는 길을 찾자

"당신의 달란트를 땅에 감추어 두었었나이다." 주인을 비판적으로 보았던 그는 주인을 위해 일할 생각이 전혀 없었다. 단지 맡긴 돈을 도둑맞지 않게 하기 위해 땅을 파고 묻었고, 그것을 주인에게 돌려주었다. 이것은 받은 달란트로 어떤 노력도 하지 않고 무성취의 삶을 살았다는 것을 의미한다. 하나님을 위해 어떤 목적도 없이 살았다는 것은 비판을 받아 마땅하다.

이 게으른 종에 대한 주인의 태도는 아주 냉엄하다. 우선 주인에

대한 종의 생각을 나무랐다. "악하고 게으른 종아 나는 심지 않은 데서 거두고 헤치지 않은 데서 모으는 줄로 네가 알았느냐." 종의 생각이 잘못되었다는 말씀이다. 그리고 정 그리 생각했으면 은행에 놔두어 내 본전과 변리를 받게 했어야 하지 않았느냐 나무라신다. 최소한 본전과 변리를 받을 수 있는 일(최소한의 일)은 했어야 한다는 것이다. 그것도 못했으니 지각이 없든지 게으른 탓이리라.

주인은 그 한 달란트를 빼앗아 열 달란트 가진 자에게 주도록 한다. 하나님이 각자에게 맡긴 달란트를 활용하지 않으면 그것마저 잃게 된다는 것을 보여준다. 주인은 그 달란트를 열 달란트 남긴 자에게 주며 말한다. "있는 자는 받아 풍족하게 되고 없는 자는 그 있는 것까지 빼앗기리라."(29절) 달란트를 활용하면 할수록 더욱 커지게 된다.

그리고 그에 대한 최후 판결이 내려진다. "이 무익한 종을 바깥 어두운 데로 내어 쫓으라 거기서 슬피 울며 이를 갊이 있으리라."(30절) 무익한 종은 착하고 충성된 종과 대비된다. 무익한 종은 불충한 종이고, 자기희생이 없는 종이다. 모험을 할 줄도 모른다. 그러나 충성된 종은 헌신적이고, 모험적이며, 자기희생을 할 줄 아는 종이다.

여기서 우리 하나님은 우리 모두가 성취자가 되게 하신다는 것을 알 수 있다. 인간의 논리로 볼 때 지금과 같은 무한 경쟁시대에 모두 성취자가 된다는 것은 이치에 맞지 않는다. 한 사람, 한 기업에만 승리자가 있을 뿐이니까. 그러나 모두가 성취자가 될 수 있다는 것이 하나님의 논리이다. 하나님은 예외 없이 모두 하나님의 나라의 삶을 살기 원하신다. 그것은 우리를 향하신 하나님의 사랑이다. 아예 무익한 종이 없기를 바라신다. 하나님의 방법으로 우리 모두가 성취자가 되기를 바란다. 그러므로 우리도 인간의 방법이 아니라 하나님의 방법으로 자녀도 키우고, 일해야 할 것이다.

한 달란트 맡은 종은 책망을 듣고 쫓겨났다. 달란트 받은 자가 달란트를 발휘하지 못하면 밖으로 쫓겨나며 거기서 슬피 울며 이를 갈게 되는 벌에 처해지게 된다. GE의 웰치 회장은 구성원을 5등급으로 나누고 가장 나쁜 5등급에 속하는 5%를 과감히 제거했다. 우리가 주 님 앞에 그 5%에 해당된다면 어찌될까. 생각만 해도 끔찍하다. '바깥 어두운 데'를 꼭 지옥으로 볼 필요는 없다. 그러나 그 땅은 부끄러운 땅이다. 그곳에서 슬피 울고 이를 갈며 후회한들 이미 늦다.

이 비유는 이 땅에서 최선을 다해 충성함으로써 주님을 기쁘시게 해야 한다는 것을 가르쳐준다. 하나님의 일을 맡은 자에게 남은 것은 충성뿐이다. 그 충성은 자신의 유익을 위한 충성이 아니다. 주인을 위한 충성이다. 우리 주변에는 그리스도인이라 할지라도 하나님을 위한 부자가 아니라 자기를 위해 부자가 된 사람이 너무나 많다. 자기 자신만을 위해 살고 주님을 위해서는 인색한 사람이 과연 주님으로부터 무슨 말을 들을 수 있을까? 다시 한 번 더 이상 한 달란트 받은 자가 되지 않으리라 다짐해 본다.

35. 나의 이 말을 듣고 행하는 자는

예수님의 산상수훈은 마태복음 5장부터 시작한다. "심령이 가난한 자는 복이 있나니." 그리고 마태복음 7장까지 이어진다. 이 산상수훈 마지막 부분에서 주님은 말씀하신다. "그러므로 누구든지 나의 이 말을 듣고 행하는 자는 그 집을 반석 위에 지은 지혜로운 사람 같으리니."(마7:24) 산상수훈의 이 말씀을 잘 듣고 그대로 행동으로 옮기는 사람은 그 집을 반석 위에 지은 지혜로운 사람 같다는 것이다. 이것은 주님의 말씀이 얼마나 기본이 되고 중요한 말씀인가를 가르쳐준다.

기본이 되는 주님의 말씀에는 무엇이 있는가? 하나님 나라의 삶의 자세를 잘 보여주는 산상수훈의 머리말 외에 세상의 소금이 되라, 바리새인보다 낫지 못하면 결단코 천국에 들어가지 못하리라, 노하지 말라, 간음하지 말라, 헛맹세를 하지 말라, 원수를 사랑하라, 은밀히 구제하라, 외식하는 기도를 하지 말라, 외식하는 금식을 하지 말라, 보물을 하늘에 쌓아두라, 비판하지 말라, 기도에 힘쓰라, 거짓 선지자를 삼가라, 그리고 지혜로운 자가 되라는 말씀이 있다. 말씀을 지키고 행함으로 반석 위에 집은 지은 자가 바로 지혜로운 자다.

반석 위에 집을 지은 사람은 비바람이 불어도 걱정할 것이 없다. 토대가 든든하기 때문이다. "비가 내리고 창수가 나고 바람이 불어 그 집에 부딪히되 무너지지 아니하나니 이는 주초를 반석 위에 놓은

연고요."(마7:25)

바울은 고린도교인들에게 이렇게 말했다. "내게 주신 하나님의 은혜를 따라 내가 지혜로운 건축자와 같이 터를 닦아 두매 다른 이가 그 위에 세우나 그러나 각각 어떻게 그 위에 세우기를 조심할지니라 이 닦아 둔 것 외에 능히 다른 터를 닦아 둘 자가 없으니 이 터는 곧 예수 그리스도라 만일 누구든시 금이나 은이나 보석이나 나무나 풀이나 짚으로 이 터 위에 세우면 각각 공력이 나타날 터인데 그날이 공력을 밝히리니 이는 불로 나타내고 그 불이 각 사람의 공력이 어떠한 것을 시험할 것임이니라."(고전3:10－13) 바울은 자기가 지혜로운 건축자와 같이 닦아둔 견고한 터가 있음을 말한다. 이 터는 바로 예수 그리스도리는 것이다. 예수 그리스도에 터를 세워야 온갖 시험을 이길 수 있다는 것이다. 이 시험은 불같은 시험을 밀힌다. 그 시험을 거치면서 각 사람의 공력이 나타난다. 시험을 이기는 것은 바로 창수가 나고 바람이 불어도 무너지지 않는 것과 같다.

예수님은 반어법으로 다시 말씀하신다. "나의 이 말을 듣고 행치 아니하는 자는 그 집을 모래 위에 지은 어리석은 사람 같으리니 비가 내리고 창수가 나고 바람이 불어 그 집에 부딪히매 무너져 그 무너짐이 심하니라."(마7:26－27) 모래 위에 집을 지은 사람은 바로 주님의 말씀을 듣고도 행치 아니하는 사람이다. 곧 행함이 없는 믿음이다. 예수님은 그만큼 행함을 중시하신다. 말만 들으면 무엇이냐는 것이다. 시험이 닥치면 무너질 것이 뻔한데.

바울은 이어 말한다. "만일 누구든지 그 위에 세운 공력이 그대로 있으면 상을 받고 누구든지 공력이 불타면 해를 받으리니 그러나 자기는 구원을 얻되 불 가운데서 얻은 것 같으리라."(고전3:14 - 15) 그리스도인은 누구나 이 땅에서 자기의 한 일에 대해 하나님 앞에서 계산을 하게 된다. 공력에 대한 저울질이다. 만일 그 공력을 다른 터에 세우지 않고 오직 예수 그리스도의 터 위에 세웠다면 인정을 받을 것이다. 그러나 다른 터 위에 세웠다면 해를 입게 될 것이다. 예수님은 우리 모두 지혜로운 자가 되기를 바라신다. 이 땅에 살 동안 하나님이 기뻐하시는 뜻에 따라 하루하루 바르게 집을 지어 나가는 것이다. 그것은 바로 행함의 집이다. 우리의 거룩한 행함을 통해 오늘도 하나님 나라의 아름다운 모습을 드러내자.

36. 여호와를 의뢰하여 선을 행하라

시편 37편은 의인의 장이라 할 만큼 우리를 향해 하나님 앞에서 의롭게 살 것을 강조하고 있다. 이 시는 다윗의 시다. 공의로운 하나님을 사랑하는 그리스도인으로서 의롭게 사는 것은 당연한 일이 아닐까. 그럼에도 우리는 그 요구를 충족시키는 대신 불평하거나 시기하며 살아간다. 그래서 다윗은 말한다. "하나님을 의뢰하라, 여호와를 기뻐하라, 그리고 네 길을 여호와께 맡기라." 그러면 삶이 달라진다는 것이다.

다윗의 첫 번째 당부는 "하나님을 의뢰하여 선을 행하라."(3절)는 것이다. 우리의 힘만으로는 할 수 없지만 하나님을 의뢰하며 나아가면 의로운 길로 나갈 수 있으리라. "땅에 거하여 그의 성실로 식물을 삼을지어다."(3절) 하루하루 성실하게 살아가면 달라지리라.

두 번째 당부는 "여호와를 기뻐하라."(4절)는 것이다. 이 말은 원래 "여호와로 인하여 기뻐하라."는 말이다. '기뻐하라'는 '아나그'다. 이 말은 부드럽다, 즐거워하다는 뜻을 가지고 있다. 어떤 상황에서든, 물질까지 포기하면서까지 하나님 한 분만으로 기뻐하는 삶을 사는 것이다. 바울은 세상적인 것 모두 배설물로 여기고 그리스도를 얻고자 했다. 하박국도 하나님으로 인하여 기뻐하였다. 그는 더 이상 행악자가 잘되는 것을 보며 불평하지 않았다. 이 땅의 것이 모두가 아니며 결국에는 하나님 앞에서 심판을 받는다는 것을 확신했기 때문이다. 다윗도 행악자를 불평하거나 불의를 행하는 자를 투기하지 말라(1절) 했다. 그러면 "저가 네 마음의 소원을 이루어 주시리로다."(4절) 내가 어떻게 하나님을 기쁘시게 할까 할 때 하나님께서 우리 마음의 소원을 이루어주실 것임을 확신한다.

세 번째 당부는 "너의 길을 여호와께 맡기라."(5절)는 것이다. 하나님을 의지하고 나가면 우리의 의를 정오의 빛같이 나타내시리라 한다. 의로운 삶의 길로 들어서게 되는 것이다.

시편 37편은 의인이 얼마나 큰 축복을 받는가를 여러 형태로 말하고 있다. 의인은 여호와께서 붙드시며(17절), 그 기업은 영원하다(18절). 기근의 날에도 풍족하고(19절), 주의 복을 받아 땅을 차지한다(22절). 의인도 때로 넘어지지만 아주 엎드러지지 않는 것은 여호와께서 손으로 붙들기 때문이다(24절). 다윗은 지금까지 살면서 의인이 버림을 당하거나 그 자손이 걸식함을 보지 못하였다 했다(25절). 오히려 저는 종일토록 은혜를 베풀고 꾸어주니 그 자손이 복을 받는다 했다(26절).

의인은 하나님이 기뻐하신다. "의인의 입은 지혜를 말하고 그 혀는 공의를 이르며 그 마음에는 하나님의 법이 있으니 그 걸음에는 실족함이 없으리로다."(30, 31절) 이런 모습에 감탄하지 않을 사람이 있을까. "사람의 행위가 여호와를 기쁘시게 하면 그 사람의 원수라도 그와 더불어 화목하게 하시느니라."(잠16:7) 하지 않으셨는가.

물론 악인은 의인을 놔두지 않을 것이다. 마귀의 공격이 그치겠는가. 그러나 하나님은 의인을 악인의 손에 두지 않으신다. 심판 때 의인을 죄 있다 하지 않으신다(32, 33절). 그러니 하나님의 사람들아 하나님을 기뻐하라. 하나님을 기뻐한다는 것은 하나님의 뜻, 곧 하나님이 기뻐하시는 뜻을 기뻐하는 것이다. 하나님의 기쁨이 나의 기쁨이 되고, 하나님의 소원이 나의 소원이 되는 것이다.

하나님 기쁘신 뜻대로 행하면 하나님이 기뻐하시고, 우리를 향해 소원을 가지실 것이다. 그것이 무엇일까. 궁금하지 않는가. 그것은 비밀이다. 그런데 37절은 그 비밀의 일부를 살짝 보여준다. "완전한 사람을 살피고 정직한 자를 볼지어다. 화평한 자의 결국은 평안이로다." 의인은 하늘의 평안을 누리게 된다. 이 땅에서 이 평안을 누리고 싶지 않은가.

37. 우리가 이해할 수 없을 때라도

헨리 폴슨 미 재무장관은 리먼브러더스를 죽였지만 AIG는 살렸다. AIG가 파산할 경우 그 파급효과가 몇 배나 클 것으로 판단했기 때문이다. 금융구제는 금융기관의 도덕적 해이를 불러일으킨다는 문제점을 가지고 있고, 시장의 일은 시장에 맡기겠다는 종래 미국 정부의 성책에도 어긋난다.

AIG는 리먼브러더스와는 비교도 되지 않는 괴물이었다. 이 회사는 신용파산스와프(Credit Default Swap)라는 신종 금융상품을 엄청나게 팔았다. 이것은 기업이 파산할 경우 그 위험을 AIG가 대신 떠안아주는 것으로, 만일 AIG가 무너질 경우 이 회사가 안아준다는 것을 전제로 형성된 각종 파생금융상품 시장이 일거에 붕괴되고, 세계 금융시장은 수습할 길이 없게 된다.

금융시장의 급격한 몰락과 이것이 미칠 파장을 고려해 AIG는 기사회생했다. 그러나 만일 성경적인 사건에서 어떤 이는 죽임을 당하고, 어떤 이는 기적적으로 살아났다면 당신은 어떻게 이해하겠는가?

예를 들어보자. 사도행전 12장에 헤롯왕이 예루살렘 교회 지도자 가운데 몇 사람을 해하고자 하는 마음을 가졌다. 결국 칼을 들어 요한의 형제 야고보를 먼저 죽였다. 이 일을 놓고 유대인들이 좋아하자 이젠 베드로를 잡아 옥에 가두었다. 베드로가 도망하지 못하도록 군인 네 명씩 4개조를 만들어 그를 지켰다. 그리고 유월절이 끝나면

옥에서 끌어내 처치할 계획이었다. 교회는 베드로를 위해 기도했다.

지키는 군사들 틈에 쇠사슬에 매인 베드로. 그는 이제 죽을 몸이 되었다. 그러나 헤롯이 그를 잡아내려 하는 전날 밤, 하나님은 주의 사자를 보내 그를 기적적으로 살려냈다. 천사가 하는 시키는 대로 행동하면서도 베드로는 이것이 참이 아니라 환상일 것으로 생각했다. 그는 마가의 집에 이르러 모여 기도하는 제자들을 만난 다음 다른 곳으로 피신하게 된다. 이것이 사도행전 12장에 나오는 야고보와 베드로 사건이다.

이 사건을 통해 두 가지 의문을 제시할 수 있다. 첫째, "야고보와 요한 두 형제 중 왜 하필 야고보입니까?" 둘째, "왜 야고보는 죽게 하고 베드로는 살리셨습니까? 베드로를 살리듯 어떤 방법으로든 야고보도 살리셨다면 공평하지 않았을까요?" 이런 의문은 AIG를 살릴 요량이라면 리먼브러더스도 살리는 것이 좋지 않았을까 생각하는 것과 같다. 공평의 하나님이 공평을 모르실 리 없다.

그러나 하나님의 문제에 관한 한 때로 우리의 이해를 넘어선다. 야고보의 순교 사건 이전에 이미 스데반의 순교 사건도 있었다. 주님은 이미 믿는 자들에 대한 핍박이 있을 것을 말씀하셨다. 그러니 핍박에 관한 한 누구는 되고 누구는 안 되는 상황이 아님을 알 수 있다.

폴슨은 컴퓨터 시뮬레이션 결과 AIG가 무너지면 리먼브러디스보다 몇 배의 충격을 받을 수 있다고 판단했고, 결국 AIG를 살리기로 했다. 야고보와 베드로에 관한 한 하나님의 계획은 알 수 없다. 그것은 시뮬레이션을 해서 나올 수 있는 것이 아니기 때문이다.

베드로는 훗날 결국 순교했고, 야고보의 형제 요한은 제자 가운데 가장 오래 살아남았다. 이 모두 우리의 이해 밖에 있다. 우리의 이성으로는 헤아리기 어렵다.

하지만 우리는 비록 이해할 수 없을 때라도 오직 주님을 신뢰하는 믿음을 가지고 사는 사람들이다. 하나님이 하시는 일을 어떻게 이해할까 하는 것보다 그분을 전적으로 신뢰하는 것이 우리의 바른 자세다. 공평하지 않다고 말할 것이 아니라 그분의 신실하심을 믿고, 언제나 우리보다 더 높고 깊은 차원에서, 그리고 영원한 차원에서 이뤄 가시는 뜻을 믿음으로 받아들여야 한다. 순교자들은 죽음의 자리에서도 하나님을 신뢰한 사람들이다. 우리도 그 깊은 영적인 자리로 나가야 한다.

38. 성령의 역사는 생명의 역사

성령으로 창조의 역사가 일어난다

창조에 적극 참여한 성령은 생령을 부여하는 힘과 생명을 유지하는 힘을 나타낸다. 땅이 혼돈하고 공허하며 흑암이 깊음 위에 있을 때 하나님의 신, 곧 성령이 수면에 운행하셨다(창1:2). 하나님의 신은 히브리어로 '루아흐', 곧 바람 또는 호흡을 의미한다. 이것은 하나님의 영, 곧 성령이다. 성령과 함께 창조가 시작되는 것이다. 시편 기자는 "주의 영을 보내어 저희를 창조하사."(시104:30)라고 말한다.

인간창조에도 성령님의 능력이 나타난다. "하나님이 흙으로 사람을 지으시고 생기를 그 코에 불어 넣으시니 사람이 생령이 된지라."(창2:7) 사람이 사람으로 존재하게 된 것은 흙의 힘이 아니라 하나님이 불어 넣으신 생기, 곧 바람이다. 그 생기가 바로 성령이시다.

욥기에는 창조에 관해 의미 있는 구절들이 있다. "그 신으로 하늘을 단장하시고."(욥26:13) "하나님의 신이 나를 지으셨고 전능자의 기운이 나를 살리시느니라."(욥33:4) 하늘을 단장하시는 분, 나를 짓고 살리는 분은 바로 성령이시라는 것이다. 성령은 주님을 거스르지 않는 사람에게 능히 영생을 주실 수 있다.

성령으로 잉태케 한다

기독교에서 빼놓을 수 없는 것은 예수님의 동정녀 탄생이다. 그 탄생의 비밀에 성령이 있다. 천사 가브리엘이 마리아에게 나타나 말한다. "성령이 네게 임하시고 지극히 높으신 이의 능력이 너를 덮으시니."(눅1:35) 성령을 통해 잉태하게 되리라는 선언이다.

그 선언대로 이루어진다. "그 모친 마리아가 요셉과 정혼하고 동거하기 진에 성령으로 잉태된 것이 나타났더니 [-] 네 아내 마리아

데려오기를 무서워 말라 저에게 잉태된 자는 성령으로 된 것이라."
(마1:18, 20) 요셉이 마리아의 이상스런 변화로 근심할 때 주의 천사
가 나타나 한 말이다. 이것은 신비다. 바울도 성령에 의한 잉태의
신비에 대해 이렇게 말한다. "크도다 경건의 비밀이여 그렇지 않다
하는 법이 없도다."(딤전3:16)

성령은 부활에서도 역사한다

성령은 부활에서도 역사한다. 베드로는 예수님의 부활에 대해 이
렇게 표현한다. "육체로는 죽임을 당하시고 영으로는 살리심을 받으
셨으니."(벧전3:18) 나아가 히브리서 기자는 성령이 갈보리에 임재해
계셨기 때문에 주님은 영원하신 성령으로 말미암아 흠 없는 자기를
하나님께 드릴 수 있다(히9:14)고 했다. 이것은 예수님이 십자가의
고난을 당하셨을 때에도 성령이 함께하셨고, 성령의 능력으로 생명
을 다시 얻으셨으며, 부활 후 성령을 통해 제자들에게 나타나 말씀
하시고 행동으로 보여주셨음을 의미한다.

그 성령이 우리의 부활에도 역사하신다. "예수를 죽은 자 가운데
서 살리신 이의 영이 너희 안에 거하시면 예수를 죽은 자 가운데서
살리신 이가 너희 안에 거하시는 그의 영으로 말미암아 너희 죽을
몸도 살리시리라."(롬8:11)

성령의 역사는 생명의 역사다. 천지창조도 성령의 역사가 있었고,

예수님의 오심에도 성령의 신비한 역사가 있었다. 그리고 부활에서도 성령의 역사가 있다. 성령 하나님은 오늘도 성부 하나님 그리고 성자 하나님의 뜻을 이루며 이 땅에 새로운 역사를 만들어 가신다. 그 성령님이 있어 우리는 결코 외롭지 않다. 실망할 이유가 없다. 그로 인해 우리 안에 생명의 역사가 일어나기에.

39. 오직 성령의 충만함을 받으라

그리스도인은 전적으로 예수를 위해 살기로 자신을 주께 맡기고 그와 함께 사는 사람들이다. 이를 위해 필요한 것이 바로 성령 충만한 삶이다. 바울은 에베소 교인들에게 말한다. "성령의 충만함을 받으라."(엡5:18) 이 명령은 그 교인들에게 국한되지 않는다. 우리 모두에게 해당하는 말씀이다.

성령 충만은 성령 안에서의 세례만을 의미하지 않는다. 성령 충만은 모든 성도들에게 꼭 같이 주는 복된 특권이다. 그래서 그리스도인이라면 누구나 성령 충만한 삶을 살아야 한다.

성령 충만은 한마디로 나의 모든 삶의 주권을 하나님께 내어드리고, 그분의 뜻에 맞게 살도록 성령님의 인도하심에 전적으로 맡기는 것이다. 더 이상 나의 주도권을 내세우지 않고 성령님께 온전히 내어 드린다. 성령이 나를 홀로 주관하도록 하는 것이자 성령이 나의 주관자(president)가 되는 것이다.

사람들은 성령 충만을 술 취한 것으로 오인하기도 했다. 그러나 성령 충만은 술 취한 것과는 대조된다. 오순절에 제자들이 성령으로 충만했을 때 믿지 않는 자들이 제자들을 조롱하며 저희가 새 술에 취하였다 하였다. 술 취하는 것과 성령에 충만한 것은 다르다. "술 취하지 말라 이는 방탕한 것이니."(엡5:18) 세례 요한은 모태로부터 성령 충만함을 입었다. "이는 저가 주 앞에 큰 자가 되며 포도주나 독주를 마시지 아니하며 모태로부터 성령의 충만함을 입었느니라."(눅1:15)

성령 충만하면 우리 삶이 달라진다. 영이 살아나게 된다. 하나님은 성령 충만함을 받지 못한 사데 교회를 향해 "네가 살았다 하는 이름을 가졌으나 죽은 자로다."(계3:1) 하였다. 명목적인 그리스도인은 살아 있는 그리스도인이라 할 수 없다는 것이다. 오죽하면 칸트가 명목적인 종교인을 가리켜 실제적 무신론자라 했을까. 무신론자나 다름이 없다는 말이다. 삶에서 예수님이 나의 주인임이 고백되려면 충만한 성령이 요구된다. "그리스도께서 너희 안에 계시면 몸은 죄로 인하여 죽은 것이나 영은 의를 인하여 산 것이니라 예수를 죽은 자 가운데서 살리신 이의 영이 너희 안에 거하시면 그리스도 예수를 죽은 자 가운데서 살리신 이가 너희 안에 거하시는 그의 영으로 말미암아 너희 죽을 몸도 살리시리라."(롬8:10, 11) 그리스도의 영, 곧 성령은 우리를 살린다(고후3:6).

성령 충만하면 능력을 얻는다. 오순절에 성령 충만한 제자들이 권능을 받고 전도에 나서게 된 것도 인간의 능력이 아니라 성령의 능력 때문이었다(행4:8, 31). 브사엘(출31:2, 3), 여호수아(신34:9), 미가(미3:8), 세례 요한의 부모(눅1:41, 67), 세례 요한(눅1:15) 모두 성령의 능력을 받은 분들이다. 우리로 하여금 사랑, 희락, 화평, 오래 참음, 자비, 양선, 충성, 온유, 절제의 열매를 맺게 하시는 분도 바로 성령님이시다(갈5:22, 23). 성령 충만하면 우리 삶도 달라진다. 속이거나 거짓말하지 않고 진실함으로 성령 충만함을 드러낸다.

우리가 믿음 생활을 보다 생명력 있게 하려면 성령 충만한 생활은 필수다. 주님을 믿지 않고 성령 충만은 기대할 수 없고, 성령이 함께하시는 말씀을 떠나 신앙은 성장하지 못한다. 성령 충만은 패배와 실의가 없는 생활이요 기쁨과 만족의 근원이 된다.

성령의 충만함을 얻으려면 우리의 마음을 완전히 비워야 한다. 세상의 온갖 잡동사니로 가득한 마음을 비우고, 주님의 것으로 가득 채워야 한다. 은혜의 성령(히10:29), 지혜의 성령(엡1:16, 17), 성결의 성령(롬1:4)으로 충만해야 한다. 그때 우리는 비로소 하나님의 자녀로 인정을 받게 될 것이다.

40. 주 안에서 항상 기뻐하라

빌립보서의 중요한 주제는 기쁨이다. 빌립보서가 4장밖에 되지 않지만 바울은 빌립보 교인을 향하여 거듭거듭 기뻐하라고 가르친다. 우리는 그가 이 글을 쓸 때 옥중에 있었음을 기억하지 않으면 안 된다.

"주 안에서 항상 기뻐하라 내가 다시 말하노니 기뻐하라."(빌4:4) 우리는 항상 기뻐할 수 없다. 세상에 언제나 기쁜 일만 있을 수 있는가. 그러나 주 안에 있으면 항상 기뻐할 수 있다. 주의 나라가 번성하면 기뻐한다. 주님으로 인한 기쁨이기 때문이다. 그래서 바울은 "주 안에서"라는 단서를 붙였다.

그리스도인은 어떠한 환경에 있든지 기쁨을 가질 이유가 있다. 하나님이 우리를 사랑하시고, 주님이 우리를 위해 죽으심으로 죄인인 우리가 하나님과 화평을 누릴 수 있게 되었기 때문이다. 바울이 우리에게 가르쳐준 기쁨은 내적인 기쁨(inner joy)이요 영적 구원에 대한 기쁨이다. 그래서 그와 관계되는 모든 일을 기쁨으로 여긴다.

사람들은 어느 때 기뻐하는가? 심리학자들에 따르면 사랑을 받을 때, 소중한 것을 손에 넣었을 때, 자기의 형편을 좋게 받아들일 때 (좋든 나쁘던 선하게 받아들일 때), 그리고 자기의 소중한 것(지식, 재물, 소식 등)을 남과 나눌 때이다.

그리스도인도 마찬가지다. 그러나 그 기쁨은 주님과 연관된 기쁨이라는 점에서 다르다. 그리스도인은 무엇보다 자신이 하나님으로부터 사랑을 받고 있다는 것을 알았을 때 기쁘다. 또한 가장 중요한 예수 그리스도를 얻었을 때 기쁘다. 그래서 예수 그리스도는 기쁨의 근원이 되신다. 좋든 나쁘든 자기형편을 좋은 것으로 받아들일 수 있을 때, 곧 자족하는 은혜가 있을 때 기쁘다. 그리고 자기가 가장

소중하게 여기는 예수를 나눌 수 있을 때 기쁘다. 바울은 "무슨 방
도로든 전파되는 것은 그리스도니 이로써 내가 기뻐하고 또한 기뻐
하리라." (빌1:18) 하였다.

3대 기쁨 킬러(joy killer)로 이기심, 원한, 두려움을 꼽는다. 이기
심이 작동하면 "나는 당신을 사랑하지 않는다."고 말한다. 원한이 작
동하면 "나는 당신을 용서할 수 없다."고 말한다. 그리고 두려움이
작동하면 "나는 당신을 더 이상 신뢰하지 않는다."고 말한다. 이런
마음이 들면 기쁨은 사라진다. 우리는 인간이다. 그럼에도 불구하고
"항상 기뻐하라." 명령한다. 당신은 어떤 상황에서도 과연 기뻐할 수
있는가? 우리 자신만 생각하면 항상 기뻐하는 것은 불가능하다. 그
러나 나 자신을 내려놓고 주님을 향할 때 우리는 기뻐할 수 있다.

- 하나님이 나와 함께하시기 때문에 어려운 상황에도 불구하고 나
  는 기뻐할 수 있다.
- 하나님이 나에 대한 계획을 가지고 계시므로 나는 기뻐할 수 있다.
- 하나님이 나를 도우시기 때문에 나는 기뻐할 수 있다.

나우웬에 따르면 기쁨과 행복은 다르다. 그리스도인의 기쁨은 불
행 속에서도 얼마든지 기뻐할 수 있다. 바울은 자족하기를 배웠다.
그래서 감옥에 있으면서도 기뻐했고, 그 가운데서도 복음이 전파된
다는 소식을 전해 듣고 기뻐했다. 바울은 말한다. "각각 자기 일을
돌아볼뿐더러 또한 각각 다른 사람들의 일을 돌아보아 나의 기쁨을
충만케 하라."(빌2:4) "종말로 나의 형제들아 주 안에서 기뻐하라."
(빌3:1) "카이레테!" 기쁨을 습관화하라. 계속적으로 주 안에서 기뻐

[ㅡ] 새롭게 하소서 녹이고 빚고 채우고 사용하소서." 성령 안에 산다면 우리는 늘 달라져야 한다. 오늘도 나의 잘못된 것을 녹이고(melt me), 새롭게 빚고(mold me), 성령을 한없이 채우고(fill me), 오직 주님을 위해 사용되도록(use me) 기도한다. 이러한 자세로 살면 성령을 근심케 하는 일은 일어나지 않을 것이다.

우리는 주님으로부터 인치심을 받은 자이다. 꼬리표가 붙은 자란 말이다. 그렇다면 누가 봐도 그리스도답게 행동하는 것이 마땅하다. 그리스도인이라 하면서 늘 성령님을 조마조마하게 행동하고, 나아가 성령님을 괴롭히고 화나게 했다면 다시 생각해 볼 일이다. 주님이 기뻐하지 않으시기 때문이다.

42. 행복을 위한 선택

행복이 물질에서만 온다고 생각한다면 오산이다. GNP가 높은 나라와 그렇지 못한 나라를 비교해 행복도를 조사한 결과 높은 나라들에서 이혼과 폭력이 난무하고 미치광이가 많았다. 그러나 가난한 나라 방글라데시 사람들은 물질이 없지만 행복지수가 가장 높았다. 마릴린 몬로는 유서에서 "나는 권력도 있다. 팬도 많다. 돈도 있다. 그러나 공허하다." 했다. 삶의 의미를 찾지 못한 것이다.

틸리히는 인간에게 세 가지 실존적 불안이 있다고 말한다. 운명과 죽음에 대안 불안(죽음에 대한 불안), 죄책과 정죄에 대한 불안(정죄에 대한 불안), 그리고 허무성과 의미의 상실에 대한 불안(무의미성 불안)이다.

어떤 사람이 행복할까? 의미 있는 일을 하는 사람이다. 그 의미를 큰 것에서만 찾지 말자. 스마일즈는 "땀을 흘리지 않으면 행복도 없다."(No sweat, no sweet)고 했다. 난관이든 약점이든 그것을 극복하고자 땀을 흘리는 것, 그것 자체만으로도 의미가 크다.

마커스 힐은 7살 때 다리를 크게 다친 이후 정신적인 후유증으로 말을 심하게 더듬게 되었다. 초등학교에 들어가면서부터 그는 놀림감이 되었다. 긴장하거나 스트레스를 받으면 어김없이 혀가 마비되었기 때문이다. 이로 인해 그는 점점 자신감을 잃었고 의기소침해졌다.

그러나 그는 밸리 칼리지에 들어가면서 그의 삶은 달라졌다. 웅변학을 가르치는 스미스 교수가 힐의 숨겨진 재능을 발견했다. 비록 말을 더듬거렸지만 첫 수업에서 수강생 40명의 이름을 한 번에 외우는 놀라운 암기력을 보여주었던 것이다.

교수는 힐에게 웅변을 하도록 했다. 그러나 힐은 거부했다. 하지만 입이 있는 사람은 누구나 웅변을 할 수 있다 설득하면서 한 문장을 끝없이 반복해서 말하는 훈련을 시켰다. 그 문징은 바로 "I'm here to win gold." 나는 우승을 하려고 여기에 있다는 말이다. 그는 노력하고 노력한 결

사진: 마커스 힐

과 그 문장을 매끄럽게 말할 수 있게 되었다. 그 다음 문장은 문제가 되지 않았다. 그는 결국 전국 웅변대회에서 우승을 차지했을 뿐 아니라 잃었던 자신감도 되찾았다. 말더듬이었던 그가 자신의 약점을 극복하기 위해 얼마나 노력했을까. 그 피나는 노력은 삶에 의미를 찾아가는 노정이었다. 그만큼 보람이 있다고 생각했기 때문이다.

지옥은 우리에게 희망을 버리라고 말한다. 그곳은 소망이 없는 곳이다. 사람이든 짐승이든 희망이 없으면 빨리 죽어간다. 그러나 희망이 있으면 행복하다. 비록 지금 어려운 환경에 처해 있다 해도 그 희망 때문에 힘이 솟는다.

프롬은 『사랑의 기술』에서, 칼 힐티는 『행복의 기술』에서 행복은 선택이라 말한다. 감사하며 살 것인가, 불평하며 살 것인가. 기쁨으로 살 것인가, 염려하며 살 것인가. 예수님은 말씀하신다. "무엇을 먹을까 무엇을 입을까 염려하지 말라 [-] 너희 중에 누가 염려함으로 그 키를 한 자나 더할 수 있느냐 [-] 오늘 있다가 내일 아궁이에 던지우는 들풀도 하나님이 이렇게 입히시거든 하물며 너희일까 보냐 [-] 먼저 그의 나라와 그의 의를 구하라 그리하면 이 모든 것을 너희에게 더하시리라."(마6:25, 27, 30, 33) 주님은 그 나라와 그의 의를 구하는 삶을 의미 있는 삶으로 보셨다. 그러한 삶을 살려고만 한다면 염려할 것 없다는 것이다. 하나님에게 있어서 우리가 염려하는 그것들은 부차적인 것에 속한다. 이제 행복을 향한 우리의 선택은 확실해졌다.

43. 그리스도에 터를 둔 삶과 하나님의 성전인 성도

바울은 우리를 향해 너희에 하나님의 성전이요 그 성전의 터는 바로 그리스도여야 한다는 것을 일깨워주었다. 건물성전에만 익숙해 있는 사람들에게 성도를 향해 너희가 바로 하나님의 성전이라 한 것은 놀라운 선언이 아닐 수 없다. 그러니 더욱 우리 몸과 마음을 가다듬어야 할 것이다.

바울은 이 터는 곧 예수 그리스도임을 확실히 한 다음 "내게 주신 하나님의 은혜를 따라 내가 지혜로운 건축자와 같이 터를 닦아두매 다른 이가 그 위에 세우나 각각 어떻게 그 위에 세우기를 조심하라 이 닦아둔 것 외에 능히 다른 터를 닦아줄 자가 없으니 이 터는 예수 그리스도라 누구든지 금, 은, 보석, 나무, 풀, 짚으로 이 터 위에 세우면 각각 공력이 나타날 터인데 그날이 공력을 밝히리니 이는 불로 나타내고 그 불이 각 사람의 공력이 어떠한 것을 시험할 것임이라 만일 누구든 그 위에 세운 공력이 그대로 있으면 상을 받고 누구든 공력이 불타면 해를 받으리니 구원을 얻되 불 가운데서 얻은 것 같으리라."(고전3:10-15) 하였다.

우리가 터를 삼아야 할 것은 세상이 아니다. 그것은 금, 은, 보석도 아니요 나무와 풀과 짚도 아니다. 인간 아볼로도 아니요 바울도 아니다. 오직 예수 그리스도다. 우리가 세상의 것에 터를 둔다면 그것은 허무하게 무너지고 탈 것이다. 그러나 그리스도에 터를 둔다면 불에 타지도 않고 녹지도 않는다.

우리는 집을 짓되 어떤 시험도 이길 수 있어야 한다. 우리의 공력이 시험대에 오르기 때문이다. 우리가 그것을 어떻게 지었는가는 그 시험대에서 더 명확해진다. 우리의 공력이 그대로 있으면 상을 받겠지만, 그 공력이 불타면 해를 받을 것이다.

문제는 터다. 세상에 주복하지 말고 항상 예수 그리스도를 생각하자. 우리의 모든 것이 판단 받는다는 것을 생각하라. 우리가 어떤 집을 지었는가? 영광스럽게 구원을 얻을 수 있는 집인가 아니면 '구원을 얻되 불 가운데서 얻은 것', 곧 창피한 구원을 얻을 수밖에 없는 집인가. 상을 받을 수 있는 믿음의 집을 지어야 하리라.

바울은 우리를 향해 "너희가 하나님의 성전인 것과 하나님의 성령이 너희 안에 거하시는 것을 알지 못하느뇨 누구든지 하나님의 성전을 더럽히면(멸하면) 하나님이 그 사람을 멸하시리라 하나님의 성전은 거룩하니 너희도 그러하니라."(고전3:16, 17) 하였다.

바울은 성도를 가리켜 하나님의 성전이라 불렀다. 성전은 오직 예루살렘에만 있다고 생각하는 구약의 성도와 생각과는 아주 다르다. 이 말씀은 여러 의미를 주고 있다.

첫째, 성도의 아이덴티티가 무엇인가를 확실히 해 주는 말씀이다. 공사장에는 건물이 어떤 모양으로 들어서게 될 것인가를 알려주는 청사진이 공개되어 있다. 성도의 청사진은 아름다운 하나님의 성전이다. 공사 중에는 어지럽게 보이지만 공사가 끝나면 그 아름다움을 보고 감탄하게 된다. 성도는 세상에 속한 사람이 아니라 하나님께 속했기 때문이다. 성도는 올바른 아이덴티티를 가지고 있어야 한다.

둘째, 우리 자신을 하나님의 성전답게 건설하라는 뜻이다. 지을 때 아주 조심스럽게 지어야 한다. 모래 위해 건설해서도 안 되고, 너무 물 가까이에 건설해서도 안 된다. 예수 그리스도라는 가장 완벽하고, 확실한 터(foundation) 위에 지어야 한다. 그 터 위에 짓지 않을 경우 인생의 지진이 올 때 심하게 무너진다. 그리스도는 흔들리지 않는(unshakable) 우리의 터이다.

셋째, 거룩하게 지어야 한다. 하나님의 성전은 겉으로만 아름답게 보이는 단순한 건물이 아니다. 그 안에 하나님이 계시는 거룩한 성전(sanctuary)이 되어야 한다. 겉보다는 안이 중요하다.

"하나님의 성령이 너희 안에 거하시는 것을 알지 못하느냐." "하나님이 네 안에 계신다."고 말하면 구약의 성도는 매우 놀랄 것이다. 그러나 신약의 성도는 다르다. 오히려 당연하게 생각한다. 하나님의 성령이 우리 안에 거하시는 것은 우리가 하나님의 성전이기 때문이다. 하나님의 성전인 우리 안에는 항상 하나님의 영이 함께 계신다. 이것은 하나님이 임마누엘이심을 보여준다.

"하나님의 성전은 거룩하니 너희도 그러하니라." 하나님의 성전이 거룩한 것처럼 하나님의 전인 우리도 거룩해야 한다는 뜻이다. 우리를 거룩하게 하신 하나님께 감사하며, 오늘도 주님을 닮아 거룩한 삶으로 그리스도를 드러내야 하리라.

44. 큰 교만을 이같이 썩게 하리라

교만은 성경에서 가장 비난을 많이 받는 단어 가운데 하나이다. 하나님이 싫어하시기 때문이다. "교만은 패망의 선봉이요 거만한 마음은 넘어짐의 앞잡이니라."(잠16:18)

하나님은 이스라엘의 교만을 수없이 거론하셨다. 예를 들어 하나님은 예레미야로 하여금 허리에 찬 베띠를 유브라데 바위틈에 감추도록 하셨다. 며칠 후 그 띠를 다시 찾으라는 명령에 따라 감추었던 곳을 파고 띠를 찾으니 띠가 썩어 있었다. 이때 하나님은 말씀하셨다. "내가 유다의 교만과 예루살렘의 큰 교만을 이같이 썩게 하리라."(렘13:9)

그들의 교만은 무엇일까? 그것은 예레미야 13장 10절에 잘 나타나 있다. "이 악한 백성이 내 말 듣기를 거절하고 그 마음의 강팍한 대로 행하며 다른 신들을 좇아 그를 섬기며 그에게 절하니 그들이 이 띠의 쓸데없음같이 되리라." 교만으로 인해 하나님의 말씀을 거역했기 때문이라는 것이다. 하나님은 띠가 사랑의 허리에 속한 것같이 이스라엘 온 집과 유다 온 집으로 하나님께 속하게 하여 그들로 하나님의 백성이 되게 하며 하나님의 이름과 칭예와 영광이 되게 하려 했지만 그들이 듣지 않은 것이다(렘13:11).

예레미야는 그들에게 다시 호소한다. "너희는 들을지어다 교만하지 말지어다 그가 흑암을 일으키시기 전, 너희 발이 흑암한 산에 거치기 전, 너희 바라는 빛이 사망의 그늘로 변하여 침침한 흑암이 되게 하시기 전에 너희 하나님 여호와께 영광을 돌리라 너희가 이를 듣지 아니하면 나의 심령이 너희 교만을 인하여 은근히 곡할 것이며 여호와의 양무리가 사로잡힘을 인하여 눈물을 흘려 통곡하리라."(렘 13:15−17) 하나님은 예레미야를 통해 왕과 왕후에게도 "스스로 낮추어 앉으라." 경고하셨다.

하나님은 이스라엘의 교만만 문제 삼지 않으신다. 모압, 에돔, 소돔, 두로 등 여러 곳을 대상으로 그들의 교만을 지적하셨다.

- "우리가 모압의 교만을 들었나니 심한 교만 곧 그 자고와 오만과 자긍과 그 마음의 거만이로다 [−] 모압이 여호와를 거슬러 자만하였으므로 멸망하고 다시 나라를 이루지 못하리라."(렘 48:29, 42)
- "(에돔이 교만하여) 누구 능히 나를 땅에 끌어내리겠느냐 하니 너의 중심의 교만이 너를 속였도다."(옵1:3)
- "소돔의 죄악은 이러하니 그와 그 딸에게 교만함과 식물의 풍부함과 태평함이 있음이며 또 그가 가난하고 궁핍한 자를 도와주지 아니하며 거만하여 가증한 일을 내 앞에서 하였음이라 그러므로 내가 보고 곧 그들을 없이하였느니라."(겔16:19−50)
- "두로 왕에게 이르기를 네 마음이 교만하여 말하기를 나는 신이라 내가 하나님의 자리 곧 바다 중심에 앉았다 하도다 [−] 너는 신이 아니어늘 [−] 네 큰 지혜와 장사함으로 재물을 더하고 그 재물로 인하여 네 마음이 교만하였도다."(겔28:2, 5)

교만의 결과는 처참하다. "예루살렘의 교만을 그치게 하리니 이스라엘 산들이 황무하여 지나갈 사람이 없으리라.”(겔33:28) “그때에 내가 너의 중에서 교만하여 자랑하는 자를 제하여 너로 너의 성산에서 다시는 교만하지 않게 할 것임이니라.”(습3:11) “보라 극렬한 풀무불 같은 날이 이르리니 교만한 자와 악을 행하는 자는 다 초개같을 것이라 그 이르는 날이 그들을 살라 그 뿌리와 가지를 남기지 아니할 것이로되 내 이름을 경외하는 너희에게는 의로운 해가 벼올라서 치료하는 광선을 발하리라.”(말4:1) 교만, 그 그림자라도 버리자.

45. 왕들의 실수

천사 루시퍼는 하나님께 복종하는 것이 그들의 자유를 삭감한다고 생각했다. 하나님 자리를 부럽게 여긴 그는 하나님 영광 대신 자기 영광을 구함으로써 하나님을 거역하게 된다. 교만이 루시퍼를 사단으로 만든 것이다.

뱀은 이브의 영혼 속에 교만의 독을 불어넣기 시작했다. 꽉꽉. 결국 인간은 하나님께 복종하는 지위를 버리고 만다. 사단이 승리한 것이다. 그로 인해 인간은 대가를 치러야 했다.

교만은 천사도 타락게 한다는데 왕인들 예외일까. 이스라엘의 첫 번째 왕 사울은 이 시험에 통과하지 못했다.

사무엘상 13장으로 가보자. 사울 왕은 길갈에서 사무엘 선지자를 기다리고 있었다. 블레셋은 언제 공격해 올지 모르는 상황. 올 때가 되었는데도 사무엘이 나타나지 않자 왕은 초조해지기 시작했다. 백성들이 사울로부터 떠나려는 움직임도 보였다. 사울은 번제와 화목제물을 가져오라 명령한 뒤 스스로 번제를 드렸다. 사울은 제사장만이 드릴 수 있는 제사를 드림으로 범죄했다. 사울이 교만해졌다는 증거다. 사울은 이 일로 사무엘로부터 왕의 나라가 길지 못하리라는 말을 듣는다.

사무엘상 15장은 사울이 아말렉을 칠 때 하나님께 고의로 불순종하는 사례를 소개하고 있다. 그 족속은 물론 그 모든 소유물을 남기지 말고 진멸하도록 했다. 이스라엘이 출애굽할 때 대적한 죄를 물은 것이다. 그러나 사울은 아말렉 왕 아각과 그 양과 소의 가장 좋은 것을 남기고 가치 없는 것만 진멸했다. 이에 대해 사무엘은 "순종이 제사보다 낫고 듣는 것이 수양의 기름보다 나으니 거역하는 것은 사술의 죄와 같고 완고한 것은 사신우상에게 절하는 죄와 같음이라 왕이 여호와의 말씀을 버렸으므로 여호와께서도 왕을 버려 왕이 되지 못하게 하셨나이다."(삼상15:22, 23) 하나님의 말씀을 청종하기보다 탈취하기에 바쁜 사울 왕. 그는 결국 하나님으로부터 버림을 받았다. 교만의 죄가 그만큼 크다는 것을 보여준다.

다니엘서 4장을 보면 느브갓네살 왕의 교만이 소개되어 있다. 왕이 바벨론 궁 지붕을 거닐며 "이 큰 바벨론은 내가 능력과 권세로 건설하여 나의 도성을 삼고 이것으로 내 위엄의 영광을 나타낸 것이 아니냐"며(단4:30) 자만에 빠졌다. 이 말이 채 끝나기도 전도 하늘에서 소리가 내려 말한다. "느브갓네살 왕아 나라의 위가 네게서 떠났느니라. 네가 사람에게서 쫓겨나 들짐승과 함께 거하며 소처럼 풀을 먹을 것이요 일곱 때를 지내서 지극히 높으신 자가 인간 나라를 다스리시며 자기의 뜻대로 그것을 누구에게든지 주시는 줄을 알기까지 이르리라."(단4:31, 32) 이 말과 동시에 이 일이 그에게 일어났다. 왕은 사람에게 쫓겨나 소처럼 풀을 먹으며 머리털이 독수리 털 같고 손톱은 새 발톱과 같았다.

그러나 왕은 그곳에서 회개했다. 왕이 하늘을 우러러 보았다는 것이 그것을 입증한다. 하나님 앞에 자신을 낮춘 것이다. 왕에게 다시 총명이 돌아왔다. 그리고 왕은 하나님을 찬양하며 고백한다. "그의 일이 다 진실하고 그의 행하심이 의로우시므로 무릇 교만하게 행하는 자를 그가 능히 낮추심이니라."(단4:37)

지위가 높아지면 높아질수록 인간은 겸손보다 교만과 친해지기 쉽다. 그러나 교만이 찾아올 때 그것을 과감히 물리칠 수 있어야 한다. 하나님과의 관계에선 더욱 그렇다. 교만과 자고가 우리 속에 둥지를 트려 할 때 그것을 깨버리자. 우리가 겸손의 옷을 입고 나가면 하나님뿐 아니라 사람들의 얼굴에 웃음꽃이 필 것이다. 역시 그리스도인은 달라. 왕들의 실수를 반복하지 말자.

46. 악에게 지지 말고 선으로 악을 이기라

다윗이 자신을 죽이려 한 사울에게 한 행동을 보면 많이도 인내하고 참으며 견뎌왔구나 하는 생각이 든다. 억울한 것을 생각하면 어찌 가만히 있을 수 있을까만 그는 하나님을 생각하며 자신에게 닥친 일을 지혜롭게 풀어 나갔다. 그의 지혜로운 행동 가운데 두 가지를 생각해 보자 한다.

첫째, 그의 행동 중 주목할 만한 것은 악을 악으로 갚지 않았다는 것이다. 다윗은 여러 번 사울을 죽일 수 있는 기회가 있었지만 결코 그를 해하지 않았다. 잠든 사울을 죽이지 않고 그의 창과 물병만 가져왔다. 또는 사울의 겉옷자락을 가만히 베기만 하기도 했다. 하나님의 기름부음을 받은 왕을 죽일 수 없다는 생각 때문이다. 왕의 잘못에 대해서는 하나님께서 선히 처리하실 것이라는 강한 믿음이 있었다. 하나님에 대한 믿음이 없었다면 다윗은 인간적인 방법대로 결행했을 것이다. "악에게 지지 말고 선으로 악을 이기라."(롬12:21)

둘째, 그는 생명을 존중했다는 것이다. "오늘날 왕의 생명을 내가 중히 여긴 것같이 내 생명을 여호와께서 중히 여기셔서 모든 환난에서 나를 구하여 내시기를 바라나이다."(삼상26:24) 그는 사울과는 달리 왕의 생명을 중히 여겼다. 하지만 그는 사울에게 '그러니 자신의 생명도 존중해 달라' 구길하시 않았다. 오직 하나님께서 자신의 생명을 보호해 주시기를 기원했다. 그가 이렇게 기원한 것은 하나님은 각 사람의 의와 신실을 갚으시리라는 것을 확신했기 때문이다(삼상 26:23).

이러한 행동에 대해 그 결과는 어떠했을까? 먼저 사울로 하여금 자신의 잘못을 뉘우치게 만들었다. "사울이 가로되 내가 범죄하였도 다 내 아들 다윗아 네가 오늘 내 생명을 귀중히 여겼은즉 내가 다 시는 너를 해하려 하지 아니하리라 내가 어리석은 일을 하였으니 대 단히 잘못 되었도다."(삼상26:21) 사울은 자신의 잘못을 뉘우쳤다. 자 신의 행동에 대해 '범죄했다, 어리석은 일을 했다, 대단히 잘못되었 다' 말했다. 사위에게 이렇게 말할 수 있다는 것은 솔직하기도 하고 용기도 대단하다는 생각이 든다.

나아가 다윗은 원수로부터 축복을 받았다. "사울이 다윗에게 이르 되 내 아들 다윗아 네게 복이 있을지로다 네가 큰일을 행하겠고 반 드시 승리를 얻으리라 하니라."(삼상26:25) "네가 복이 있을지로다, 네가 큰일을 행하리라, 반드시 승리를 얻으리라." 사울도 자신이 원 수처럼 여기는 다윗을 축복하기 어려웠을 것이다. 이러한 축복은 사 울로부터 나온 축복이라기보다 하나님이 이미 정하신 축복이기도 하 다. 다윗은 축복받을 자다운 행동을 했다. 하나님이 그의 행동, 그의 말 하나하나에 개입하셨음을 보여준다.

다윗은 선한 마음을 가졌다. 이 마음은 하나님이 주신 마음이다. 선함은 하나님의 본질적인 속성이기도 한다. 하나님의 형상을 가진 우리가 그 마음을 편다는 것은 당연하다. 다윗은 자신이 처한 극한 상황 속에서, 곧 인간적으로 도저히 선하게 생각하고 행동할 수 없 는 상황에서 선하신 하나님의 속성을 자신 속에 드러냄으로써 하나님께 영광을 돌렸다.

오늘도 하나님과 사람 앞에 의와 신실을 나타내는 삶을 살자. 주님이 주신 선한 마음으로 세상을 변화시키자. 이것이 바로 오늘 하나님과 이웃을 위해 일을 하는 것이다. 이 작은 일에 승리할 때 하나님과 이웃들로부터 인정을 받고 축복을 받으리라. 그러면 하나님은 당신에게 더 큰 일을 맡기고, 그 일을 통해 영광을 받으시고자 하실 것이다. 하나님은 오늘도 당신을 통해 자신의 일을 아름답게 이루고자 하신다. 그러니 악에게 지지 말고 선으로 악을 이기라.

47. 므두셀라 증후군

한 사나이가 세상을 떠났다. 그는 자기가 죽었다는 사실이 너무 억울해 죽음의 사자 앞에 불만을 털어놓았다. "죽음의 사자시여. 지금 저를 데려가 버리면 어떡합니까. 저는 할 일이 많이 남아 있고, 가족걱정 등 한두 가지가 아닙니다. 아무런 신호도 주지 않고 이렇게 데려가기 있습니까?"

그러나 죽음의 사자는 아주 냉담하게 말했다. "나는 지금까지 세 차례나 신호를 보냈소. 첫째는 시력이 떨어지는 신호였소. 둘째는 기억력이 점차 떨어지는 신호였소. 그리고 셋째는 머리털이 희어지고 빠지는 신호였소. 이렇게 세 가지 신호를 오랫동안 보냈는데 그동안 아무 준비를 하지 못한 것은 당신의 책임이오.”

사나이는 어이도 없었고, 대꾸할 말도 없었다. 죽음의 사자는 우리에게 지금도 계속 신호를 보내고 있다. 그러나 실제로는 어느 누구고 자기가 죽는다는 사실을 받아들이지 않으려 한다. 죽음은 다른 사람의 문제이고, 나는 오래 산다고 생각한다.

“므두셀라는 일백팔십칠 세에 라멕을 낳았고 라멕을 낳은 후 칠백 팔십이 년을 지내며 자녀를 낳았으며 그는 구백육십구 세를 향수하고 죽었더라.”(창5:25-27) 므두셀라는 성경의 기록상 가장 오래 살았던 인물로, 969세를 향수하였다.

사람은 누구나 행복을 누리는 삶과 오래 사는 삶을 원한다. 그래서 부귀와 장수는 언제나 사람들의 관심이 되어 왔다. 오래 살고자 하는 인간의 노력은 한이 없다. 사람들은 어디엔가 불노초가 있다고 생각하고 이것을 구하고자 했다. 진시황도 그 부류의 한 사람이었다. 그러나 그것을 구하여 성공했다는 사람은 아직 아무도 없다. 최근에는 므두셀라 증후군(Methuselah syndrome)이라는 말이 나오고 있다.

유전인자를 연구하는 사람들은 DNA구조 가운데 어느 특정 부준이 수명과 관계가 있다고 판단하고 그러한 특정구조를 가지고 있을 경우 특별히 사고가 나지 않는 한 그 사람은 장수하게 되어 있다는 것이다. 의학마저 오래 살고 싶어 하는 인간의 마음에 충동적인 심리를 갖게 하고 있다. DNA 구조를 고쳐서라도 오래 살겠다고 하는 그러한 인간의 노력 자체는 생명을 좌우하는 하나님과 그의 뜻을 거역하는 임일 뿐이다.

성경에서 가끔 "무엇을 하면 네 생명이 길리라."는 말씀을 읽을 수 있다. 우리는 "네 생명이 길리라."는 말씀을 이 세상에서의 장수로만 생각하고 있는데 이것은 잘못된 것이다. 성경에서의 장수는 이 땅의 삶만 의미하는 것이 아니라 하나님 나라의 삶, 생명의 삶이 길어진다는 것을 의미한다.

신명기 30장 20절은 "네 하나님 여호와를 사랑하고 그 말씀을 순종하며 또 그에게 복종하라 그는 네 생명이시요 네 장수시니 여호와께서 네 열조 아브라함과 이삭과 야곱에게 주리라 맹세하신 땅에 네가 거하리라." 말씀하고 있다. 우리는 생명과 장수의 근원은 '내가' 아니라 '하나님 여호와'임을 잊어서는 안 된다.

어느 시인은 인생의 겨울을 다음과 같이 표현했다. "나의 두 눈은 책상 위에 놓여 있고, 나의 입과 귀는 서랍 속에 들어 있네." 이것은 안경을 쓰지 않으면 보이지 않고, 틀리와 청각보조기로 바뀐 자신의 나이든 모습을 빗댄 것이다. 우리는 나이든 사람만 인생의 겨울을 보내는 것으로 착각한다. 그러나 우리는 누구나 그 겨울을 보낸다는 사실을 잊어서는 안 된다. 죽음에는 나이도 순서도 없기 때문이다. 인생의 황혼기에는 그 겨울을 더 차갑게 느낄 뿐이다. 누구에게나 필요한 것은 믿음준비다. 우리 모두 다 하나님 앞에 서기에.

48. 환난 중에 만날 큰 도움

시편 46편은 하나님을 향한 고라 자손의 믿음이 소개되어 있다. 이 시의 표제를 알라못(alamoth)에 맞춘 노래라 했다. 알라못은 리듬의 이름으로 '처녀들'이란 뜻을 가지고 있다. 여성 합창대원들이 고음으로 이 노래를 불렀음을 보여준다. 높은 음을 내는 악기도 사용했을 것이다. 역대상에 보면 "스가랴와 아시엘과 스미라못과 여히엘과 운니와 엘리압과 마아세야와 브나야는 비파를 타서 여청에 맞추는 자오."(대상15:20)라는 말씀이 있다. 이 여청이 바로 알라못이다. 알라못 찬양은 승리의 찬양이다. 그들은 마치 홍해를 건넌 이스라엘의 여성들이 하나님의 크신 은혜를 찬양한 것처럼 이 노래를 불렀을 것이다. 이 시를 통해 그들의 믿음이 어떠했는가를 보자.

하나님을 전적으로 의지하는 믿음

그들의 믿음은 하나님을 전적으로 의지하는 믿음을 가졌다. 그 믿음이 1절에 나온다. "하나님은 우리의 피난처시요 힘이시니 환난 중에 만날 큰 도움이시라." 하나님은 환난 중에 만날 수 있는 분이요 그리고 우리에게 큰 도움을 주시는 분이라는 고백이다. 환난은 인간으로서 감당하기 어려운 수난과 고통을 드러내는 말이다. 그러한 때 자신에게 의지하는 자들에게 도움의 팔을 펴신다. 그래서 하나님을 가리켜 우리의 피난처요 힘이라 한다. 이 1절 외에도 같은 46편에서 두 번이나 하나님이 피난처라는 것을 강조한다. 그것도 같은 내용의 반복이다.

- "만군의 여호와께서 우리와 함께하시니 야곱의 하나님은 우리의 피난처시로다."(7절)
- "만군의 여호와께서 우리와 함께하시니 야곱의 하나님은 우리의 피난처시로다."(11절)

이것은 고라 자손의 믿음이 무엇보다 하나님을 자신들의 피난처로 확신하고 있음을 보여준다. 하나님은 자신을 의지하는 자에게 도움을 주신다.

어떤 환경에서도 두려워하지 않는 믿음

두려워하지 않는 믿음이다. 그저 두려워하지 않는 것이 아니라 어떤 상황에서도 두려워하지 않는다. 왜 하나님이 계시기 때문이다. 2절과 3절을 보자. "그러므로 땅이 변하든지 산이 흔들려 바다 가운데 빠지든지 바닷물이 흉용하고 뛰놀던지 그것이 넘침으로 산이 요동할지라도 우리는 두려워 아니하리로다." 땅이 변하고, 바닷물이 흉용하고, 산이 요동을 쳐도 두려워하지 않는 믿음, 이것이 바로 고라 자손이 가진 믿음이다.

하나님을 기쁘시게 하는 믿음

하나님을 기쁘시게 하는 믿음이다. 4절을 보자. "한 시내가 있어 나뉘어 흘러 하나님의 성 곧 지극히 높으신 자의 장막의 성소를 기쁘게 하도다." 이 시의 초점은 하나님을 기쁘시게 하는 데 있다. 여기서 한 시내란 무엇일까. 예루살렘에는 강이 없다. 여기서는 에덴동산과 같은 도성을 상정하게 만든다. 그 도성에는 하나님의 성소가 있다. 성소가 있다는 것은 하나님이 임재하신다는 것을 의미한다. 환난 가운데 믿음을 지키면 하나님의 임재를 체험하게 된다는 것이다. 그 시내가 강같이 흘러넘치니 기쁨이 더하다.

도우심을 확신하는 믿음

그들은 하나님의 도우심을 확신했다. 5절을 보자. "하나님이 그 성중에 계시매 성이 요동치지 아니할 것이라 새벽에 하나님이 도우시리로다." 그들은 환난 중에서도 하나님을 의지했다. 산이 요동해도 하나님을 향한 자신들의 믿음은 요동하지 않을 것이라 했다. 그렇게 말하는 이유는 더 확실해졌다. 하나님이 그 성중에, 곧 우리와 함께 계시기 때문이다. 그 믿음이 이 어지러운 세상에 사는 우리에게 더 절실히 필요하다.

49. 참 선지자와 거짓 선지자

신명기 18장 15절에서 22절에는 하나님께서 선지자를 보내실 것을 말씀하신다. "네 하나님 여호와께서 너의 중 네 형제 중에서 나(모세)와 같은 선지자 하나를 일으키시리니 너희는 그를 들을지어다."(15절)

선지자는 총회의 날에 이스라엘 백성이 호렙산에서 하나님께 구한 것이다. 그 유래는 이렇다. 백성들은 직접 하나님 뵙기를 두려워하며 말한다. "나로 다시는 나의 하나님 여호와의 음성을 듣지 않게 하시고 다시는 이 큰 불을 보지 않게 하소서 두렵건대 내가 죽을까 하나이다."(16절)

이에 대해 하나님은 이렇게 응답하셨다. "그들의 말이 옳도다 내가 그들의 형제 중에 너와 같은 선지자 하나를 그들을 위해 일으키고 내 말을 그 입에 두리니 내가 그에게 명하는 것을 그가 무리에게 다 고하리라."(17, 18절) 두려워하는 백성을 위해 선지자 하나를 세우되 그 선지자의 할 일은 하나님이 말씀하시는 것을 하나도 빠짐없이 다 고하는 것이다.

그 대신 백성들이 할 일이 있다. 그가 하나님의 이름을 빌어 말하는 것은 다 들어야 한다. "무릇 그가 내 이름으로 고하는 내 말을 듣지 아니하는 자는 내게 벌을 받을 것이요."(19절)

선지자도 욕심이 생길 수 있다. 하나님의 말씀이 아닌데도 불구하고 하나님 이름으로 거짓을 말할 수 있기 때문이다. 하나님은 이것을 경계하셨다. "내가 고하라고 명하지 아니한 말을 어떤 선지자가 만일 방자히 내 이름으로 고하든지 다른 신들의 이름으로 말하면 그 선지자는 죽임을 당하리라."(20절)

듣는 자는 의문이 생길 수 있다. 선지자의 그 말이 진짜 하나님의 말씀일까. 하나님은 그에 대해서도 빠짐없이 언급하신다. "네가 혹시 심중에 이르기를 그 말이 여호와의 이르신 말씀인지 우리가 어떻게 알리요 하리라 만일 선지자가 있어서 여호와의 이름으로 말한 일에 증험도 없고 성취함도 없으면 이는 여호와의 말씀하신 것이 아니요 그 선지자가 방자히 한 말이니 너는 그를 두려워 말지니라."(21, 22절)

신명기 13장에 아주 잘못된 선지자의 경우를 들어 경계하도록 하고 있다. "너희 중에 선지자나 꿈꾸는 자가 일어나서 이적과 기사를 네게 보이고 네게 말하기를 네가 본래 알지 못하던 다른 신들을 우리가 좇아 섬기자 하며 이적과 기사가 그 말대로 이를지라도 너는 그 선지자나 꿈꾸는 자의 말을 청종하지 말라 이는 너희가 [－] 너희 하나님 여호와를 사랑하는 여부를 알려하사 너희를 시험하심이라 [－] 그 선지자나 꿈꾸는 자는 죽이라 [－] 너는 이같이 하여 너희 중에서 악을 제할지니라."(신13:1－5)

구약시대에 하나님은 여러 선지자를 보내 하나님의 말씀을 대언하도록 했다. 어떤 선지자는 그 말씀으로 인해 죽음의 위험에 처하기도 했다. 그러나 선지자는 그 말씀을 전했다.

예수님은 "모세를 믿었다면 또 나를 믿었으리니 이는 그가 내게 대하여 기록하였음이라."(요5:46) 하셨다. 그것은 하나님께서 보내시기로 약속한 '선지자 하나'이다. 베드로도 이 말씀을 확인하였다. "모세가 말하되 주 하나님이 너희를 위하여 너희 형제 가운데서 나 같은 선지자 하나를 세울 것이니 너희가 무엇이든지 그 모든 말씀을 들을 것이며 누구든지 그 선지자의 말을 듣지 하나하는 자는 백성 중에서 멸망 받으리라 하였고"(행3:22, 23) 예수님은 말씀대로 선지자로 이 땅에 오셨다. 주님은 죽음을 두려워하지 않고 하나님 말씀을 전하셨다. 이제 우리는 그 말씀을 들을 차례다. 다른 사람의 말이 아니라 참 선지자의 말씀을.

50. 부귀가 문제가 될 때

사람은 손을 꼭 쥔 채 태어난다. 그래서 사람들은 소유욕을 버리지 못해 뭔가를 가지기 위해 손을 꼭 쥔 채 태어난다고 말한다. 그러나 죽을 때는 손을 편 채 죽는다. 아무것도 가지고 가지 못하고 간다는 뜻이라고 한다.

지금까지 알렉산더 대왕의 묘가 어디에 있는지 알지 못한다. 이집트에 있을 것으로 추정하고 있다. 그럼에도 불구하고 사람들은 알렉산더의 묘를 보고 왔다고 자랑한다. 그런데 보고 왔다는 사람들의 말에 따르면 죽은 알렉산더 대왕의 손이 펴 있다는 것이다. 열병으로 죽은 대왕은 임종하기 전 손을 펴 장례하도록 지시했다는 설을 따른 것이다. 살았을 때는 천하를 시배했지만 죽어서는 아무것도 가지고 가지 못한다는 것을 알려주고 싶었다고 한다. 장수와 부귀가 나쁜 것은 아니다. 그러나 더 중요한 것은 그것이 주어진다면 어떻게 살겠는가 하는 것이다.

역대하를 보면 히스기야의 말년 통치에 대한 기록이 나온다. "히스기야가 부와 영광이 극한지라 이에 은금과 보석과 향품과 방패와 온갖 보배로운 그릇들을 위하여 국고를 세우며."(대하32:27) 이것을 쉬운 성경은 이렇게 표현했다. "히스기야는 부귀와 영화를 누렸습니다. 그는 은과 금과 보석과 향료와 방패, 그 밖의 값진 물건들을 보관할 보물창고를 만들었습니다." 성경은 그의 모든 일이 형통하였다고 했다. 그러나 바벨론 방백들이 그를 방문했을 때 그 창고를 열어 보여주며 자랑했을 때 하나님이 히스기야를 떠났다(대하32:31). 훗날 그 모든 보물은 바벨론에게 빼앗겼다. 그 부귀가 허무하게 무너진 것이다. 하나님보다 물질을 자랑하며 살 때 그 결국이 어찌 될지를 보여주는 사건이다.

윌리엄 캐리의 아버지는 대부호였다. 그에게는 조지와 윌리엄 두 아들이 있었다. 아들들이 대학을 마치자 아들들을 불러 앞으로 무엇이 될 것인가 포부를 물었다. 형 조지는 아버지처럼 대부호가 되겠다고 했다. 아버지는 기뻐하셨다. 윌리엄 차례가 왔다. 자신은 선교사가 되겠다고 말했다. 아버지는 몹시 실망했다. 결국 윌리엄은 대부호가 되었고, 윌리엄은 인도 선교사가 되었다.

두 사람이 죽고 난 다음 영국인물사전에 두 사람 모두 이름이 올랐다. 윌리엄을 소개하는 글은 두 쪽이 넘을 만큼 그의 선교업적을 기렸다. 그러나 대부호 조지를 소개하는 글은 아주 짧았다. '윌리엄 캐리의 형.' 이 땅에서 우리가 추구해야 할 가치가 무엇인가를 보여준다.

칭기즈칸은 말했다. "내 자손들이 비단옷을 입고 벽돌집에 사는 날 내 제국이 망할 것이다." 물질보다 우선해야 할 삶이 있다는 말이다. 물질적으로 부요하고 잘살게 되었다고 생각될 때뿐만 아니라 경제적으로 어렵고 살기가 힘들어질 때 하나님 앞에 더 나와야 할 것이다. 물질보다 앞서 우리가 생각해야 할 분이 주님이기 때문이다.

인간의 자랑은 물질에 있지 않다. 부귀와 영화에 있지 않다. 그 모두는 안개와 같이 지나갈 것에 불과하다. 지금 경제가 위태롭다. 주식이 폭락하고, 세계경제가 주저앉지나 않을지 걱정이 많다. 그러나 그것도 지나간다. 우리가 바라봐야 할 것은 하나님이시다. 우리를 향하신 뜻이 있기 때문이다. 주님은 부귀를 통해서도 시험하시지만 어려움을 통해서도 시험하신다. 시험의 초점은 우리 믿음의 중심이 어디에 있는가 하는 것이다. 우리의 중심이 어디에 있는지 하나님은 보고자 하신다. 히스기야에 대해서도 마찬가지다. "그 심중에 있는 것을 다 알고자 하사 시험하셨더라."(대하32:31) 물질의 시험에 져서는 안 된다. 그것이 우리 삶의 목표가 아니기 때문이다.

51. 너희는 강하게 하라 너희의 손이 약하지 않게 하라

하루는 예수님에게 헬라인이자 수로보니게 족속의 여인이 찾아왔다. 귀신들린 딸이 낫기 바랐기 때문이다. 주님은 그 여인이 헬라 여인이라는 것을 알고 일부러 그녀의 자존심을 크게 상하게 하시는 말씀을 하신다. "자녀의 떡을 취하여 개들에게 던짐이 마땅치 아니하니라." 유대인들이 이방족속을 개로 본 것을 빗댄 말씀이다. 그러나 그 말은 딸이 낫기 바란 여인의 애틋한 마음을 잠재우진 못했다. 여인은 더 적극적으로 말한다. "주여 옳소이다마는 상 아래 개들도 아이들의 먹던 부스러기를 먹나이다."(막7:28) 주님은 이 여인의 믿음을 보시고 말씀하셨다. "여자야 네 믿음이 크도다."(마15:28) 즉시 딸은 나음을 입었다. 이 수로보니게 여인 사건은 우리가 절망하지 아니해야 할 이유를 말해 준다. 주님도 끈질긴 기도의 필요성에 대해 말씀하지 않으셨는가.

웨이틀리(D. Waitley)가 쓴 책, 『마음의 제국』에 노만 빈센트 피일(N. V. Peale) 목사에 관한 이야기가 소개되어 있다. 필 목사는 우리가 잘 아는 책 『적극적 사고방식』의 저자이다. 필 목사는 1930년대 대공황 시기 미국인의 사기가 저하되었을 때 그들의 식어진 영혼에 불을 붙이기 위해 이 책을 썼다. 목사인 그는 성경의 말씀을 바탕으로 해서 이 글을 썼고, 독자로 하여금 절망을 딛고 일어서게 했다. 그는 열정적이며 적극적인 마인드를 가진 인물이었다.

필 목사는 이 세상에 문제가 없는 사람은 묘지에 안장된 사람뿐이라 했다. 고민이 없는 사람은 없다는 말이다. 만약 그 자신이 아무 문제없이 오랫동안 지냈다면 팔을 벌리고 하늘을 향해 그 이유를 물었을 것이라 했다. "주님, 이제 저를 더 이상 사랑하지 않습니까? 당신은 저에게 오랫동안 도전이나 시련을 주시지 않았습니다. 멋지고 크고 건강한 문제야말로 저로 하여금 당신이 얼마나 저를 사랑하시는지 알려주는 것 아닙니까?" 그는 청중들에게 확신어린 눈빛으로 이렇게 외친다. "하나님은 언제나 내 기도를 들어주셨고 내게 희망을 채워주셨습니다." 자신도 문제가 많았다는 말이다.

필 목사의 인생에서 주는 교훈 가운데 하나는 과거에 그도 실망과 싸웠다는 점이다. 더 놀라운 것은 중요한 목표에 도달하기 전에 포기했었다는 사실이다. 50대 때 그는 책 한 권을 써서 출판업자에게 보냈다. 답은 거절이었다. 거부의 말이 붙어 있는 원고를 실망스럽게 바라본 다음 그는 그 원고를 그대로 쓰레기통에 집어넣었다.

그의 아내 루스가 그것을 꺼내려 하자 그는 단호하게 말했다. "그러지 말아요. 우리는 이미 거기에 너무 시간을 낭비했어. 나는 당신이 그 원고를 쓰레기통에서 꺼내는 것을 용납할 수 없소." 하지만 부인은 다음날 다른 출판업자를 개인적으로 방문했다.

사무실에 들어서자 부인은 약간 부피가 큰 꾸러미를 내밀었다. 그것을 풀어보자 나온 것은 쓰레기통이었다. 그 통 안에는 20세기 중반에 가장 영향력 있는 책 가운데 하니로 손꼽히던 『적극적 사고방식』이라는 원고가 들어 있었다. 부인은 남편의 충고를 충실히 따르면서도 그로 하여금 자신의 목표를 포기하지 않도록 만들었다. 그 책은 수백만 권이나 팔렸다. 그 후에도 그는 여러 권의 책을 남겼고, 적극적 사고를 위한 강연도 수없이 가졌다.

필 목사가 죽자 그의 친구는 루스에게 이렇게 전보를 쳤다. "필은 인생의 적극적인 측면을 바라보고 불행을 웃어넘길 수 있다고 믿는 사람들 안에 영원히 살아 있을 것입니다." 이에 대해 루스는 이렇게 답했다. "필은 아마 천사들에게도 적극적 사고에 대해 강의를 하고 있을 것입니다."

살면서 우린 종종 포기하지 않으면 안 될 상황에 처하기도 한다. 그때 우리는 절망한다. 그러나 꿈을 잃거나 쉽게 포기하려 해서는 안 된다. 적어도 그 일이 주님의 일인 한.

역대하 15장 7절은 우리에게 교훈하고 있다. 여러 버전을 통해 이 말씀을 보자.

- "그런즉 너희는 강하게 하라 너희의 손이 약하지 않게 하라 너희 행위에는 상급이 있음이라 하니라."(개역개정)
- "그러나 너희는 강해지고 포기하지 말라. 너희가 한 일에 대해 상이 있을 것이다."(우리말성경).
- "그러나 여러분은 힘을 내시오. 낙심하지 마시오. 여러분이 한 좋은 일에 대해 상이 있을 것이오."(쉬운성경)
- "But as for you, be strong and do not give up, for your work will be rewarded."(NIV)

52. 여호와를 경외하며 그 도에 행하는 자마다

블레어 선교사가 1907년에 일어난 평양대부흥 사건을 보고 말했다. "러시아나 일본은 조선의 금광채광권을 가져갔지만 하나님은 조선인으로 하여금 하나님이라는 금광을 발견케 하셨다." 하나님을 알게 된 것이 가장 복된 일이라는 말이다. 시편 128편은 "여호와를 경외하며 그 도에 행하는 자마다 복이 있도다."는 선언으로 시작된다. 그리고 그 복이 어떤 것인가를 하나씩 보여주고 있다.

첫째, 수고한 대로 먹는 축복이다. 일을 통한 형통의 축복이다. 일한 대가를 받는 것은 마땅한 것처럼 보이지만 이것도 축복임을 분명히 하고 있다. 사사시대에 이스라엘 백성들은 주변의 이방인들로부터 괴롭힘을 당했다. 농사일을 해도 그들이 한번 지나가면 남는 것이 없었다. 하나님께 호소할 때 하나님은 그들에게 사사를 세우셨다. 이것은 그들을 보호하기 위함이었다. 나라가 약하면 수고한 대로 먹는 축복을 누릴 수 없다. 그러므로 제 농사로 살아갈 수 있다는 것만도 얼마나 큰 축복인가를 알 수 있다.

둘째, 가정을 통한 축복이다. 아내와 결혼하고 자식을 얻는 것이다. 이것도 당연한 것처럼 보이지만 그 속에 놀라운 축복이 있다. "네 집 내실에 있는 네 아내는 결실한 포도나무 같으며 네 상에 둘린 자식은 어린 감람나무 같으리로다."(3절) 듬직한 아내는 결실한 포도나무 같고, 상에 둘린 자식은 소망이 있는 감람나무와 같다. 사랑이 넘치는 표현이다.

셋째, 영적인 축복이다. "여호와께서 시온에서 네게 복을 주실지어다 너는 평생에 예루살렘의 복을 보며 내 자식의 자식을 볼지어다."(5절) 영적 축복의 승계다. 시편 128편은 인간사의 세밀한 부분까지도 하나님과 연관되어 있음을 알 수 있다. 여기에서 중심이 되는 말씀은 바로 5절이다. 5절은 사람이 받는 축복이 모두 신앙과 연관되어 있음을 보여주고 있다. 여호와와 바른 관계를 갖는 자만이 형통과 분복을 누릴 수 있다는 것이다.

끝으로, 평안의 축복이다. "이스라엘에게 평안이 있을지어다." 이 평안은 가정에서부터 시작된다. 가정이 사회와 교회의 기초가 되기 때문이다. 시편 128편의 키워드 가운데 하나는 가정이다. 가정을 통해 믿음을 세우고 하늘의 복을 담을 수 있기 때문이다.

멋진 작품을 그리고 싶어 하는 화가가 있었다. 어느 날 그는 막 결혼을 앞둔 예비 신부에게 세상에서 가장 아름다운 것이 무엇이냐고 물었다. 그러자 신부는 수줍어하며 대답했다. "사랑이지요. 사랑은 가난을 부유하게, 적은 것을 많게, 눈물도 달콤하게 만들지요. 사랑 없이는 아름다움도 없어요." 화가는 고개를 끄덕였다. 이번엔 목사에게 똑같은 질문을 던졌다. 목사는 "믿음이지요. 하나님을 믿는 간절한 믿음이야말로 세상에서 가장 아름답습니다." 하고 말했다. 그는 목사의 말에도 수긍했다. 그러나 그보다 더 아름다운 무엇이 있을 것만 같았다.

때마침 지나가는 한 지친 병사에게 물었더니 병사는 "무엇보다도 평화가 가장 아름답고, 전쟁이 가장 추하지요."라고 대답했다. 순간

화가는 사랑과 믿음과 평화를 한데 모으면 멋진 작품이 될 것 같았다. 그 방법을 생각하며 집으로 돌아온 그는 아이들의 눈 속에서 믿음을 발견했다. 또 아내의 눈에서는 사랑을 보았으며 사랑과 믿음으로 세워진 가정에 평화가 있음을 깨달았다. 얼마 뒤 화가는 세상에서 가장 멋진 작품을 완성했다. 그것은 다름 아닌 가정이었다.

당신의 가정을 믿음과 안식의 베이스캠프가 되게 하라. 여호와를 경외하고 그 도를 행하라. 그러면 하나님은 당신의 가정을 통해 이 모든 축복 위에 축복을 더하실 것이다.

53. 왕의 자격 조건과 의무

신명기 17장을 보면 왕을 세울 경우 자격 조건과 의무를 제시하고 있다. 하나님은 이스라엘 백성들이 가나안에 들어가 그곳에 거할 때 주변의 다른 나라처럼 왕을 세워달라는 백성들의 요구가 빗발칠 것을 미리 아셨다. 그리하여 왕을 세울 경우 이렇게 하라 말씀하신 것이다. 이 예언이 있은 후 400년 후 왕국이 나타났다.

먼저 15절에 명시된 왕의 자격 조건을 살펴보자. 자격 조건의 첫째는 "네 하나님 여호와의 택하신 자를 네 위에 왕으로 세울 것이며"이다. 하나님이 택하신 자, 곧 기름부음 받은 자여야 한다는 것이다. 둘째는 "네 위에 왕을 세우려면 네 형제 중에서 한 사람으로 할 것이요 네 형제 아닌 타국인을 네 위에 세우지 말 것이며"이다. 외국인은 안 된다는 것이다.

왕의 의무 조항은 16절에서 19절까지 소개되어 있다. 이것은 한 나라의 지도자가 어떤 삶의 태도를 가져야 하는가를 보여준다.

첫째, "왕 된 자는 말을 많이 두지 말 것이오."(16절)이다. 말을 많이 얻으려고 이스라엘 백성을 애굽으로 돌아가게 하지 말 것도 명시하고 있다. "이후에는 그 길로 다시 돌아가지 말 것이라."는 것이 하나님의 말씀이다. 말을 많이 두지 말라는 것은 하나님을 의지하기보다 군사력을 의지해서는 안 된다는 것을 보여준다. 좋은 말을 구하기 위해 애굽으로 가는 것을 금한 것도 같은 맥락이다. 솔로몬은 마병을 일만 이천이나 두었고, 여러 곳에 병거성을 세웠다(왕상 10:26). 국방력의 강화라는 명목이지만 그만큼 하나님을 의지하는 마음이 약화되었다. 다윗은 말한다. "혹은 병거 혹은 말을 의지하나 우리는 여호와 우리 하나님의 이름을 자랑하리로다."(시20:7)

둘째, "아내를 많이 두어서 그 마음이 미혹되게 말 것"(17절)이다. 솔로몬은 애굽 바로의 딸뿐 아니라 여러 이방여인을 아내로 맞았다(왕상11:1). 솔로몬의 집권 초기 그는 하나님을 열심히 섬겼다. 성전도 지었다. 그러나 이방여인들이 들여온 신들로 인해 마음이 미혹되었다. 솔로몬 집권 후기는 신앙적으로 문제가 있었다. 이스라엘이 남북으로 갈라진 배경에는 이런 점도 무시할 수 없다.

셋째, "은금을 자기를 위하여 많이 쌓지 말 것이니라."(17절) 플라톤은 통치자의 사유재산을 일체 금지했다. 지배계급은 공영식당에서 식사를 같이하므로 사유재산이 필요하지 않다. 그는 지배계급이 사적 재산을 가지면 정치부패의 직접적 원인이 된다고 보았다. '많이 쌓지 말라'는 것은 왕의 사유재산을 아예 금한 것이 아님을 알 수 있다. 그러나 지나치면 안 된다는 의미가 내포되어 있다. 솔로몬 치하 때 부가 크게 축적되었다. 은은 돌같이 흔할 정도라 했다. 그러나 솔로몬에 대한 백성들의 원성은 높았다. 그가 세금을 무겁게 매겼기 때문이다(왕상10:14 - 29).

끝으로, "왕위에 오르거든 레위 사람 제사장 앞에 보관한 이 율법서를 등사하여 평생에 자기 옆에 두고 읽어서 그 하나님 여호와 경외하기를 배우며 이 율법의 모든 말과 이 규례를 지켜 행할 것이라."(18, 19절) 하나님의 말씀을 늘 곁에 두고 읽으며 실행에 옮기라는 말씀이다. 이렇게 되면 장구한 축복이 임할 것을 말씀하셨다. "그리하면 그의 마음이 그 형제 위에 교만하지 아니하고 이 명령에서 떠나 좌로나 우로나 치우치지 아니하리니 이스라엘 중에서 그와 그의 자손의 왕위에 있는 날이 장구하리라."(20절)

하나님이 제시하신 왕의 자격조건과 그가 지켜야 할 의무사항을 읽으면서 지도자가 어떤 인물이어야 하고, 어떤 통치철학을 가져야 하는가를 깨닫게 한다. 하나님이 세우시는 지도자, 그리고 자신보다 하나님을 의지하고, 그 말씀대로 살아가는 지도자가 하나님이 원하시는 지도자이다.

54. 내 몸에 예수의 흔적을 가졌노라

핍립 켈리가 쓴 책 『나는 한 때 목동이었습니다』에 이런 글이 소개된다. 두 친구가 부활절 행사에 참석하러 가는 길에 그의 집에 들러 며칠 묵게 되었다. 그들이 같이 가자고 해서 함께 길을 떠나게 되었다. 그런데 한참 길을 가던 중에 친구 중 한 사람이 모자를 잃어버린 사실을 알게 되었다. 며칠 후 아내에게서 온 편지는 그를 감동시켰다. "지붕 꼭대기에서부터 아궁이까지 샅샅이 집을 뒤져 보았지만 모자는 보지 못하고 제가 발견한 것은 그분들이 남기고 간 축복 보따리뿐입니다." 축복 보따리. 얼마나 귀한 표현인가. 그것이 바로 그들이 그 집에 남기고 간 흔적이었다.

바울은 갈라디아 교회에 이렇게 편지를 썼다. "이후로는 누구든지 나를 괴롭게 말라 내가 내 몸에 예수의 흔적을 가졌노라."(갈6:17) 흔적(mark)은 '타 스티그마타'(ta stigmata)로 '흔적들'로 복수다. 스티그마란 노예에게 찍는 불도장으로 '내 소유'라는 의미다. 역사적으로 보면 노예나 죄인에게 낙인을 찍었는데 이것을 '스티그마(stigma)'라 한다. 고대 소아시아 중서부에 있었던 프리지아(Phrygia) 왕국 사람들은 자신의 신전에서 노예들에게 낙인을 찍었다. 노예들은 각기 어떤 신의 이름으로 낙인을 찍혔고, 이들은 이 신을 위해 목숨을 바쳐 신전 봉사를 했다. 바울은 여기서 '나는 예수의 흔적을 가졌다'고 말한다. 이것은 "나의 주인은 예수다."는 것을 선포하는 것이다. 그는 자주 '나는 주의 종'이라 했다. 주의 종이라는 것과 스티그마는 같은 의미다. 예수의 흔적은 육체의 흔적이 아니라 십자가의 흔적이다.

바울은 어떤 흔적을 가지고 있을까? 바울은 복음을 전하다 돌로 침을 당하고, 매를 맞고, 질병에 걸리고, 투옥되기도 했다. 교회에 대한 염려도 그의 십자가이자 흔적이다. 태장(쇠채찍)은 20대만 맞아도 혼절하고 죽기도 한다. 바울은 이 태장을 여러 번 맞았다. 이 모두 주님을 사랑한 종이기에 받은 흔적들이다.

요한복음 20장 27절을 보면 예수님은 손, 옆구리 등에 상처가 있다. 이것은 예수님이 우리를 위해 가지신 상처, 곧 흔적이다. 십자가는 하나님의 사랑의 흔적이다. 이 세상에 상처흔적, 자연피해 흔적 등 많은 흔적이 있지만 십자가의 흔적처럼 위대한 흔적은 없다.

설교가 스펄전은 설교 가운데 90%를 십자가를 언급하지 않으면 가슴이 답답하다 했다. 십자가가 그만큼 중요하기 때문이다. 그는 교인들을 향해 "왜 십자가에 대한 감격이 없습니까?" 물으며 울었다. 바울은 예수 십자가 외에는 자랑할 것이 없으며 내가 예수의 흔적을 가졌노라고 선언한다. 이것은 그의 놀라운 신앙고백이기도 하다.

바울이 말하는 예수의 흔적은 내면의 깊은 신앙고백이 담겨 있다. 유대인들은 할례의 흔적을 자랑했다. 그러나 그것을 너무 강조하면 예수님이 설 장소가 없다. 할례가 중한 것이 아니라 예수님이 중하기 때문이다. 외형적 할례는 우리 내면에 변화를 가져다주지 못한다. 우리가 날마다 정과 육을 십자가에 못 바으며, 날마나 죽는 것은 우리 안에 그리스도인으로서 거룩한 흔적이 살아 있기 때문이다.

나폴레옹 황제는 만찬을 열고 많은 사람을 초청했다. 그 초청의 기준은 전쟁에 참여해 상처가 많은 사람들이었다. 상처의 흔적이 많지 않은 사람은 참가할 수 없었다. 우리는 그리스도의 사람으로서 어떤 흔적을 가지고 있는가? 표피적인 흔적이 아니라 참으로 거룩한 흔적을 가지라. 회개의 흔적, 주님을 위한 헌신과 섬김의 흔적, 사랑의 흔적, 죽어가는 영혼을 아파하며 구원에 이르게 한 흔적 등이 바로 주님이 기뻐하시는 흔적들이다.

무디는 눈물을 흘리지 않고 지옥을 설교할 수 없다고 말한다. 그 속엔 죽어가는 영혼에 대한 아픔이 있다. 천로역정에 나오는 진충인(眞忠人), 곧 하나님 앞에 진실하고 충성된 사람은 말한다. "주님을 사랑한 증거로서 나의 흔적(상처)을 상을 주실 주님 앞으로 가지고 가겠습니다." 당신이 주님 앞에 내놓을 흔적은 과연 무엇인가.

55. 당당한 여자

- "아침빛같이 뚜렷하고 달같이 아름답고 해같이 맑고 깃발을 세운 군대같이 당당한 여자가 누구인가."(개역개정)
- "아침빛같이 뚜렷하고 달같이 아름답고 해같이 맑고 기치를 벌인 군대같이 엄위한 여자가 누구인가."(개역한글)
- "새벽처럼 찬란하고 달과 같이 아름답고 해와 같이 빛나며 깃발을

높이 든 군대처럼 위엄 있는 여자가 누구일까요?"(우리말 성경)

* "Who is this that grows like the dawn, As beautiful as the full moon, As pure as the sun, As awesome as an army with banners?"(NASB)

모두 아가서 6장 10절을 표현한 말씀이다. 이 절은 신랑이 신부에 대한 사랑을 적나라하게 나타낸 것이다. 여기서 여인은 주님의 신부인 그리스도인을 가리킨다.

아가서 6장에서 여자에 대한 묘사는 극치에 가깝다. 어여쁨이 디르사 같고, 고움이 예루살렘 같고, 엄위함이 기치를 벌인 군대 같고, 뺨은 석류 같다 한다. 나의 비둘기, 나의 완전한 자로 부른다. 그리고 10절에서 이 모든 예찬이 종합된다.

아침빛이 한 분이신 예수 그리스도라면 우리는 그분의 말씀과 삶을 그 아침빛처럼 뚜렷하게 나타내야 할 존재이다. 달은 빛을 반사하는 특성을 가지고 있다. 우리가 달같이 아름답다 인정을 받으려면 우리의 삶에서 그리스도의 빛을 잘 반사해야 할 것이다. 해같이 맑다는 것은 해처럼 순수하다는 말이다. 우리가 복음의 순수함, 그리스도인의 정결함을 드러낼 때 사용된다. 그리고 깃발을 세운 군대같이 당당하다는 것은 위엄이 있음을 보여준다. 승리자로서의 당당함이다. 주님이 우리와 함께하실 때 우리는 언제나 승리자가 된다.

여기서 우리는 다음 단어에 주목할 필요가 있다. 그것은 뚜렷하고, 아름답고, 맑고, 당당한 모습이다. 지금 당신의 모습이 과연 그리스도의 신부로서 이처럼 아름답고 당당한가.

스바냐서에 보면 주님이 우리를 향하신 기쁨이 충만함을 보여준다. "나의 하나님 여호와가 너의 가운데 계시니 그는 구원을 베푸실 전능자시라 그가 너로 인하여 기쁨을 이기지 못하여 하시며 너를 잠잠히 사랑하시며 너로 인하여 즐거이 부르며 기뻐하시리라."(습3:17) 스바냐는 예루살렘에 임할 심판과 구원을 선포하면서 우리를 향하신 하나님의 사랑은 이처럼 크시다는 것을 보여준다. 하나님께서 포로에서 해방될 때 "너희로 천하 만민 중에서 명성과 칭찬을 얻게 하리라."(습3:20) 하셨다. 우리를 향하신 하나님의 사랑이 기본적으로 어떠한가를 보여준다.

그렇다. 과거 우리의 모습은 그렇지 않을 수 있다. 그러나 하나님으로부터 구원의 은혜를 받은 자는 다르다. 과거 우리는 하나님 앞에 당당하게 나갈 수 있는 존재가 아니었다. 그러나 십자가의 공로로 우리는 당당하게 하나님 앞에 나갈 수 있게 되었다. 주님이 우리에게 입히신 흰 세마포 옷은 주의 피로 깨끗게 된 옷이다. 그것은 눈보다 희고, 아름답다. 그 옷을 입고 사는 모습을 볼 때 우리 하나님은 우리를 향해 이렇게 말씀하지 않으실까.

"아침빛같이 뚜렷하고 달같이 아름답고 해같이 맑고 깃발을 세운 군대같이 당당한 여자가 누구인가." 이 뚜렷함, 아름다움, 맑음, 그리고 당당함을 가지고 살아가는 당신을 보는 하나님의 마음은 얼마나 기쁘실까. 신랑 되신 우리 주님으로부터 이런 고백을 듣는 순간 당신은 주님과 아름다운 동행을 예감하게 될 것이다.

56. 내가 이미 얻었다 함도, 온전히 이루었다 함도 아니라

윌로우크릭교회가 『드러냄: 당신은 어디에 있는가?』(Reveal: Where Are You?)라는 책을 통해 교회 자체에 대한 반성적 평가를 해 주목을 받았다. 양적으로는 성장했지만 영적 건강은 실패라는 것이다. 교회의 존재 의미는 교인의 수자나 교회의 예산의 크기에 있는 것이 아니라 전도하고 가르치며 성경을 읽게 하고 영적으로 경건한 삶을 살도록 하는 데 있다는 것을 확인한 것이다. 담임 목사인 빌 하이벨스도 "잘못되었다" 고백하고 방향전환을 선언했다. 그동안 모범적인 교회로 알려진 교회가 스스로 이런 평가를 했다는 점에서 놀랍다. 하지만 자만하지 않고 겸손한 자세로 방향을 바로잡고자 했으니 감사한 일이다.

바울이 자신의 영적인 상태에 대해 스스로 평가하는 대목이 빌립보서 3장 12절과 13절에 소개되고 있다. "내가 이미 얻었다 함도 아니요 온전히 이루었다 함(perfection)도 아니라 [-] 나는 아직 내가 잡은 줄로 여기지 아니하고." 바울은 자기 자신의 영적 상태에 대해 솔직하고 겸손하게 평가를 내리고 있다. 바울은 스스로 자신이 완전하다거나 성공했다고 생각지 않았고, 잡았다고 생각지도 않았다. 계속해서 잡으려 달려가고, 완전하게 되기 위해 노력할 것을 말하고 있다.

영적인 모든 면에서 모범이 되는 바울이 이런 말을 했다는 점은 다소 충격적이다. 바울이 누구인가? 예수를 알고자 하고 그를 닮아 감에 있어서 감히 어느 누구도 도달할 수 없는 경지에 있는 인물이 아닌가. 그럼에도 불구하고 결코 완벽하지 않으며 자신에게 부족한 면이 보인다는 것이다. 부족하다는 것은 주님의 기준에 미치지 못한다는 말이다. 그가 뒤에 것을 잊어버리고 앞에 것을 잡으려 푯대를 향해 달려가겠다고 말하는 것은 그렇게 해서 더 완전한 자리에 나아가겠다는 다짐이다. 그리스도인은 언제나 자기 자신을 정확히 평가하고, 그 자리에서 일어설 필요가 있다. 발전적이고 미래지향적인 자세를 취하는 것이 바른 태도다.

청년 시절 요한 웨슬리는 미국 조지아로 전도여행을 떠났다. 도중에 대서양에서 무서운 풍랑을 만났다. 그 풍랑 앞에 모두들 어찌할 바를 모르고 떨며 우왕좌왕했다. 웨슬리도 예외가 아니었다. 그러던 중 웨슬리는 그 가운데서 마음의 평안을 지키며 태연하게 기도하고 찬송하는 모라비안들을 보게 되었다.

이 광경을 지켜 본 웨슬리는 충격을 받지 않을 수 없었다. 자기 딴엔 신앙심이 깊다고 생각했는데 풍랑을 만나 두려워하는 자신과 그렇지 않은 모라비안을 보며 자기가 얼마나 부족한 사람인가를 깊이 느끼게 되었다. 웨슬리는 모라비안과의 만남을 통해 크게 깨닫고 더 깊은 경지의 신앙으로 들어갈 수 있었다.

윌로크릭교회나 바울, 웨슬리 모두 자신을 평가하고 부족함을 느끼며 그 자리에서 방향전환을 시도했다는 점에서 고무적이다. 이들을 통해 자신의 영적인 불만족 상태를 인식하는 것이 얼마나 중요한가를 깨닫게 한다. 특히 자신에 대한 부족의식을 통해 주님께 더 가까이 나아가고자 했다는 점이 교훈을 준다. 이 의식은 주님이 주신 그 많은 은혜에 비해 지금까지 주님을 위해 자신이 한 것이 너무나 부족하기에 주님을 위해 더 열심히 일하지 않으면 안 된다는 빚진 자로서의 의식이다. 아직도 부족하다는 마음을 가지면 주님 앞에 더 무릎을 꿇게 되고, 낮아지고 겸손한 삶을 살게 될 것이다. 나아가 주님을 위해 더 일하고, 더 주님을 닮아가고자 할 것이다.

하루는 빌 하이벨스 목사가 여행 중 비행기 옆 좌석에 앉은 사람에게 전도를 하고자 하는 마음이 들었다. 마땅한 종이가 없어 티슈에다 수직으로 긴 줄을 긋고, 맨 위에 '하나님'이라 적고 맨 아래에 '악한 사람'이라 적었다. 악한 사람의 보기로 히틀러와 스탈린 등을 들었다. 악한 사람보다 조금 나은 사람으로 자기 이름을 적고, 그 위에 빌리 그래햄을 적었다. 그리고 그 위에 테레사 수녀를 적었다. 수직선 중 3분의 2는 비어놓았다. 그리곤 "당신 자리는 어디에 있을 것으로 생각하느냐?" 물었다. 상대의 당황한 눈빛이 역력했다. 빌은 채우지 못한 그 3분의 2는 하나님의 기준에 이르지 못하는 우리의 부족함 때문이라 말하고, 그 갭을 메워 줄 수 있는 분은 오직 예수 그리스도라 소개했다. 천국에 들어갈 점수가 턱없이 모자란데 예수님이 자기의 모든 점수를 우리에게 빌려주셨다는 것이다. 우리 모두는 죄인으로 완전에 이르지 못한다. 그러나 주님은 우리의 부족을 채워주는 분이시다. 십자가의 공로가 아니면 구원에 이를 수 없다.

우리 주님이 우리를 위해 주신 그 모든 은혜를 생각하면 갚을 길이 없다. 그럼에도 우리가 주님을 위해 한 것은 너무나 작고 부족하다. 그래서 주님을 갈망하고, 주님의 일이라면 더 열심히 하고 싶은 것이다. 우리에게도 겸손하게 자신을 낮추는 바울의 부족의식이 필요하다. 이 의식과 함께 온 바울의 거룩한 갈망, 얼마나 아름다운가.

57. 마른 떡 한 조각만 있어도 화목하는 것이

리 엣워터(L. Atwater)는 1988년 아버지 부시 대통령 선거 때 선거 참모장을 지낸 젊은이었다. 그는 부시를 대통령으로 당선시키는 것과 자기는 공화당원으로서 전국위원장이 되는 것을 인생의 목표로 삼았다. 그는 네거티브 선거사에서 빼놓을 수 없는 일을 했다. 그는 민주당 대통령 후보 뒤카키스의 껍질을 벗겨내려 했다. 경쟁자의 약점을 최대한 들춰내 그를 매장시키려 한 것이다. 그 꿈이 이루어져 부시는 대통령이 되었고, 자신은 공화당 전국위원장이 되었다. 그는 고속 신분상승에 취해 하나님을 거부하고 살았다.

그러나 1990년 뇌암이라는 사형선고를 받고 말았다. 그는 1년여 병과 싸우던 중 성경을 접하고 회개의 눈물을 흘렸다. 그리곤 그가 선거전을 치르면서 그토록 괴롭혔던 부시의 맞수 뒤카키스에게 화해의 편지를 썼다. 그는 식구들과 함께 기쁜 마음으로 식사를 하는 것이 소원이라고 했다. 그의 소원이 바뀐 것이다. 그는 결국 뇌암으로

40세 젊은 나이로 세상을 떠났다. 그는 말했다. "남들보다 나은 부귀와 권력이 하나님 앞에서 무슨 가치가 있겠습니까!"

"마른 떡 한 조각만 있어도 화목하는 것이 육선이 집에 가득하고 다투는 것보다 나으니라."(잠17:1) 성경은 미움과 질시가 아니라 화목과 주 안에서의 평안을 강조한다. 화목이 무엇인가? 남의 약점을 공격하는 것이 아니라 그 약점을 이해하고 덮어주는 것이다. 화평, 화목, 평화는 하나님의 속성이자 그리스도인이 가져야 할 속성이기도 하다. 화목은 구약에서 속량이라는 뜻과 같다. 역청을 바르거나 제사를 드려 죄를 덮은 것으로 해석되거나 간과하고 지나간다는 뜻을 가지고 있다. 손을 마주쳐 소리를 내는 것이 아니라 곁 끼어 꼭 안아주는 것이다. 신약의 그리스도는 우리의 죄를 하나씩 드러내기보다 십자가의 보혈로 덮어주셨다. 죄를 도말해 주신 것이다. 그래서 하나님과 사람 사이에 완전한 화목을 이루게 하셨다. 어떤 신학자는 구약의 성도들은 십자가가 이루어질 때까지 스올 하레스에서 있어야 했다고 말한다. 죄의 대가가 치러지지 않았기 때문이다. 십자가의 보혈은 그만큼 의미가 있다.

화평의 어원은 '에이레네(eirene)'로 그 동사형은 '함께 묶다, 결속하다(bind together)'라는 뜻을 가지고 있다. "십자가로 아 둘을 한 몸으로 하나님과 화목하게 하려 하심이라 원수된 것을 십자가로 소멸하시고 또 오셔서 먼데 있는 너희에게 평안을 전하고."(엡2:16,17) 우리는 그 십자가로 그리스도 안에서 한 몸을 이룬 성도들이다. 그리스도의 평안을 전하고 화목게 하는 하나님 나라의 대사이다.

예수님은 제자들 사이에서도 화목할 것을 강조하셨다. "소금은 좋은 것이로되 만일 소금이 그 맛을 잃으면 무엇으로 이를 짜게 하리요 너희 속에 소금을 두고 서로 화목하라.”(막9:50)

바울은 여러 곳에서 화목을 강조한다. “하나님 나라는 먹는 것과 마시는 것이 아니요 오직 성령 안에서 의와 평강과 희락이라.”(롬14:17) “너희끼리 화목하라.”(살전5;13) “할 수 있거든 너희는 모든 사람과 더불어 평화하라.”(롬12:18)

화목, 화평은 사랑의 또 다른 표현이다. 평안의 사랑을 이루는 것이다. 하나님은 어지러움(소동, 불온)의 하나님이 아니요 화평의 하나님이시다(고전14:33). 평강의 하나님이시디(사9:6;롬15:33, 16:20;고후13;11;히13;20). “모든 지각에 뛰어난 하나님의 평강이 그리스도 예수 안에서 너희 마음과 생각을 지키시리라.”(빌4:7) “그리스도의 평강이 너희 마음을 주장하게 하라.”(골3;15) 당신은 오늘도 화평을 이루어야 할 주님의 사람들이다.

58. 하나님을 괴로우시게 하는 자

성경은 인간이 하나님의 형상대로 지음을 받았다고 선언하고 있다. 이 선언은 인권이 왜 존중되어야 하는가를 말해 주는 가장 중요한 대목이다. 세상의 어떤 인권선언도 이 선언만큼 위엄 있고, 궁극적 인정을 받는 것도 없다. 성경은 존중받지 못할 인권이 없음을 말하고 있고, 인권을 유린한 지배자들에 대해 엄히 경고하고 있다. 이사야는 "사람을 괴롭게 하고도 그것을 작은 일로 여겨서 하나님을 괴로우시게 하는 자"(사7:13)를 하나님께 고발하고 있다. 예레미야도 이방인과 고아와 무죄한 자의 피를 흘린 것에 대해 엄중히 경고하고 있다.

구약의 예언자들은 저들의 인권유린 행위가 한마디로 하나님을 사랑하는 신앙에서 떠나 있기 때문이라고 말한다. 저들의 행동을 경고하고 하나님께 돌아갈 것을 끈질기게 호소하였다. 우리가 하나님 안에 있을 때 비로소 인권을 존중하는 길로 들어설 수 있기 때문이다.

예수님은 "이웃을 네 몸과 같이 사랑하라." 하셨고, "남에게 대접을 받고자 하는 대로 너희도 남을 대접하라." 하셨다. 이것은 주님의 인권선언이다. 주님은 약자들의 인권을 회복시키기 위해 노력하셨을 뿐 아니라 자신의 인권선언을 몸으로 실천하셨다.

예수님께서는 자신을 가리켜 '죄인과 세리의 친구'라 하셨다. 죄인과 세리는 당시 집단적으로 따돌림을 당한 사람들이다. 주님은 오히려 그들의 친구가 되신 것이다. 주님은 인권을 유린당한 자의 편에 섰고, 그들과 더불어 식탁을 같이했다. 주님은 찾아오는 아이들을 기쁨으로 맞았고, 막달라 마리아의 친구가 되어 주셨다. 주님의 이러한 모습은 이 시대의 왕따들에 대해 우리가 어떤 자세로 살아가야 하는가는 보여준다.

우리 사회에서 왕따는 일반적인 현상이 되고 있다. 이것은 학교에서만 일어나는 것이 아니다. 사랑으로 포용해야 할 교회학교의 인간

관계에서도 따돌림과 배척 사례가 나타난다. 이것은 교회학교가 발전되지 않는 이유 가운데 하나가 될 수 있다.

어른 세계라고 예외는 아니다. 교회에서마저 의견을 달리하는 사람들을 포용하기보다 철저히 외면하고 따돌려 교회 밖으로 쫓아버린 일들이 얼마나 많은가. 그 때문에 많은 교인들이 지금도 방황하고 있다. 한국교회에 떠돌이 교인이 많고 교회 간 이동인구가 많은 것도 이러한 현상과 결코 무관하지 않다. 우리는 사회의 따돌림 현상을 말하기 이전에 교회 안에서 벌어지는 이러한 현상을 깊이 반성할 필요가 있다.

학자들은 민주주의 원천을 '인간은 하나님의 형상대로 창조되었다.'는 기독교의 인간관에서 발견한다. 인권옹호를 위한 투쟁과 실천을 위한 동력은 예언자들의 개혁정신과 예수님의 인간화 운동에서 발원되고 추진된다. 따돌림은 민주주의 정신, 인간정신에 어긋난다.

우리 사회에 번지고 있는 따돌림 현상은 인간의 존엄성과 인격성, 하나님의 형상성을 해치는 인권유린 행동이다. 그 같은 행동에서 예언자들은 우리가 얼마나 하나님을 사랑하는 신앙에서 떠나 있는가를 지적해 주었다. 이것은 영적인 면에서 볼 때 매우 심각한 지적이다. 따라서 우리 주변에 이 같은 현상이 난무하는 것에 대해 신앙적인 반성과 함께 하나님 말씀으로 돌아가 그 말씀을 철저히 실천하는 운동을 전개할 필요가 있다.

정부는 폭력으로부터 학생들의 인권을 보호하기 위해 청소년권리장전을 선포하고 1교사 1학생경연운동을 확대했었다. 우리나라는 청소년 인권협약에 가입되어 있지만 이것의 실천에는 미흡하다. 인권의 날을 맞아 장애인이나 학생들의 인권을 선언하는 행사를 가지지만 늘 행사로 끝났다. 교회는 인권에 대한 잘못된 관행을 회개하고 이웃사랑을 실천하는 모범으로 태어나야 할 것이다.

59. 생명을 사랑하고 좋은 날 보기를 원하는 자의 할 일

연예인 최진실 씨가 악성루머, 악플에 시달리다 결국 자살했다. 그는 죽기 전 "세상 사람들에게 섭섭하다. 사채는 나와 상관도 없는데 왜 이러느냐" 울며 하소연했다고 한다. 예수를 믿는 자매인 그가 자살이라는 극단적인 선택을 했다는 점에서 안타깝기 그지없다. 하지만 그의 죽음은 '오죽했으면' 하는 생각과 함께 우리가 사용하는 말이 살인적인 무기로 변할 수 있음을 새삼 깨닫게 한다. 그리스도인일수록 우리 입에 재갈을 물리고 조심해야 할 것이다.

베드로전서 3장을 보자. "그러므로 생명을 사랑하고 좋은 날 보기를 원하는 자는 혀를 금하여 악한 말을 그치며 그 입술로 궤휼을 말하지 말고 악에서 떠나 선을 행하고 화평을 구하여 이를 좇으라 주의 눈은 의인을 향하시고 그의 귀는 저의 간구에 기울이시되 주의 낯은 악행하는 자들을 향하시느니라 하였느니라."(벧전3:10－12) 우리는 여기서 혀를 금하여 악한 말을 그치라는 명령에 주목할 필요가 있다. 그렇지 않으면 주의 진노를 피할 수 없을 것이다.

민수기 14장을 보면 이스라엘이 하나님을 향해 원망했고, 하나님은 그 원망의 말을 들으시고 "내 귀에 들린 대로 내가 너희에게 행하리니"(민14:27-28) 하셨다. 결국 원망하던 그들은 가나안에 들어가지 못하고 광야에서 죽었다. 하나님을 향해 악한 말을 한 사람들이 축복을 받을 것이라 생각했다면 잘못이다.

예수님은 "독사의 자식들아 너희는 악하니 어떻게 선한 말을 할 수 있느냐 이는 마음에 가득한 것을 입으로 말함이라 [-] 사람이 무슨 무익한 말을 하든지 심판 날에 이에 대하여 심문을 받으리니 네 말로 의롭다 함을 받고 네 말로 정죄함을 받으리라."(마12:34, 36, 37) 말씀하셨다. 이것은 "저주하기를 좋아하였으니, 그 저주가 그에게 내리게 하십시오. 축복하기를 싫어하였으니, 복이 그에게서 멀어지게 하십시오."(시109:17, 표준새번역)라는 시편의 말씀과 맥을 같이 한다.

선한 말, 긍정적인 말, 그리고 칭찬을 하며 살자. 남을 욕하고 비판하는 말은 하나님의 사람이 하는 말이 아니다. 바울은 "너희를 핍박하는 자를 축복하라 축복하고 저주하지 말라."(롬12:14) 했다. 이것은 "너희를 저주하는 자를 위하여 축복하며 너희를 모욕하는 자를 위하여 기도하라."(눅6:28)는 예수님의 말씀과 같다. 예수님은 전도하러 갈 때 그 집에 들어가면서 평안하기를 빌라 하셨다. 그리고 "그 집이 이에 합당하면 너희 빈 평안이 거기 임할 것이요 만일 합당치 아니하면 그 평안이 너희에게 돌아올 것이니라."(마10:13) 하셨다. 이것은 우리가 어떤 말을 하며 살아야 하는가를 가르쳐 준다. 악을 악으로 갚지 말자. 오히려 축복하고 복을 빌자.

말에는 각인력, 견인력, 성취력이 있다. 말은 뇌에 각인된다. 뇌세포 98%가 말에 지배를 받는다. 부정적인 말을 들으면 뇌세포가 살고자 하는 의욕보다 자신을 죽음으로 몰아간다. 말 한마디가 사람을 죽일 수 있는 것이다.

말엔 견인력이 있다. 운명을 끌고 가는 힘이 있다. 말이 내 삶을 끌고 가는 것이다. 말은 행동에 영향을 준다. 나에 대한 남의 말뿐 아니라 나에 대한 나의 말도 마찬가지다. 그러므로 좋은 말, 격려하는 말이 우리의 언어가 되어야 한다. 자학하는 말도 피하자.

말엔 성취력이 있다. 말대로 된다는 말이 있지 않은가. 예수님 사건을 놓고 빌라도가 소리치는 무리를 향해 "너희가 당하라." 했다. 무리들은 "그 피를 우리와 우리 자손에게 돌릴지어다."(마27:25) 하며 외쳤다. 훗날 유대인 600만이 나치에 의해 죽임을 당할 것을 알았다면 과연 그런 말을 쉽게 할 수 있었을까.

런던 히드로 공항 근처 공원에 12제자나무가 있다고 한다. 그 열두 나무 가운데 유독 가룟 유다 나무는 다 자라지 못하고 시들어 죽었다. 이곳을 찾는 사람들이 그 나무를 향해 저주와 독설을 퍼부었기 때문이라고 한다. 우스개 이야기겠지만 이것은 말이 얼마나 무서운가를 보여준다. 심는 대로 거둔다. 당신이 선한 말을 하면 그것으로 인해 하나님으로부터 칭찬을 받을 것이다.

60. 구약의 가증한 일과 신약의 부끄러운 일

고대 그리스의 스파르타에서는 혼자 살거나 늦도록 결혼하지 않고 산다면 죄가 된다고 하였다. 조선시대에는 정부가 나서서 결혼이 늦어지지 않도록 독려하는 일도 있었다. 현대에 이르러서는 점차 결혼 연령이 늦어지고, 아이를 갖는 비율도 낮아지고 있다. 이런 일은 있을 수 있다 하지만 결혼 전에 동거하는 일도 많아진다든지 심지어 동성애마저 늘어나는 현상을 보면 염려가 되지 않을 수 없다.

동양의 문헌에 따르면 원시적 범죄는 바로 동성애와 동물과의 교접이 범죄가 된다고 하였다. 속설에 의하면 한자의 건(件)은 사람(人)과 소(牛)의 교접을 뜻한다고 한다. 그래서 사건이 되는 것이다. 성경은 이러한 행위를 강한 어조로 금지하고 있다. 레위기에 따르면 남색, 곧 동성애를 하는 자는 죽이라 했다. 나아가 동물강간, 곧 짐승을 범한 자도 반드시 죽이라 엄히 명하였다. 이 같은 행동은 하나님 보시기에 가증스럽기 때문이다.

- "누구든지 여인과 교합하듯 남자와 교합하면 둘 다 가증한 일을 행함인즉 반드시 죽일지니 그 피가 자기에게로 돌아가리라."(레 20:13)
- "남자가 짐승과 교합하면 반드시 죽이고 너희는 그 짐승도 죽일 것이며 여자가 짐승에게 가까이하여 교합하거든 너는 여자와 짐승을 죽이되 이들을 반드시 죽일지니 그 피가 자기에게로 돌아

가리라."(레20:15, 16)

현대인들이 구약을 보면 좀 무섭다는 생각을 하게 될지 모른다. 동성애한다고 죽이다니. 섬뜩하다. 그러나 구약은 그것을 당연한 일로 친다. "그 피가 자기에게로 돌아가리라."는 말씀이 바로 그것을 말해 준다. 언약의 백성과 그 가정은 하나님 나라를 표방한다. 하나님이 거룩하듯 그 백성도 거룩한 삶을 살아야 한다. 하나님과 그 백성과의 신성하고 거룩한 관계는 거룩한 가정을 이루고, 삶에서도 거룩함을 유지하는 데서도 나타나야 한다. 신성함과 거룩함의 질서를 무시하고 파괴하는 자를 죽이는 징계를 해도 그 책임은 징계하는 자에게 있지 않고 죄를 범하는 자에게 있다. 그 피가 자기에게로 돌아가리라는 말은 이 모든 내용을 담고 있다. 매우 엄중하다.

바울은 로마교회에 보내는 서신에서 남자가 남자로 더불어 부끄러운 일을 행하는 동성애가 죄가 된다 하였다. 여자도 예외가 아니다. "여인들도 순리대로 쓸 것을 바꾸어 역리로 쓰며 남자들도 순리대로 여인 쓰기를 버리고 서로 향하여 음욕이 불 일듯 하매 남자가 남자로 더불어 부끄러운 일을 행하여 저희의 그릇됨에 상당한 보응을 그 자신에 받았느니라."(롬1:26, 27) 여기서 '부끄러운 일'이란 동성애를 가리킨다. 그것은 순리가 아니라 역리다. 하나님을 떠난 자들이 자신들의 몸을 서로 욕되게 하고 있는 것이다.

바울시대에 동성애자를 죽였는지는 확실하지 않다. 그러나 예수님 앞에 간음한 여인을 끌고 와 돌려 쳐 죽이려 한 것을 보아 그 역시 중대한 죄로 간주했을 것으로 보인다. 구약은 간음(레21:9;신22;22), 강간(신22:23－27), 결혼 전 부정(레22:13－21), 근친상간(레20:11, 12,

14) 모두 사형에 처하도록 했다. 동성애를 단순히 개인적인 성의 취향으로 보려 하는 현대와는 완전히 다르다. 동성애는 구약의 가증한 일이요 신약의 부끄러운 일이다.

인간이 죄에 문을 개방하면 무엇보다 성부터 문란해진다. 종교도 타락하면 성을 숭배하기에 이른다. 죄가 개인뿐 아니라 사회문화 속에 침투하는 것이다. 성의 개방을 일반화하고, 게이를 합리화하려는 움직임을 보면 현대사회가 하나님과 그분의 말씀을 얼마나 멀리하고 있는가를 보여준다.

하나님 보시기에 가증하다 하시는 일을 행하는 것은 그리스도인으로서 가장 피해야 할 일이다. 하나님과 바른 관계를 가졌다면 그럴 수 없다. 다음의 말씀에 조용히 귀를 기울여보자.

- "너희는 죄로 너희 죽을 몸에 왕 노릇하지 못하게 하며."(롬6:12)
- "몸은 음란을 위하지 않고 오직 주를 위하며 주는 몸을 위하느니라."(고전6:13)
- "너희를 온전히 거룩하게 하시고 너희 온 영과 혼과 몸이 그리스도 강림하실 때에 흠 없이 보전되기를 원하노라."(살전5:23)

61. 죄는 절대로 작지 않다. 그러나 용서 못 할 죄는 없다

사람들은 중병이다 가벼운 병이다 하며 병에도 크고 작은 것을 구분한다. 그러나 의사의 눈에는 크고 작은 것이 없다. 바이러스가 일단 침입한 경우 그것을 치료함에는 크든 작든 똑같은 치료가 요구되기 때문이다. 문제는 바이러스가 침입했는가 여부다.

주님도 마찬가지다. 십계명에는 열 가지 준수사항이 있다. 그 가운데는 거짓말하지 말라, 도둑질하지 말라는 것도 있고 살인하지 말라는 것도 있다. 우리는 그 모두를 비교한다. 도둑질은 거짓말에 비해 중한 범죄라 생각한다. 도둑질은 살인에 비해 경하다고 생각한다. 그러나 하나님은 도둑질을 했으나 살인을 하지 않았으니 그것을 가볍게 보거나 계명을 어기지 않았다고 말씀하지 않으신다. 이웃에게 거짓말을 해도 계명을 어긴 것이요 살인을 해도 계명을 어긴 것이다. 문제는 우리 속에 이웃을 사랑하는 마음이 없는 것이 문제다. 사소한 계명할지라도 그것은 하나님과 이웃을 경홀히 여긴 중죄를 범하는 것이다.

하나님은 죄를 가장 싫어하신다. 죄의 크고 작음, 경중에 관계없이 죄를 싫어하신다. 대소나 경중은 인간의 생각이시 하나님의 관점은 아니다. 선악과쯤이야 죄가 될까, 이렇게 생각하는 것은 죄를 과소평가하는 것이다. 그 때문에 인간은 모두 죽음을 맛보게 되고, 그 죄를 속죄하기 위해 예수님이 십자가에서 피를 흘리지 않으셨는가. 먼지 말라 한 과일을 따 먹었다고 사형에 처할 판사는 없을 것이다. 그러나 하나님은 그 한 가지 죄 때문에 사망에 던지셨다. 이미 그렇게 하겠다고 선언하셨기 때문이다. 죄는 절대로 작지 않다. 죄의 값은 사망이라 할 때 그 죄는 단수다. 한 가지 죄가 사망을 가져온 것이다.

우리 모두는 죄인이다. "만약 우리가 죄 없다고 하면 스스로 속이고 또 진리가 우리 속에 있지 아니할 것이요."(요일1:8) 그러나 죄를 고백하고 용서를 구하면 하나님은 용서하신다. "만일 우리가 우리 죄를 자백하면 저는 미쁘시고 의로우사 우리 죄를 사하시며 모든 불의에서 우리를 깨끗게 하실 것이요."(요일1:9) 잠언 기자도 말한다. "자기의 죄를 숨기는 자는 형통하지 못하나 죄를 자복하고 버리는 자는 불쌍히 여김을 받으리라."(잠28:13)

복음에는 ABC가 있다. A는 Acknowledge, 곧 나의 죄를 인정하는 것이다. 나의 의나 선행, 도덕성을 의지하지 말고 주께 나온다. B는 Believe, 곧 주 예수를 믿는 것이다. 예수를 자신의 구주로 영접할 때 구원을 얻는다. 구원은 나의 행함으로 얻는 것이 아니라 믿음으로 얻는다. 그리고 C는 Confess, 곧 주 앞에서 자신을 고백하는 것이다. "모든 사람이 죄를 범하였으매 하나님의 영광에 이르지 못하더니 예수 안에 있는 구속으로 말미암아 하나님 은혜로 값없이 의롭다 하심을 얻은 자 되었느니라."(롬3:23)

예수를 구주로 고백하고, 자신의 죄를 고백할 때 우리는 용서를 받는다. 그것이 아무리 주홍같이 붉을지라도 용서치 못할 죄는 없다.

한 여인이 자기 죄는 사함을 받을 수 없다며 늘 자책하고 우울해하며 자기는 죽어 마땅하다며 살았다. 과거 자신의 추악한 죄를 생각하면 남편과 자식을 편하게 대할 수 없었다. 남편은 아내의 병을 고쳐주기 위해 백방으로 노력했지만 허사였다. 마음에 고인 죄책감이 문제였다.

남편은 최후 소망을 목사에게 걸었다. 아내는 목사를 만나 자신의 죄를 털어놓으며 식구를 대할 수 없는 이유를 설명했다. 목사는 그 죄는 이미 예수님께서 담당하셨다고 했다. 그러나 여인은 믿어지지 않았다. 목사는 계속 설득했다.

"부인과 제가 어느 호숫가에서 돌 던지기 놀이를 하고 있다고 가정해 봅시다. 저는 작은 돌을 가져왔고, 부인은 아주 큰 돌을 가져왔습니다. 제가 던진 돌은 퐁당 하고 빠졌습니다. 그 다음 어떻게 되었겠습니까?" 부인은 대답했다. "그야 가라앉았겠지요."

"그렇습니다. 가라앉아 보이지 않습니다. 부인이 던진 돌도 풍덩하고 큰 소리를 내며 가라앉았습니다. 소리도 크고 파문도 컸지만 결국 작은 돌처럼 가라앉았습니다. 그리고 보이지 않습니다. 예수님께서는 작은 죄나 큰 죄나 모두 그렇게 받으시고 용서해 주십니다." 그러자 부인은 그 이치를 깨닫고 새 삶을 살게 되었다.

하나님 앞에서 죄의 경중과 대소는 없다. 모든 죄들은 하나님 보시기에 크다. 그 어떤 죄든 그냥 넘어가지 않으신다. 그 하나님이 우리를 죄에서 해방시키기 위해 예수님을 이 땅에 보내셨다. 그 주님은 작은 돌이든 큰 돌이든 모든 죄를 담당하셨다. 그 너른 사랑으로 우리를 받으시고 우리를 용서하신다. 죄는 절대로 작지 않다. 그러나 용서 못 할 죄는 없다. 주님은 지금도 말씀하신다. "수고하고 무거운 짐 진 자들아 다 내게로 오라 내가 너희를 쉬게 하리라."(마 11:28) 그 사랑의 주님 때문에 오늘도 우리는 새로운 삶, 새 소망의 삶을 살 수 있다.

62. 하나님의 버릇 고치기

하나님은 용서하시는 분이시다. 그러나 자기 자녀의 버릇을 고치고 깨닫게 하신다. 개인의 경우 잘못을 되갚기도 하시고, 나라의 경우 다른 나라에 붙이기도 하신다. 그냥 넘어가리라 생각하면 오산이다.

우선 야곱을 보자. 야곱의 버릇은 남을 속이는 것이다. 그는 시력이 나빠진 아버지 이삭을 속여 에서가 받아야 할 장자의 축복을 가로챘다. 에서의 분노는 하늘에 닿았다. 야곱을 죽이겠다는 마음마저 먹었다. 어머니 리브가는 하루에 두 아들을 잃을 수 없다며 하란에 사는 라반의 집으로 보냈다.

하란에서 야곱은 결코 평안하지 못했다. 하나님은 야곱보다 더 지독한 사기꾼 라반을 붙였다. 라반은 결혼 때 라헬 대신 레아를 들여보냈고, 마땅히 받아야 할 임금도 이런저런 이유를 붙여 제대로 주지 않았다. 결국 야곱은 몰래 야반도주한다. 하나님은 그냥 넘어가지 않으셨다.

다윗은 유부녀 밧세바를 강간했다. 그의 남편은 전장에 나가 있는 우리아 장군이었다. 다윗은 자신의 잘못을 무마하기 위해 장군을 불러들여 부부의 정을 쌓게 했으나 우리아는 지금 전쟁 중인데 그럴 수 없다며 사양했다. 할 수 없이 우리아를 최전선에 배치해 죽게 했다. 계획적으로 살인한 것이다. 하나님은 선지자 나단을 불러 다윗을 질책게 했다. 다윗은 철저히 회개했다. 밧세바 사이에 태어난 아이는 죽게 하셨다. 불의의 씨앗이었기 때문이다.

하나님은 그것으로 끝맺지 않으셨다. 다윗은 밧세바와 관계를 가지면서 그 일을 은밀히 처리했지만 하나님은 다윗의 잘못을 결코 은밀하게 처리하지 않으셨다. 다윗의 딸 다말이 강간당하고 버림받는 사건이 일어났다. 압살롬은 다말에게 상처 준 형제를 죽였다. 다윗의 가정에 강간과 살인 사건이 난 것이다. 이 일은 그런대로 넘어갔지만 훗날 압살롬이 다윗에게 반역하면서 다윗의 후궁 열 명을 강간하는 일이 벌어졌다. 다윗의 아내들이 백주에 당하게 된 것이다. 하나님은 결코 그냥 넘어가지 않으셨다. 이 일로 민심이 다윗으로부터 멀어지게 되었다. 다윗은 이 일을 두고 철저히 회개했다. 그는 하나님께서 이렇게 자신을 치심에도 불구하고 하나님을 의지하는 시를 썼다. 시편 3편이 그것이다.

나라가 잘못해도 하나님은 그냥 두지 않으신다. 이스라엘이 우상을 섬기고 죄를 범했을 때 엄히 경고했다. 하지만 그들은 그 말씀을 듣지 않았다. 이스라엘은 결국 앗수르의 포로가 되었고, 나라는 그것으로 끝났다. 유다가 죄악에 빠졌을 때도 경고하셨다. 그래도 듣지 않자 하나님은 유대를 갈대아에 붙이셨다. 유다보다 더 사악한 나라에 붙이신 것이다. 하박국에는 이런 내용이 담겨 있다. 하나님은 이런 과정을 거치며 그들로 하여금 이래선 안 되겠다 느끼게 만드셨다.

이스라엘은 출애굽 후 하나님을 원망하며 애굽을 그리워했다. 가나안 정복 앞서 자기들을 메뚜기로 비하했다. 하나님은 자신을 원망하며 가나안에 들어가기를 거부하는 백성들을 광야에서 죽게 하셨다. 에서는 배가 고파 장자 권을 팥죽 한 그릇에 팔았다. 장자 권을 소홀히 여긴 것이다. 그가 이삭으로부터 축복받고자 했을 때 철저히 거절당했다(히12:16).

하나님은 그냥 넘어가지 않으신다. 하나님은 잘못을 철저히 깨닫게 하시고 고치게 하신다. 부모는 자녀가 잘못할 때 빌면 용서한다. 그러나 잘못된 버릇이 지속되기를 원치 않는다. 하나님의 생각도 마찬가지다. 철저히 깨닫고 재발하지 않기를 바라신다. 사랑하는 자녀에게는 더 큰 매를 드신다. 하나님을 두려워하고, 행동 하나하나 조심 또 조심하자.

63. 채식이냐 단단한 음식이냐

성도라고 해서 다 완성된 존재가 아니다. 우리를 가리켜 하나님의

‘자녀’라고 말하는 것은 아직도 성숙해야 할 부분이 있다는 것을 의미한다. 성인이 아니기 때문이다. 우리는 하루아침에 옛날 버릇을 고칠 수 없다. 잘 가다 옛 버릇이 나온다. 우리가 철부지처럼 한심하게 굴어도 주님은 우리를 그 모습 그대로 받아주신다. 이런 점에 대해서 주님을 배울 필요가 있다.

바울은 로마 교인들에게 쓴 편지에서 이렇게 말한다. “믿음이 연약한 자를 너희가 받되 그의 의심하는 바를 비판하지 말라. 어떤 사람은 모든 것을 먹을 만한 믿음이 있고 연약한 자는 채소를 먹느니라. 먹는 자는 먹지 않는 자를 업신여기지 말고 먹지 못하는 자는 먹는 자를 판단하지 말라. 이는 하나님이 저를 받으셨음이니라.”(롬 14:1−3)

교회 안에는 믿음이 연약한 자가 있고, 강한 자가 있다. 바울은 약한 자를 채소를 먹는 자, 강한 자를 모든 것을 먹을 수 있는 자로 묘사하고 있다. 히브리서 저자는 젖을 먹는 자와 단단한 식물을 먹는 자로 구분하고 있다. “대저 젖을 먹는 자마다 어린아이니 의의 말씀을 경험하지 못한 자요 단단한 식물은 장성한 자의 것이니 저희는 지각을 사용하므로 연단을 받아 선악을 분변하는 자들이니라.”(히 5:13, 14)

바울은 어떤 것이든 먹어도 소화시킬 능력이 있는 사람은 채소만 먹는 사람을 나무라서는 안 된다고 말한다. 남의 신앙이 어리다 판단하고 “당신은 왜 이 정도밖에 안 되는가?” “아직도 이해를 못하는가?” 회의하거나 비난해서는 안 된다. 오히려 그를 인정하고 격려해주는 것이 바른 태도다. 바울은 고린도 교인들이 아직 신앙이 여릴 때 그들에 맞춰 복음을 전했다고 말한다. "나는 여러분에게 단단한 음식은 먹이지 않고 젖을 먹였습니다. 여러분은 그때 단단한 음식을 먹을 수가 없었던 것입니다. 사실은 아직도 그것을 소화할 힘이 없습니다."(고전3:2, 공동번역) 그는 교인들이 왜 그러냐고 나무라지 않았다. 아직도 연약했기 때문이다.

갓난 아이 때는 그렇다 해도 세월이 흘렀는데도 늘 그런 상태에 머물러 있으면 문제가 있다. 고등학교 다니는 자녀인데 아직도 초등학교 수준에서 벗어나지 못한다면 부모의 심정은 과연 어떠할까. 히브리서 저자는 말한다. "때가 오래되었으므로 너희가 마땅히 선생이 되었을 터인데 너희가 다시 하나님의 말씀의 초보에 대하여 누구에게서 가르침을 받아야 할 처지이니 단단한 음식은 못 먹고 젖이나 먹어야 할 자가 되었도다."(히5:12) 단단히 화가 나 있다.

그래서 말한다. "그러므로 우리가 그리스도 도의 초보를 버리고 죽은 행실을 회개함과 하나님께 대한 신앙과 세례들과 안수와 죽은 자의 부활과 영원한 심판에 관한 교훈의 터를 다시 닦지 말고 완전한 데 나아갈지니라."(히6:1, 2) 초보가 중요하지 않다는 것이 아니라 그 수준에서 머물지 말고 더 성숙한 자리에 나가라는 말이다. "성숙해지면 단단한 음식을 먹게 됩니다. 성숙한 사람은 훈련을 받아서 좋고 나쁜 것을 분간하는 세련된 지각을 가지고 있습니다."(히5:14, 공동번역)

우리 각자는 지금 어떤 상태인가? 아직도 지각없이 행동하는 사람인가, 아니면 훈련도 받고 말씀도 늘 접하면서 분별력 있게 행동하는 사람인가. 초신자에게는 관대하게 대하라. 그러나 당신은 늘 초신

자일 수 없다. 더 성숙한 자리로 나가야 한다. 누구나 갓난아이로 태어난다. 그러나 늘 갓난아이일 수 없다. 더 완전한 데로 나가야 한다.

64. 이 산에서 하나님을 섬기리니

하나님이 모세에게 바로에게 갈 뿐 아니라 애굽에서 이스라엘 자손을 인도하여 내리라 할 때 모세는 완곡히 자신은 아니라고 말한다. 그러나 하나님은 계속해서 이스라엘 백성들이 애굽에서 당하는 고통에 대해 말씀하셨다. "그들이 그 간역자로 인하여 부르짖음을 듣고 그 우고를 알고" "애굽 사람이 그들을 괴롭게 하는 학대도 내가 보았으니." 출애굽기 3장에 나오는 하나님은 자기 백성들이 당하는 학대와 아픔에 큰 관심을 보였다. 그러면서 모세를 설득하셨다. 그럼에도 불구하고 모세는 "내가 누구관대 바로에게 가며 이스라엘 자손을 애굽에서 인도하여 내리이까."(출3:11) 하며 소신을 굽히지 않았다. 하나님 보시기에 모세가 얼마나 답답한 인물일까. 그러나 그가 애굽에 대해 가진 두려움을 안다면 우리 중 누구도 "예, 가겠습니다." 말할 사람은 없다. 모세만 탓할 일은 아니라는 말이다.

그때 하나님은 모세에게 확실히 말씀하신다. "내가 정녕 너와 함께 있으리라 네가 백성을 애굽에서 인도하여 낸 후에 너희가 이 산에서 하나님을 섬기리니 이것이 내가 너를 보낸 증거니라.”(출3:12) 언젠가 모세 네가 이스라엘 백성을 다 이끌고 와서 바로 이 산에서 하나님께 예배를 드리게 될 것이라는 말씀이시다.

하나님의 말씀 가운데 “너희가 이 산에서 하나님을 섬기리니.”라는 말씀에 집중할 필요가 있다. 그들이 이곳에 와서 하게 될 일은 예배라는 것이다. 터를 잡는 것도 아니고, 장사를 해서 이를 남기는 것도 아니다. 와서 예배하는 것이다. 하나님이 그들이 당하는 학대와 간고를 보셨고, 부르짖음과 기도에 응답하심에 감사와 찬양을 돌리게 될 것이라는 말이다.

모세는 바로 앞에 섰을 때 “내 백성이 삼일 길을 가서 하나님께 예배하도록 해방시켜 달라.”고 했다. 출애굽의 목적이 예배에 있음을 말해 준다. 예배는 그저 드리는 것이 아니다. 그 큰 구원의 사역을 통해 우리를 감동시키시는 하나님을 향해 드리는 감사와 찬양이다. 예배의 중심에는 내가 아니라 하나님이 있다. 그 하나님께 영광을 돌리는 것이다. 신령과 진정, 곧 영과 진실로 예배를 드릴 때 하나님은 그 예배를 받으신다. 하나님이 예배 속에 임재 하시는 것이다. 예배 속에는 감동이 있어야 한다. 호렙에서 백만의 이스라엘 백성들이 드린 예배, 얼마나 감동적이었을까. 얼마나 기쁨이 넘쳤을까.

우리는 이 땅의 삶을 가리켜 종종 고해라 말한다. 아픔이 있다는 말이다. 어느 금요일 예배 때 목사님이 “오늘 이 밤에 죽음을 생각하며 벼랑 끝에 서 있다고 생각하는 성도 있으면 조용히 서 보세요. 기도해 드리겠습니다.” 하니 3분의 1이 넘는 성도가 일어서는 것을 보며 놀랐다고 한다. 우리는 거의 매일 우리의 아픔을 하나님께 고하고 있다. 하나님은 그 부르짖음을 들으신다. 그러나 이스라엘 백성들이 애굽에서 나와 호렙산에서 예배를 드렸듯이 우리도 육신을 벗어나 그 나라에 도달할 때 하나님을 섬기며 예배하게 될 것이다.

그러나 예배는 그 나라에서만 드리는 것이 아니다. 오늘 이 시대를 살면서도 감동 있게 드려져야 한다. 하나님을 감동시키고, 세상을 감동시켜라. 교회 안에서만 감동시키려 하지 말고 성전 밖 삶의 현장에서도 감동을 드리자. 기도로도 하나님이 감동받을 수 있도록 하고, 예배로도 감격과 감사가 넘치게 하자. 우리 입술에 감격을 주신 이 누구인가? 이렇게 아름다운 크리스천을 만든 이는 누군가? 내가 아니라. 하나님이다. 그 하나님께 영광을 돌려라. 우리 가운데 하나님의 영광이 드러나도록 하라. 하나님은 우리를 고통에 묶어두지 않으신다. 궁극적으로 아픔에서 해방시켜 주신다. 다시는 눈물이 없는 곳으로. 그 주님을 찬양하지 않을 수 없다.

65. 내 영혼아 여호와를 송축하라

찬송은 그리스도인의 삶에서 빼놓을 수 없는 요소다. 찬송은 하나님을 향한 우리의 신앙고백이자 기도요 찬양이다. 찬송은 감사보다 더 높은 면에 위치해 있다. 하나님 앞에서 정직히 살고자 한다면 찬양을 빼놓을 수 없다. 찬양은 정직한 자의 마땅히 할 바다(시33:1). 주님이 우리에게 찬송을 하게 한 것은 축복 중의 축복이 아닐 수 없다. "새 노래 곧 우리 하나님께 올릴 찬송을 내 입에 두셨으니." (시40:3) 너무 감사한 일 아닌가.

성경 속에는 하나님을 향한 찬송이 많다. 그 대표적인 것이 바로 시편이다. 처음이나 마지막에는 송영 및 하나님께 드리는 찬송의 노래로 되어 있는 시편들도 많다. 내 심령이 스스로를 잊고 오직 하나님의 위엄과 권능, 은혜와 구속만을 바라보며 찬송한다.

- "내 영혼아 여호와를 송축하라 내 속에 있는 것들아 다 성호를 송축하라."(시103:1)
- "내 평생에 내 하나님을 찬송하리로다."(시146:2)
- "내가 여호와를 항상 송축하며 [—] 나와 함께 여호와를 광대하시다 하며 함께 그 이름을 높이세."(시34:1, 3)
- "그의 지극히 광대하심을 좇아 찬양할지어다."(시150:2)

예수님도 아버지를 향해 영의 기쁨을 찬미했다. "천지의 주재이신 아버지시여 이것을 지혜롭고 슬기 있는 자들에게는 숨기시고 어린 아이들에게는 나타내심을 감사하나이다. 옳소이다. 이렇게 된 것이 아버지의 뜻이니이다."(마11:25, 26) 그 찬미는 기도와 감사로 나타난다. 또한 제자들에게 기도를 가르치실 때도 "대개 나라와 권세와 영광이 아버지께 영원히 있나이다."(마6:13) 하셨다. 이 또한 기도요 찬양이다. 그리고 성전에서 아이들이 "호산나 다윗의 자손이여." 외칠 때 말씀하셨다. "그렇다 어린 아기와 젖먹이들의 입에서 나오는 찬미를 온전케 하셨나이다 함을 너희가 읽어 본 일이 없느냐."(마 21:16) 이 말씀은 시편 8편 2절을 두고 하신 말씀이다. 주님은 그 찬송을 기쁘게 받으셨다.

바울도 여러 곳에서 찬송의 모습이 나타난다.

- "말할 수 없는 그 은사를 인하여 하나님께 감사하노라."(고후 9:15)
- "시와 찬미와 신령한 노래들로 서로 화답하며 너희 마음으로 주께 노래하며 찬송하며."(엡5:19)
- "시와 찬미와 신령한 노래를 부르며 마음에 감사함으로 하나님을 찬양하고."(골3:16)

히브리서 기자도 찬미의 제사를 드리라 권면한다.

- "여기는 영구한 도성이 없고 오직 장차 올 것을 찾나니 그러므로 우리가 예수로 말미암아 항상 찬미의 제사를 하나님께 드리라. 이는 그 이름을 증거 하는 입술의 열매니라."(히13:14, 15)

계시록을 보면 찬송은 하늘에서 영원히 울려 퍼진다. 찬미의 대합창이다. "하늘 위에와 땅 위에와 땅 아래와 바다 위에와 또 그 모든 가운데 만물이 가로되 '보좌에 앉으신 이와 어린 양에게 찬송과 존귀와 영광과 능력을 세세토록 돌릴지어다."(계5:13)

모세는 애굽에서 구출된 뒤 이스라엘 자손과 함께 찬미의 노래를 불렀다. 그 내용이 출애굽기 15장에 나온다. 모세는 책을 다 기록한 뒤 이스라엘 총회에서 노래의 말씀을 읽어 모든 백성으로 하여금 듣게 했다. 그 노래가 신명기 32장이다. 시편 90편에는 곤고한 인생이 기쁨을 구하는 모세의 기도가 소개되어 있다. 주님은 기쁨과 감사가 있을 때만 찬양하게 하지 않으신다. 역설적이지만 찬송의 옷으로 근심을 대신하게 하신다(사61:3). 주님은 열방 앞에 찬양을 발생하게 하시는 유일한 분이시다(사61:11). 주님이 있어 우리에게 찬송이 있다. 주님이 없다면 우리의 삶은 얼마나 곤고할까.

66. 여호와는 나의 빛이요 나의 구원이시니

시편 27편은 하나님께만 소망을 두고, 하나님만 의뢰하며 사는 다윗의 믿음을 보여주는 시다. 이 시는 크게 두 부분으로 나뉘어 있다. 전반부는 여호와를 의지하는 그의 믿음을 보여주며, 후반부는 환난에 처한 그가 하나님께 도움을 요청하는 내용을 담고 있다. 이 두 내용이 너무 대조적이어서 혹시 저자가 서로 다른 것이 아닌지 오해를 불러일으키기도 했다. 하지만 그 내용 전개를 잘 살펴보면 그런 오해는 사라진다. 즉 시 전체가 예배하는 자의 참된 자세를 나타낸다고 할 경우 전반부는 하나님을 의지하는 삶의 자세로, 후반부는 하나님께 도움을 청하는 것으로 보면 문제가 없다. 어떻든 이 시는 그리스도인이 환난 가운데서 하나님께 어떤 자세로 나가야 하는가를 잘 보여준다.

우선 다윗은 하나님이 누구신가를 분명히 한다. 하나님은 나의 빛이요 구원이요 생명의 능력이심을 확실히 하고 있다. 그런 하나님이신데 "내가 누구를 두려워 하리요 [-] 내가 누구를 무서워하리오."(1절) 선언한다.

두려움에 대한 거부는 '-지라도'에서 밝히 드러낸다. "군대가 나를 대적하여 진칠지라도 내 마음이 두렵지 아니하며 전쟁이 일어나 나를 치려 할지라도 내가 오히려 안연하리로다."(3절) 이 절에서 '지라도'가 두 번이나 등장한다. 군대가 나를 대적하여 진을 친다 할지라도, 결국 전쟁이 일어나 나를 치러 온다 할지라도 전혀 동요할 필요가 없다는 것이다.

이 극한 상황에서 절대평정을 가질 수 있는 이유는 무엇인가? 그것은 하나님이 나의 빛이요 구원이요 생명의 능력이시기 때문이다. 전쟁이든 고난이든 어려움이든 환난이든 그 무엇이 오든 자신에게는 하나님이 있기 때문에 겁날 것이 없다는 '하나님 절대 신뢰의 신앙'이다. 이사야에서는 하나님을 이스라엘의 빛으로, 영영한 빛으로 소개하였지만 여기서는 '나의 빛'으로 소개되고 있다. 자신의 삶에서 체득되는 하나님이다. 그 하나님에게서 빛을 발견한다. 그 빛 안에서 안연함, 평안함을 느낀다.

그리곤 자신의 삶 하나하나를 뒤돌아보며 고백한다. "나의 대적, 나의 원수 된 행악자가 내 살을 먹으려고 내게로 왔다가 실족하여 넘어졌도다."(2절) 그가 그 어려운 환난을 당했고, 그 어려움 속에서 자신이 극적으로 살아났다는 것이다. 그것은 자신에 대한 하나님의 적극적인 보호 때문이었다. "여호와께서 환난 날에 나를 그 초막 속에 비밀히 지키시고 그 장막 은밀한 곳에 나를 숨기시며."(5절) 하나님이 아니라면 우리가 어찌 그 환난을 이길 수 있겠는가.

다윗은 하나님과 자신의 이러한 생명력 있는 관계를 설명하며 그 관계가 우리의 삶에서도 니타나기를 기도한다. 하나님을 앙망하고 그의 얼굴을 찾으라는 것이다. "너희는 내 얼굴을 찾으라 하실 때에 내 마음이 주께 말하되 여호와여 내가 주의 얼굴을 찾으리이다 하였나이다."(8절) 하나님을 찾는 일은 누구에게나 필요한 일이다. "내가 산자의 땅에 있음이여 여호와의 은혜 볼 것을 믿었도다."(13절) 그의 말대로 여호와는 자신을 찾는 자에게 은혜 베푸시기를 기뻐하시기 때문이다. 하나님 앞에 나갈 때는 기쁨으로 나가자. "너는 여호와를 바랄지어다. 강하고 담대하며 여호와를 바랄지어다."(14절)

다윗은 이 모든 것에 감사하며 찬송한다. "내가 여호와께 청하였던 한 가지 일 곧 그것을 구하리니 곧 나로 내 생전에 여호와의 집에 거하여 여호와의 아름다움을 앙망하며 그 전에서 사모하게 하실 것이라."(4절) 그 장막에서 즐거운 제사를 드리고 노래하며 여호와를 찬송하고 싶은 것이다(6절). 기쁨의 회복이다. 그 찬송이 오늘 나의 찬송이 되어야 할 것이다.

67. 견고한 진을 파하는 강력

바울은 고린도후서 10장에서 우리가 영적 전쟁에서 가져야 할 무기가 무엇인가를 가르쳐 준다. 바울은 비록 자신이 육체 가운데 행하고 인간의 모든 한계성을 의식하며 살고 있지만 자신의 싸움은 육체에 있는 것이 아니라 '모든 이론을 파하며 하나님 아는 것을 대적하여 높아진 것을 다 파하고 모든 생각을 사로잡아 그리스도께 복종하는 것에 있다'고 주장한다.

바울을 대적하던 소수의 사람들은 그의 외모를 놓고 판단했다. "저희 말이 그 편지들은 중하고 힘이 있으나 그 몸으로 대할 때는 약하고 말이 시원치 않다." 하였다. 외모로 따지면 별 볼일 없는 사람이라는 말이다. 몸이 약하다는 것은 안질과 간질병이 있었던 때문이다. 남의 병은 고치면서 자신의 병은 고치지 못함을 보고 하나님의 도우심이 없는 것이 아니냐며 그의 사도성에 의문을 제기하기도 했다. 키는 1미터 20으로 작고, 말도 시원치 않다. 말이 시원치 않다는 것은 지식이 부족하다는 말이 아니라 웅변력이나 수사학이 낮다는 뜻이다.

그러나 그들의 그러한 생각은 처음부터 잘못되었다. 하나님은 빼어난 외모, 언변이 뛰어난 사람만을 택해 일하시는 분이 아니다. 학벌이 좋은 사람만 부르지 않으셨다. 오히려 세상적으로 볼 때 미련하고 약한 자를 택하셨다. 이것은 아무 육체도 지랑하지 못하도록 하기 위함이다. 하나님은 우리로 하여금 주신 은사대로 일하도록 하셨다. 그 일을 내가 하는 것이 아니라 하나님이 하신다.

이에 대해 바울은 자신을 변호한다. "대면하면 겸비하고 떠나 있으면 담대한 나 바울은"(1절) 교인과의 관계에서는 그리스도의 온유와 관용, 그리고 겸손을 본받기 위해 온유하지만 복음 전파에 들어가서는 담대하다는 것이다. 바울은 온유함과 담대함을 무기로 삼았다. 온유는 통제(절제)된 힘이자 성령의 지배를 받는다.

그리고 단호히 선언한다. "우리의 싸우는 병기는 육체에 속한 것이 아니요 오직 하나님 앞에서 견고한 진을 파하는 강력이라."(4절) 우리가 싸우는 싸움은 육적인 싸움이 아니라 영적인 싸움이다. 영적 전쟁에서는 세상의 무기(방법)를 사용해서는 승리할 수 없다. 사단은 견고한 진을 가지고 있다. 견고한 진(strongholds)은 사단이 진치고 있는 곳이다. 바울은 "하나님 아는 것을 대적하여 높아진 모든 생각"(5절)을 가리켜 견고한 진이라 했다. 하나님 아는 것에 장애를 주는 모든 교만한 생각이 포함되어 있다. 고린도에는 쾌락주의, 이성주의, 인본주의 판쳤다. 이것들 모두 견고한 진이다. 그래서 그들은 바울이 말해도 잘 안 받아들였다. 오히려 그의 외모와 육체적인 약점만 따졌다.

이것을 파할 수 있는 것은 무엇일까? 그것은 하나님의 강력한 능력이다. 그것은 우리의 죄 문제를 해결하고 구원에 이르게 한다. 바울은 말한다. "내가 너희 중에서 예수 그리스도와 그의 십자가에 못 박히신 것 외에는 아무것도 알지 아니하기로 작정하였음이라."(고전 2:2) 예수 그리스도와 그의 십자가가 강력이라는 것이다. 하나님의 강력은 다이너마이트와 같다. 우리의 교만한 마음을 깨뜨리고 새로운 사람으로 변화시킨다. 삶 자체를 완전히 변화시킨다.

그리스도인은 육체의 것으로 싸우는 사람이 아니다. 하나님의 백성은 나의 힘으로 살아가는 사람이 아니라 하나님의 능력, 곧 십자가의 능력으로 영적인 싸움을 하는 사람이다. 바울은 세상적인 것을 배설물로 여겼다. 그것으로 사단을 이길 수 없기 때문이다.

우리 주변에는 무너뜨려야 할 견고한 진들이 많다. 이 진들을 깨뜨릴 수 있는 강력을 얻기 위해 어떻게 해야 할까? 진리로 무장하자. 그것은 진리 자체이신 우리 주님의 말씀이다. 그 진리를 삶으로 드러내자. 이 시대는 우리의 증명을 요구한다. 사랑이라는 병기다. 그리스도의 사랑으로 상대방을 감동시켜야 한다. 이를 위해 예수님의 사랑을 실천하는 길밖에 없다. 그리고 믿음의 기도로 나아간다. 우리를 통하여 하나님의 역사가 일어나도록 기도하자. 하나님을 향한 믿음이 이 진을 깨뜨린다. 세상을 의존하지 말고, 성령의 능력을 의존하자. 오늘도 삶에서 하나님의 능력이 살아 움직이도록 하자. 주님만이 견고한 진을 파하는 강력이기에.

68. 여수룬이여 하나님 같은 자 없도다

모세는 이스라엘 자손을 축복하는 가운데 하나님에 대해 이렇게 묘사한다. "여수룬이여 하나님 같은 자 없도다."(신33:26) 여수룬은 이스라엘을 가리킨다. 왜 하나님 같은 분이 없다 할까?

무엇보다 하나님이 이스라엘을 도우시기 때문이다. "그가 너를 도우시려고 하늘을 타시고 궁창에서 위엄을 나타내시는도다. 영원하신 하나님이 너의 처소가 되시니 그 영원하신 팔이 네 아래 있도다. 그가 네 앞에서 대적을 쫓으시며 멸하라 하시도다."(신33:27) 하나님이 하늘을 타시고 궁창에서 위엄을 나타내신다. 그리고 영원하신 팔, 곧 하나님의 팔이 항상 함께 있다. 대적은 그 앞에서 쫓김을 당한다. 영원하신 하나님이 우리의 처소가 된다. 우리가 의지할 수 있는 분은 오직 하나님이다.

하나님 안에 있을 때 안전하기 때문이다. 28절을 보자. "이스라엘이 안전히 거하며 야곱의 샘은 곡식과 새 포도주의 땅에 홀로 있나니 곧 그의 하늘이 이슬을 내리는 곳에로다." 이스라엘이 거하는 곳은 하늘이 이슬을 내리는 곳이다. 그곳에 곡식이 풍부하고, 포도가 철철이 열매를 맺는다. 야곱의 샘은 풍성과 풍요로 기뻐한다.

하나님 안에 있을 때 행복자라 칭함을 받을 수 있기 때문이다. 29절을 보자. "이스라엘이여 너는 행복자로다. 여호와의 구원을 너같이 얻은 백성이 누구뇨 그는 너를 돕는 방패시요 너의 영광의 칼이시로다. 네 대적이 네게 복종하리니 네가 그들의 높은 곳을 밟으리로다." 이스라엘을 보고 '너는 행복자'라고 규정한다. 그렇게 말할 수밖에 없는 것은 하나님이 그들과 함께하셨기 때문이다. 그 하나님은 이스라엘에게 방패가 되시고, 이스라엘에게 승리를 안겨주셨다. 이스라엘에게 대적의 높은 곳을 밟게 하신 분도 바로 그분이시다. 그러니 모든 사람들로부터 부러움을 살 수밖에 없다.

이 모든 것은 이스라엘이 원래 힘이 강해서가 아니다. 하나님이 그들을 불쌍히 여기고 함께하셨기 때문이다. 그들이 한 것은 여호와를 인정하고, 그분으로 인해 기뻐하며, 그분과 영원히 함께 살고자 하는 마음뿐이었다. 모세는 이스라엘이 여호와를 향해 그런 사랑을 잃지 않는다면 그분께서도 그 약속을 지키시리라 하였다. 우리에게 지금 필요한 것은 하나님을 진정으로 사랑하는 것이다. 그래야 그분의 보호를 받게 되고, 모두가 부러워하는 결과를 얻을 수 있다.

모세는 이 유언의 말을 통해 이스라엘에게 고한다. 이스라엘에게 참된 복을 주실 분은 여호와 하나님 한 분뿐이라고. 그는 이스라엘을 보호자시다. 그분은 오늘도 주무시지 않고 자기를 사랑하는 자녀들을 보호하신다.

다윗은 시편 5편을 통해 이렇게 말한다. "오직 주에게 피하는 자는 다 기뻐하며 주의 보호로 인하여 영영히 기뻐 외치며 주의 이름을 사랑하는 자들은 주를 즐거워하리이다. 여호와여 주는 의인에게 복을 주시고 방패로 함같이 은혜로 저를 호위하시리이다."(시5:11, 12) 하나님은 주께 피하는 자, 주의 이름을 사랑하는 자를 기뻐하신다.

예수님께서도 우리에게 다음과 같은 말씀으로 확인해 주셨다. "아버지께서 내게 주시는 자는 다 내게로 올 것이요 내게 오는 자는 내가 결코 내쫓지 아니하리라."(요6:37) 하나님은 우리를 이렇게 안아주시는 분이시다. 모세의 말처럼 "하나님 같은 자가 없도다." 이 세상에 하나님이 없다면 그리스도인에게 무슨 삶의 의미가 있을까. 오늘도 "하나님 한 분만으로 족하다." 고백할 수 있다면 당신은 영적으로 풍요로운 사람이다.

69. 내가 새벽을 깨우리로다

"내 영광아 깰지어다 비파야, 수금아, 깰지어다 내가 새벽을 깨우리로다."(시57:8) 새벽을 깨우는 이 시는 높으신 주의 영광을 찬양하는 내용이다. 여기서 '내 영광아'는 무슨 말일까. 주님의 영광이라면 모를까. Living Bible과 RSV에는 '내 영혼아'로 번역되어 있다. "내 영혼아 깨어 일어나라."는 말이다. 비파와 수금이 찬송에 해당된다면 내 영혼은 깨어 기도하는 영혼이리라. 기도와 찬양으로 새벽을 깨운다면 주님은 기뻐하실 것이다.

한국교회는 새벽기도로 유명하다. 그러나 성경의 여러 곳에는 새벽에 여러 일이 일어난다. 우선 예수님은 종종 새벽에 기도하셨다. "새벽 오히려 미명에 예수께서 일어나 나가 한적한 곳으로 가사 거기서 기도하시더니."(막1:35) 새벽 미명은 해가 밝기도 전인 새벽을 가리킨다. 주님도 새벽기도 하셨음을 보여주는 장면이다. 새벽은 첫 시간이다. 첫 것을 받으시기를 기뻐하시는 하나님께서 우리의 첫 시간을 기뻐 받으실 것이다.

역대상을 보면 레위 자손들의 직무에 대해 언급하고 있다. 그 가운데 하나가 바로 "새벽과 저녁마다 서서 여호와께 축사하며 찬송하며."(대상23:30)이다. 새벽과 저녁에 하나님 앞에 서서 찬송을 드린 것이다. 이것은 아침 첫 시간뿐 아니라 마지막 저녁 시간을 구별하여 하나님 앞에 섰음을 의미한다. 꼭 어떤 특정시간이 아니라 할지라도 하나님과 함께 하루를 시작하고 또 하루를 마감하는 이러한 삶의 자세를 가진다는 것은 매우 의미가 있다.

이러한 모습의 삶을 살면 하나님께서 우리를 지켜주신다. 출애굽기를 보면 "새벽에 여호와께서 불 구름기둥 가운데서 애굽 군대를 보시고 그 군대를 어지럽게 하시며."(출14:24)라는 장면이 있다. 새벽에도 주무시지 않고 우리를 보호하시는 하나님을 본다. 이것을 경험한 이스라엘 백성은 얼마나 감격했을까.

다음은 새벽에 일어난 성경의 사건들이다.

- 만나는 새벽에 내렸고, 새벽에 거두어야 했다. 해가 뜨면 없어졌다.
- 야곱은 새벽에 천사와 씨름하다 이스라엘이라는 이름을 얻었다.
- 여리고 성을 무너뜨린 때는 새벽이었다.
- 목자들이 아기 예수를 만난 때는 새벽이었다.
- 막달라 마리아가 부활하신 예수님을 만난 것도 새벽이었다.
- 디베랴에서 제자들이 주님을 만난 것도 새벽이었다.
- 베드로가 옥에 갇혔을 때 옥문이 열린 것도 새벽이었다.

새벽은 주님을 만나는 시간이자 주님이 우리를 위해 일하시는 시간이다. 우리가 새벽을 깨우는 기도를 할 때 주님은 만나주신다. 시편 5편 기자는 호소한다. "주님, 새벽에 드리는 나의 기도를 들어 주십시오. 새벽에 내가 주님께 사정을 아뢸 준비를 하고 기다리겠습니다."(시5:3, 표준새번역) 그 시간은 주님께 더 가까이 가는 시간이다. 새벽에 부르짖으라. 주님을 찾으라. 그러면 주님은 당신을 기꺼이 만나주실 것이다.

새벽은 또한 마귀를 대적하는 시간이다. 마태복음을 보면 "새벽에 모든 대제사장과 백성의 장로들이 예수를 죽이려고 함께 의논하고."(마27:1)라는 대목이 있다. 예수를 대적하는 무리도 새벽에 일어나 일을 할 만큼 부지런하다. 사단은 더욱 그러지 않을까. 그렇다면 이른 새벽부터 우리가 영적으로 더 강해질 필요가 있다. 주님의 사람들이 사단의 무리보다 게으르다면 영적인 전투에서 승리할 수 없을 것이다. 새벽은 승리의 시간이 되어야 한다.

70. 우리가 기억할 수 없을 때에도

곽선희 목사가 한번은 95세이신 한경직 목사를 찾아뵈었다. 한 목사는 영어를 잘하시는 분으로 곽 목사도 늘 부러워할 정도였다고 한다. 그런데 놀란 것은 그렇게 영어 실력이 뛰어나신 분이 이제는 하나도 기억이 나지 않는다고 말씀하신 것이다. 그 후 곽 목사는 교인들에게 사람을 차별해서는 안 된다는 주제를 통해 이렇게 말했다.

"그러니까 공부 많이 했다고 잴 것 없습니다. 다 없어질 것이에요. 몽롱해져요. 쓸데없는 것입니다. 그런고로 우리는 같다는 것을 잊지 마세요."

나이가 들어가면 자연 여러 가지 불청객이 찾아온다. 흰 머리카락, 골이 깊어가는 주름살, 탄력을 잃은 피부, 거기에다 건망증이 찾아와 교양과 인격을 교란시킨다. 건망증은 자주 잊어버리는 것이라면 치매는 정도가 심하여 한 것도 안 했다 하고 금방 먹었으면서도 안 먹었다고 말한다. 치매는 건망증과는 다르지만 사람을 골탕 먹인다는 점에서는 사촌 간이다.

아파트 문을 잠그고 나오면서도 다시 가서 확인해야 안심하고, 칫솔질을 하고서도 했는지 안 했는지 몰라 칫솔의 물기를 확인해 보고, 약을 먹었으면서도 좀 지나면 먹었는지 안 먹었는지 모른다. 얘기를 하면 "그 얘기 조금 전에 하셨잖아요." 한다. 이런 민망할 때가.

좀 더 나이가 들면 하나님까지 모른다 하면 어떻게 될까 염려가 된다. 윤보선 대통령의 영부인 공덕귀 권사가 치매에 걸렸을 때 얘기다. 그분은 치매로 고생하면서도 기도하기를 잊지 않았고, 기도하실 때는 아주 정확하게 하셨다고 한다. 그리고 먹을 것을 주면 항상 감사하다는 말을 잊지 않았다. 이것은 치매상황에서도 하나님께 영광을 돌릴 수 있다는 것을 보여준다. 그렇게 똑똑하던 과학자 뉴턴도 치매에 걸렸다. 그는 식구도 몰라보고, 친구도 몰라보게 되었다. 만유인력법칙도 잊었다. 그러나 그는 하나님만큼은 잊지 않았다. 이들을 예외로 치면 우리는 어느 날 갑자기 하나님이 누구시더라 말할 수 있지 않을까.

그러나 염려하지 말자. 사람이 잊는 것은 정상이다. 시편 기자는 말한다. "그들이 그의 권능의 손을 기억하지 아니하며 대적에게서 그들을 구원하신 날도 기억하지 아니하였도다."(시78:42) 전도서 기자도 거든다. "이전 세대의 일은 기억하지 못하고 이제 올 일도 한 번 지나가면 그 이후에는 기억에서 사라지게 마련이다."(전1:11 우리말성경)

어떤 사람이 자꾸 잊어버리니까 솔잎을 먹으라 했다. 그래도 계속 잊어버리자 소나무를 먹으라 했다. 그래도 잊어버리자 송충이를 먹으라 했다. 잃어버리는 것에는 약이 없다.

하지만 하나님은 결코 잊지 않으신다. "그분은 언약을 영원히 기억하시고 명령하신 말씀을 1000대까지 기억하신다."(시편105:8 우리말성경) 하나님께서도 직접 말씀하셨다. "내가 야곱과 맺은 내 언약과 이삭과 맺은 내 언약을 기억하며 아브라함과 맺은 내 언약을 기억하고 그 땅을 기억하리라."(레26:42) 우리가 하나님을 신뢰하고 의지해야 할 또 다른 이유가 여기에 있다.

어느 권사님이 기억력이 나빠지고 있었다. 그분은 젊어서 배웠던 성경구절들을 기억해 내려 했지만 도무지 생각이 나지 않았다. 이 사실이 그를 괴롭혔다. 사람들은 나이가 들어서 그런 것이고 하나님은 우리의 연약함을 다 이해할 것이라며 위로했다.

작가인 헬름(L. Helm) 여사도 그랬다. 91세의 나이에도 불구하고 그는 성경과 기독교 문헌을 매일 한 시간씩 읽었다. 친구들은 기억하지도 못하는데 그렇게 읽기만 하면 무슨 소용이 있느냐 했다. 하시민 여사의 말은 아주 달랐다. "저는 나의 기억력에 대해 별로 걱정하지 않아요. 나는 그저 읽기만 하고 기억은 하나님이 다 하시니까요."

우리가 기억할 수 없을 때에도 하나님께서는 우리의 모든 것을 다 기억하신다. 주님은 우리의 기억이 쇠퇴했을지라도 절대 버리지 않으신다. 그분은 약속을 지키시며 보호하신다. 신실하신 그분은 우리의 마지막 순간까지 붙드신다. 그러니 염려 놓으시라.

그래도 기억하려고 노력하라. 시편 77편 기자처럼. "여호와께서 하신 일들을 내가 기억하겠습니다. 내가 정말 오래전에 주께서 하신 기적들을 기억해 내겠습니다."(시77:11 우리말성경) 그러면 하나님이 기뻐하신다.

71. 땅에 있는 장막 집과 하늘에 있는 영원한 집

초대 교부 가운데 크리소스톰이 있다. 그는 많은 순교자들과 마찬가지로 로마의 황제가 주가 아니라 예수님만이 주님이시다고 주장하다 순교를 당했다. 당시 아르카디우스 황제는 크리소스톰을 추방하려고 했다. 그러자 그는 "폐하, 저를 저희 집에서 추방하는 것은 불가능합니다. 왜냐하면 우리 하나님 아버지는 전 세계 모든 것이 아버지의 것이기 때문입니다."

약이 오른 황제는 "네 재산을 몰수하겠다."고 윽박질렀다. 그러자 그는 "저의 모든 보화는 다 하늘에 있습니다. 아무도 그것을 뚫고 도적질할 수 없습니다."라고 대답했다.

화가 난 황제는 "너를 당장 감옥에 넣어 다른 사람과 단절시키겠다."고 했다. 그러나 크리소스톰은 "나에게는 결코 나를 떠나지 않는 친구 되신 예수님이 계십니다. 그분은 보이지 않지만 나와 함께하시고 나를 지켜 주십니다. 아무리 감옥이 나를 고독 속에 둔다 할지라도 예수님이 함께하는 한 나는 결코 외롭지 않습니다."라고 대답했다.

마지막으로 황제는 죽이겠다고 위협했다. 그러자 그는 "나는 죽음이 두렵지 않습니다. 나의 생명은 그리스도와 함께 숨겨져 있기 때문입니다."라고 했다. 그는 결국 순교를 당했다.

크리소스톰의 사건을 보면서 고린도후서 5장 1절의 말씀이 생각난다. "만일 땅에 있는 우리의 장막 집이 무너지면 하나님께서 지으신 집 곧 손으로 지은 것이 아니요 하늘에 있는 영원한 집이 우리에게 있는 줄 아나니." 만일 그가 땅에 있는 장막 집을 영원한 것으로 생각했다면 그런 말을 하지 않았을 것이다. 그는 하늘에 있는 영원한 집을 바라보며 살았음에 틀림없다.

우리는 모두 장막 집을 떠나 하늘의 영원한 집으로 이사를 해야 하는 그리스도인들이다. 이사를 한다는 것은 인생이 나그네임을 깨닫게 해 준다. 우리가 이 땅에서 아무리 좋은 것들을 가졌다 해도 그것은 모두 놓고 가야 할 것들이다. 애굽의 바로처럼 무덤까지 가지고 간들 무슨 소용인가. 우리가 갈 곳은 우리가 사둔 곳이 아니다. 그곳은 주님이 우리를 위해 예비해 놓은 것이다. 주님을 거할 곳이 많다 하셨다.

고린도후서 4장 18절을 보자. "우리의 돌아보는 것은 보이는 것이 아니요 보이지 않는 것이니 보이는 것은 잠깐이요 보이지 않는 것은 영원함이니라." 우리가 봐야 할 것은 무엇인가? 바라봐야 할 것(look at), 우리가 눈을 고정시켜 봐야 할 것(fix our eyes on)은 무엇인가? 첫째, 그것은 보이는 것(seen, visible)이 아니라 보이지 않는 것(unseen, invisible)이다. 보이는 이 세상이 아니라 보이지 않는 하나님의 나라이다. 그리스도인은 하나님의 나라와 그 나라에 대한 소망을 가진 자들이다. 둘째, 잠깐이 아니요 영원한 것을 바라봐야 한다. 잠깐이라 함은 일시적인(temporary) 것이나 지나가는(transitory) 것이다. 그것은 한순간(a moment)에 해당될 수 있고, 한 계절(a season)로 끝날 수 있고, 한 시간(a time)으로 끝날 수 있다. 인생은 아침 안개와 같다 하지 않았는가. 그만큼 속절없고 잠깐이다. 이에 반해 영원한 것은 언제나 존재하고(forever), 썩지 아니하며(imperishable), 영원하다(permanent). 그러므로 영원한 것이 진짜(real)다. 크리소스톰은 바로 이 진짜를 바라본 것이다. 그는 잠깐의 육적인 삶에 연연하지 않았다. 그 영원한 나라를 소망하며 그 나라에서 주님과 영원한 거하는 꿈을 잃지 않았다.

우리는 언젠가 이 육신의 장막을 떠나 하나님께서 예비해 놓은 천국에 가야 할 사람들이다. 사단은 보이지 않는 하나님의 나라보다 보이는 이 세상을 사랑하도록 만든다. 우리는 크리소스톰처럼 그 어떤 유혹과 협박에도 굴하지 않는 믿음을 가지고 살아야 할 것이다.

72. 주 예수 그리스도의 은혜와 하나님의 사랑과

"주 예수 그리스도의 은혜와 하나님의 사랑과 성령의 교통하심이 너희 무리와 함께 있을지어다." 어디서 많이 들었던 말인가? 이것은 고린도후서 13장 13절의 말씀으로 목사님들이 축도로 많이 인용하는 구절이다.

목사도 장로이기는 하지만 설교권과 축도권이 있다는 점에서 일반 장로와는 다르다. 설교는 하나님의 말씀을 풀어 전하는 것이고, 축도는 회중의 축복을 비는 기도이다. 목회자는 하나님의 자녀들이 말씀 안에서 살고, 주님의 은총 아래서 살도록 할 책임이 있다. 영육 간에 잘되도록 하는 것이다. 그래서 목회자에게는 양들을 축복할 권리는 있어도 저주할 권리는 없다고 말한다. 축도는 이것을 상징적으로 보여주고 있다.

민수기를 보면 하나님께서 이스라엘 공동체를 이렇게 축복하라 이르는 부분이 소개된다.

"여호와는 네게 복을 주시고 너를 지키시기를 원하며
여호와는 그 얼굴로 네게 비취사 은혜 베푸시기를 원하며
여호와는 그 얼굴을 네게로 향하여 드사 평강주시기를 원하노라."
(민6:24－26)

민수기의 이 말씀은 구약 공동체를 위한 축도인 셈이다. 이 축도

문도 이따금 우리들 강단에서 사용되고 있다. 그러나 가장 인용빈도가 높은 것은 앞서 언급한 고린도후서 13장 13절의 말씀이다. 이 말씀은 원래 바울이 교회들에게 한 편지의 마지막 구절로, 편지를 마감하면서 그들을 위해 간구하는 기도문이기도 하다. 이것을 우리가 축도로 활용하고 있는 것이다.

축도는 꼭 이 두 절만 인용되지 않는다. 여러 인용 구절이 있을 수 있다. 그 보기는 다음과 같다.

- "양의 큰 목자이신 우리 주 예수를 영원한 언약의 피로 죽은 자 가운데서 이끌어 내신 평강의 하나님이 모든 선한 일에 너희를 온전케 하사 자기의 뜻을 행하게 하시고 그 앞에 즐거운 것을 예수 그리스도로 말미암아 우리 속에 이루시기를 원하노라. 영광이 그에게 세세무궁토록 있을지어다. 아멘."(히13:20, 21)

- "능히 너희를 보호하사 거침이 없게 하시고 너희로 그 영광 앞에 흠이 없이 즐거움으로 서게 하실 자 곧 우리 구주 홀로 하나이신 하나님께 우리 주 예수 그리스도로 말미암아 영광과 위엄과 권력과 권세가 만고 전부터 이제와 세세에 있을지어다. 아멘."(유24 - 25)

- "우리 가운데서 역사하시는 능력대로 우리의 온갖 구하는 것이나 생각하는 것에 더 넘치도록 능히 하실 이에게 교회 안에서와 그리스도 예수 안에서 영광이 대대로 영원무궁하기를 원하노라. 아멘."(엡3:20 - 21)

- "평강의 주께서 친히 때마다 일마다 너희에게 평강을 주시기를 원하노라 주는 너희 모든 사람과 함께하실지어다. [-] 우리 주

예수 그리스도의 은혜가 너희 무리에게 있을지어다.”(살후3:16, 18)

주님은 우리를 축복하시기를 원하신다. 우리는 그분의 자녀요 그분의 형상을 가진 자이기 때문이다. 오늘도 주 안에서 주님이 주시는 축복을 누리며 살기 바란다.

73. 이 세상을 향한 주님의 마음 닮기

소설가 손홍규가 쓴 소설 『청년의사 장 기려』에 이런 말이 소개된다. “왜 아픈 사람을 일컬어 환자라고 하는지 아나? 환(患)은 꿰멜 관(串)자와 마음 심(心)자로 이루어져 있다네. 상처받은 마음을 꿰매야 한다는 뜻이라고 할 수 있네. 다시 말해 환자란 다친 마음을 어루만져줄 손길을 필요로 하는 사람이야. 눈에 보이는 상처는 치유하기 쉽지만, 마음에 새겨진 상처는 쉽게 아물지 않는다네.”

이 말을 실천한 사람이 바로 장기려다. 이념과 민족, 국가의 이름으로 자행되는 모든 폭력에 절망한 장기려는 모든 사람을 환자로 보았다. 그리고 그는 모든 야윈 환자들에게서 십자가에 매달린 그리스도를 보았다. 의사를 한 번도 못 보고 죽어가는 사람들, 그들이 바로 예수라는 것이다. 그는 사람들 앞에 무릎을 꿇었다. 이제 그에게 기회가 주어진 셈이다. 예수에게 받은 사랑을 예수에게 돌려줄 수 있는 기회. 그래서 그는 의술로 인술을 폈다. 그리스도의 사랑을 담고.

욥은 의인이었다. 욥기 29장 12절에서 17절은 부자인 그가 얼마나 가난한 이웃을 사랑하며 살았는가를 보여준다. "이는 내가 부르짖는 빈민과 도와줄 자 없는 고아를 건졌음이라 망하게 된 자도 나를 위하여 복을 빌었으며 과부의 마음이 나로 인하여 기뻐 노래하였었느니라. 내가 의로 옷을 입었으며 나의 공의는 도포와 면류관 같았었느니라. 나는 소경의 눈도 되고 절뚝발이의 발도 되고 빈궁한 자의 아비도 되며 생소한 자의 일을 사실하여 주었으며 불의한 자의 어금니를 꺾고 그 이 사이에서 겁탈한 물건을 빼어냈었느니라."

욥은 당시 가장 연약한 사람의 마음을 기쁘게 해 주는 사람이었다. 앞을 보지 못하는 사람을 붙들어주고 절뚝발이의 발도 되어주었다. 가난한 사람을 위해서는 누구보다 먼저 아비의 역할을 해 주었다. 그는 강자들의 악행에 맞서 싸웠고, 빼앗긴 것들을 찾아주었다.

윌버포스는 생애 두 가지 목표 세웠다. 하나는 영국의 노예무역을 폐지하는 것이고 다른 하나는 잘못된 관습을 개혁하는 것이다. 자신뿐 아니라 후계자 복스턴이 노예제 폐지에 앞장서 그가 죽기 전 폐지안이 통과되는 쾌거를 이루었다. 윌버포스의 인간애로 인해 영국에서는 프랑스와는 달리 피의 혁명을 가져오지 않았다는 평가도 있다. 인간을 인간 이하로 취급하는 것에 대해 항거하고, 압제당하는 자 편에 선 그리스도인이 있다는 것은 얼마나 다행스런 일인가. 그래서 이 땅에서 살 만한 가치가 충분히 있다.

하나님도 고아와 같은 우리를 돌보신다. 리빙스턴은 어려울 때 자신에게 용기를 갖게 한 말씀으로 요한복음 14장과 마태복음 28장에 있는 말씀을 꼽았다. "내가 너희를 고아와 같이 버려두지 아니하고 너희에게로 오리라."(요14:18) "내가 너희에게 분부한 모든 것을 가르쳐 지키게 하라 볼지어다. 내가 세상 끝 날까지 너희와 항상 함께 있으리라 하시니라."(마28:20) 우리를 고아와 같이 버려두지 않으시는 하나님, 그리고 세상 끝 날까지 우리와 함께하시는 하나님. 그 신실하신 하나님이 있어 그는 아프리카 선교의 어려움을 극복할 수 있었다. 그는 늘 447장 찬송을 즐겨 불렀다. "오 신실하신 주 내 아버지여 늘 함께 계시니 두렴 없네. 그 사랑 변찮고 날 지키시며 어제나 오늘이 한결같네. 오 신실하신 주 오 신실하신 주 날마다 자비를 베푸시며 일용할 모든 것 내려주시니 오 신실하신 주 나의 구주."

우리가 리빙스턴이 좋아하는 말씀과 찬송을 부르고 싶어 하는 것과 마찬가지로 우리 주변의 어려운 이웃들도 우리 그리스도인을 통해서 하나님의 그 깊고 신실하신 사랑을 맛보고 싶지 않을까. 병든 자를 향한 장기려의 마음, 가난한 자를 향한 욥의 마음, 억압받는 자를 향한 윌버포스의 마음, 어둠에 사는 백성을 향한 리빙스턴의 마음 모두 이 세상을 향한 주님의 마음이다. 우리는 단지 그분의 팔이요 다리일 뿐이다. "소경이 보며 앉은뱅이가 걸으며 문둥이가 깨끗함을 받으며 귀머거리가 들으며 죽은 자가 살아나며 가난한 자에게 복음이 전파된다 하라."(마11:5) 이 주님의 말씀이 우리 가슴에 요동치지 않는가.

74. 너희 몸을 거룩한 산제사로 드리라

바울은 우리 몸에 대해 두 가지 중요한 말을 했다. 하나는 우리 몸을 하나님의 전이라 한 것이다. "너희 몸은 너희가 하나님께로부터 받은바 너희 가운데 계신 성령의 전인 줄을 알지 못하느냐 너희는 너희의 것이 아니라 값으로 산 것이 되었으니 그런즉 너희 몸으로 하나님께 영광을 돌리라."(고전6:19, 20) 다른 하나는 그 몸을 통해서 거룩한 제사, 곧 영적 예배를 드릴 것을 강조하였다. "내가 하나님의 모든 자비하심으로 너희를 권하노니 너희 몸을 하나님이 기뻐하시는 거룩한 산제사로 드리라 이는 너희의 드릴 영적 예배니라."(롬12:1)

바울은 우리의 몸을 하나님의 전이라 말한다. 그리고 그 몸을 통해 하나님께 영광 돌리고, 그 몸으로 거룩한 산제사를 드리라 한다. 여기서 몸은 그저 육체만을 뜻하지 않는다. 그 속에는 우리의 심령까지 포함된다. 온몸과 마음을 다해 드린다.

구약의 경우 동물을 죽여 그것으로 제사를 드렸다. 그러나 우리가 드리는 제사는 죽은 동물의 제사가 아니라 우리의 살아 있는 것을 드려야 한다. 죽은 제사가 아니라 살아 있는 제사여야 한다. 살아 있는 나 자신을 드린다. 매일의 삶 속에서, 우리의 생각과 행동에서 거룩하게 삶으로써 하나님을 드러내고 그분께 영광을 돌리는 삶을 살아야 한다. 하나님이 우리 속에 살아 역사하고 있음을 보여줘야 한다. 이것이 신앙생활에서 살아 있는 모습이요 영적 예배다.

우리의 몸을 하나님의 전이라 한 근거는 무엇일까? 그것은 우리 몸이 보혈을 통해 정결케 된 심령이 되었기 때문이다. 피로 씻음 받았기에, 피로 사셨기에. 그래서 이 몸은 더 이상 나의 것이 아니다. 주님의 것이요 주를 위한 몸이 되었다. 우리가 주님이 기뻐하시는 삶을 살아야 하는 이유도 여기에 있다.

거룩한 산제사를 어떻게 드릴까? 그 방법을 성경은 여러 곳에서 제시해 주고 있다.

첫째, 하나님의 성전인 우리 몸을 늘 거룩하게 유지하는 것이다. "이제는 너희 지체를 의에게 종으로 드려 거룩함에 이르라."(롬6:19) "누구든지 하나님의 성전을 더럽히면 하나님이 그 사람을 멸하시라 하나님의 성전은 거룩하니 너희도 그러하니라."(고전3:17)

둘째, 예수님이 우리를 위해 하신 일을 기억한다. "우리가 항상 예수 죽인 것을 몸에 짊어짐은 예수의 생명도 우리 몸에 나타나게 하려 함이라 우리 산 자가 항상 예수를 위하여 죽음에 넘기움은 예수의 생명이 또한 우리 죽을 육체에 나타나게 하려 함이니라."(고후 4:10, 11) 죽음에 넘기움. 진정 우리는 죽기까지 충성하고, 죽기까지 달라진 삶을 살고 있는가.

셋째, 몸의 행실을 죽이는 것이다. "육신의 생각은 하나님과 원수가 되나니 [ㅡㅡ] 영으로써 몸의 행실을 죽이면 살리니."(롬8:7, 13) 내 몸을 쳐 주님께 복종한다. 그러면 주님은 우리 몸을 보호하신다. "몸은 음란을 위하지 않고 오직 주를 위하며 주는 몸을 위하시느니라."(고전6:13)

끝으로, 참마음과 온전한 믿음으로 하나님께 나아가는 것이다. "우리가 마음에 뿌림을 받아 양심의 악을 깨닫고 몸을 맑은 물로 씻었으니 참마음과 온전한 믿음으로 하나님께 나아가자."(히10:22)

이 모두는 우리가 변해야 한다는 것을 가르친다. 과거 육적인 삶에서 새로운 영적인 삶으로. 주님은 우리를 피로 사셨다. 우리를 위해 엄청난 대가를 치른 것이다. 그 고난과 고통을 생각한다면 과거의 삶의 방식을 고집할 이유가 전혀 없다. 스펄전은 말한다. "내가 살아가는 방식을 극적으로 변화시키지 못한다면 내가 받았다고 자랑하는 구원이 무슨 소용이 있겠는가? 내가 사는 방식을 하나도 바꾸지 못하면서 어떻게 영원한 운명을 바꾸겠는가?"

75. 마음의 할례

유대인들은 할례를 받는다. 예수님도 할례 받았을 가능성이 높다. "할례할 8일이 되매 그 이름을 예수라 하니."(눅2:21) 유대인이든 이방인이든 유대 공동체 일원으로 생활하려면 할례는 필수요건이었다. 이슬람에서도 할례를 강조한다.

할례는 남자 생식기의 표피를 잘라내는 것을 말한다. 할례는 이스라엘과 하나님 사이의 언약의 증표로, 순종하고 헌신하며 살겠다는 하나님을 향한 다짐이요 약속이다. 이스라엘 민족은 할례를 아주 자랑스럽게 생각해 이방인을 "할례 받지 않은 자"라며 비하했다.

그러나 이 할례는 형식주의로 흘러 단지 할례의식을 행할 뿐 그 마음은 하나님께 향하지 않았다. 그렇다고 그들이 하나님을 배척한 것은 아니다. 하나님의 것보다 세상의 것을 더 중시하고, 하나님을 최우선하는 삶으로부터 멀어진 것이다. 이런 지경이라면 할례를 받았다 한들 무슨 의미가 있을까.

선지자 예레미야는 이런 상황에 대해 문제제기를 하고 이스라엘로 하여금 마음의 할례, 귀의 할례를 강조하였다. 진정 마음으로 하나님께 다가가고, 귀로 그분의 말씀을 경청해야 한다는 것이다.

- "유다인과 예루살렘 거민들아 너희는 스스로 할례를 행하여 너희 마음 가죽을 베고 하나님께 속하라. 그렇지 아니하면 너희 행악을 인하여 나의 분노가 불같이 발하여 사르리니 그것을 끌 자가 없으리라."(렘4:4)
- "내가 누구에게 말하며 누구에게 경책하여 듣게 할고. 보라 그 귀가 할례를 받지 못하였으므로 듣지 못하도다. 보라 여호와의 말씀을 그들이 자기에게 욕으로 여기고 이를 즐겨 아니 하니." (렘6:10)
- "여호와께서 말씀하시되 날이 이르면 할례 받은 자와 할례 받지 못한 자를 내가 다 벌하리니. [--] 열방은 할례를 받지 못하였고 이스라엘은 마음에 할례를 받지 못하였느니라."(렘9:25, 26)

마음의 할례는 할례의 내적인 의미를 강조하는 것으로, 모세는 모든 죄에서 떠나 하나님의 뜻에 합당하게 행동하라는 의미에서 이 말을 사용했다(신10:16). 이런 면에서 볼 때 이스라엘은 그 뜻에 합당한 행동을 하지 못했다. 예레미야에 따르면 그들은 하나님의 법을 버리고 하나님의 말씀을 청종하지 않았으며 그대로 따르지 않았다(렘9:13). 바알 신을 섬기고, 이웃을 속이고, 입으로는 이웃에게 평화를 말하나 중심에는 해를 도모했다(렘9:5, 8). 그래서 예레미야는 이스라엘에게 권한다. "너희 딸들에게 애곡을 가르치라." "우리의 눈에서 눈물이 떨어지게 하며 우리 눈꺼풀에서 물이 쏟아지게 하라."(렘9:18, 20) 얼마나 통탄스러웠으면 이런 말을 했을까.

에스겔은 이스라엘 족속 안에 들어온 이방인 중 마음과 몸에 할례 받지 못한 이방인은 하나님 성소에 들어오지 못하도록 했다(겔45:). 그만큼 마음의 할례는 중요하다. 신약에 와서 예루살렘 공회는 외적인 할례가 구원의 조건은 되지 않는다고 선언했다(행15;11, 19-21). 바울은 외적인 할례보다 하나님의 말씀에 순종하는 것이 중요하다고 했다. "할례 받는 것도 아무것도 아니요 할례 받지 아니하는 것도 아무것도 아니로되 오직 하나님의 계명을 지킬 따름이니라."(고전7:19) "할례를 받든 할례를 받지 않던 아무것도 아니며 오직 새롭게 창조되는 게 중요합니다."(갈6:15, 우리말성경) 당신은 마음의 할례를 받았는가.

76. 오늘도 우리가 엎드리는 이유

기도는 우리에게 없는 것을 주님께 아뢰는 것이다. 이웃을 위한 기도도 마찬가지다. 우리가 남의 부족을 보고 주님께 말씀드리는 것이다. 가나의 혼인 잔치에서 마리아는 그 집의 어려운 사정을 예수님께 전하였다(요2:1-11). 간청으로 마리아는 자기 할 몫을 다했다. 책임은 예수께 옮겨졌고, 그 집 주인을 돕는 것은 예수님이 하실 일이다.

기도는 왜 하는가? 우리의 어려운 사정을 주님께 기도함으로 맡길 때 평안을 느끼기 때문이다. 이루실 것인가 아닌가는 주님께 있다. 우리는 그것을 말씀드림으로써 그것으로 인한 내적 불안과 염려에서 자유한다. 기도는 조용히 우리 속을 터놓고 주고받는 복된 대화이다. 그 대화를 통해 우리는 놀라운 평안과 안전을 경험하는 것이다.

가나의 혼인 잔치에서 예수의 모친은 예수님으로부터 "여자여 나와 무슨 상관이 있나이까? 내 때가 아직 이르지 못하였나이다."(요2:4)라는 차가운 응답을 들었다. 이 말씀이 혹시 모친을 존경하지 않는 말로 들렸다면 그것은 문화 차이다. 주님은 결코 어머니를 하대한 적이 없다. 이 말씀의 중심은 아직 자신을 드러낼 때가 되지 아니했음을 지적하는 것이다. 예수는 언제나 하나님 아버지의 뜻을 행하실 때를 기다리셨다. 스스로는 아무것도 할 수 없다 하실 만큼 아버지를 순종하셨다. "내가 진실로 진실로 너희에게 이르노니 아들이 아버지의 하시는 일을 보지 않고는 아무것도 스스로 할 수 없나니. 아버지께서 행하시는 그것을 아들도 그와 같이 행하느니라."(요5:19) 예수님은 아버지가 자신에게 보여주실 때를 기다리신 것이다.

모친은 불평 한마디 하지 않고 하인들에게 가서 말한다. "너희에게 무슨 말씀을 하시든지 그대로 하라."(요2:5) 이 "그대로 하라."라는 말씀을 보라. 모친은 예수님을 신뢰했다. 주님이 말씀은 그리하셨지만 어떤 일이 꼭 일어날 것을 믿었다. 그 일은 어떤 다른 사람이 아니라 주님의 손에 달려 있다고 믿었기 때문이다.

그렇다. 기도는 믿음을 바탕으로 한 간구이다. 주님을 향한 믿음이 없으면서 주께 간구한다는 것은 헛된 일이다. 믿지도 않는데 들어주실 리 없다. 기도는 우리의 어려움을 그에게 맡기는 믿음이다. 그분을 신뢰하고 응답해 주실 것을 믿어야 기도가 역사한다. 주님은 말씀하신다. "너희가 기도할 때에 무엇이든지 믿고 구하는 것은 다 받으리라."(마21:22)

야고보도 "오직 믿음으로 구하고 조금도 의심하지 말라."(약1:6) 했다. 의심과 불신앙은 다르다. 불신앙은 믿음에 대한 인간의 거부이다. 자신의 무력함을 인정하지 않는다. 이에 비해 의심은 마음의 괴로움, 고통, 연약함으로 믿음에 영향을 준다. 믿음의 시련이 있을 때, 고통할 때, 괴롭고 고난을 받을 때 의심이 생길 수 있다. 이렇게 어려울 수 있는가. 하나님이 나를 버리신 것은 아닌가. 그러나 야고보는 그런 때라 할지라도 의심하지 말고 주님을 전적으로 신뢰하라고 한다.

한 사람이 귀신 들린 아들을 주님 앞으로 데려왔다. 그리고 고쳐 주기를 바라며 이렇게 말했다. "하실 수 있거든 우리를 불쌍히 여기사 도와주옵소서." 그러자 주님이 나무라신다. "할 수 있거든이 무슨 말이냐 믿는 자에게는 능치 못할 일이 없느니라."(막9:22, 23) 귀신을 쫓아내신 후 주님은 제자들에게 말씀하셨다. "기도 외에 다른 것으로는 이런 유가 나갈 수 없느니라."(막9:29) 전능하신 하나님을 믿고 그분께 도움을 청하는 길 외에는 다른 길이 없다는 말씀이다. 주님은 다시금 강조하신다. "나를 떠나서는 너희가 아무것도 할 수 없느니라."(요15:5) 우리가 연약할 때 의지할 수 있는 분은 주님뿐이다. 그래서 우리는 오늘도 주님께 엎드린다. 그의 자비와 전능하심을 의지하며.

77. 전심으로 주님 향하기

선견자 하나니가 유다왕 아사에게 말한다. "여호와의 눈은 온 땅을 두루 감찰하사 전심으로 자기에게 향하는 자를 위하여 능력을 베푸시나니."(역하16:9) 이 말씀을 읽을 때마다 느끼는 것은 세 가지다. 첫째, 하나님은 온 땅을 감찰하시고 찾으신다는 것이다. 눈을 들어 꼼꼼히 살피시고 누군가를 찾으신다. 둘째, 하나님이 찾으시는 자는 문제가 있어 전심, 곧 온 마음을 다해 하나님을 향해 있는 자이다. 모든 소망을 주께 두고, 진정으로 주님을 찾는 자이다. 끝으로, 우리는 하나님의 능력을 사모하지만 조건이 있다는 것이다. 그것은 하나님은 전심으로 주께 향한 자에게 능력을 베푸신다는 사실이다. 전심으로 주께 향한 사례로 누가 있을까? 구약에서 히스기야, 신약에서 마르다를 들 수 있지 않을까.

병든 히스기야 왕은 이사야 선지자의 방문을 받는다. 그리고 곧 죽게 되리라는 소리를 듣는다. 얼마나 놀랐을까. 왕은 그 말을 듣고 벽을 향해 여호와께 간절히 기도한다. "내가 진실과 진심으로 주 앞에 행하여 주의 보시기에 선하게 행한 것을 기억하옵소서." 벽을 향한 그 모습을 상상해 보라. 가슴이 저민다. 그는 통곡한다. 그 결과 하나님은 그를 향한 계획을 돌이키신다. "내가 네 기도를 들었고, 네 눈물을 보았노라 내가 너를 낫게 하리니."(왕하20:5) 전심으로 주를 향하면 들으신다.

요한복음 11장에는 나사로의 죽음에 대해 소개한다. 그 과정에서 마르다와 마리아는 나사로의 죽게 된 것을 알리고 빨리 와 주실 것을 간청한다. 주님만이 고쳐주실 것으로 확신했기 때문이다. 그러나 주님은 의도적으로 늦추셨다. 죽더라도 고칠 수 있다는 자신감이 있고, 죽은 자를 살림으로 하나님의 영광을 더욱 드러낼 수 있기 때문이다. 주님은 나사로가 이미 죽은 다음에야 그 집에 도착했다. 다들 원망할 터인데 마르다는 달랐다. "그러나 이제라도 주께서 구하시는 것을 하나님이 주실 줄을 아나이다."(요11:22) 얼마나 놀라운 믿음인가. 이에 대해 주님은 말씀하시다. "나는 부활이요 생명이니 나를 믿는 자는 죽어도 살겠고 무릇 살아서 나를 믿는 자는 영원히 죽지 아니하리라."(요11:25) 여기서 믿는 자는 입으로만 믿는 자가 아니다.

전적으로 주님을 향한 자이다.

온 맘을 주께 향한 자를 주님이 도우시는 것은 마땅한 일이라 생각된다. 그렇다면 고칠 마음이 많지만 그럴 형편이 전혀 안 된 사람은 어찌 될까. 요한복음 5장에 예수님께서 베데스다 못가의 병자를 고쳐준 사건이 소개된다. 이 장면은 병자가 주님께로 온 것이 아니라 주님이 병자에게 찾아가신다는 점에서 특이하다. 그 병자는 스스로 주님 앞에 나올 수 있는 사람이 아니다. 38년간 누운 병자가 아닌가. 주님은 그 병자를 찾아가 묻는다. "네가 낫고자 하느냐?" 요동하는 물에 먼저 들어가면 낫는다는 소문을 듣고 왔지만 번번이 실패한 그다. 누가 자기 먼저 들어가라고 기다려주지 않고, 그를 밀어줄 사람도 없다. 전혀 도움을 받지 못하는 딱한 처지다. 그런 그를 주님이 찾아가신 것이다. 낫고자 하는 그의 간절한 마음을 아신 것이다. 주님은 그에게 명령하신다. "일어나 네 자리를 들고 걸어가라!" 그는 즉시로 나음을 입었다. 주님은 이어 말씀하신다. "보라. 네가 나았으니 이 심한 것이 생기지 않게 다시는 죄를 범치 말라." 다시 말하면 "주님을 전적으로 믿고 의지하며 믿음생활 잘하라."는 말씀이다. 주님은 그 후의 삶의 변화를 기대하신다.

주님은 병상에서 호소하는 간절한 기도를 기억하신다. 그리고 그 간절함을 들으시고 응답하신다. 중요한 것은 우리가 온 마음을 다해 주님께 다가가는 것이다. 그럴수록 더 관심을 두신다. 지금은 믿음이 덜하다 해도 그의 딱한 형편과 간절함도 주님은 아신다. 그리고 사랑으로 다가가신다. 그가 달라질 것을 기대하시며. 전심으로 주님을 향하리. 그가 응답하시리라. 가까이 계실 때 찾으라. 그가 손을 내밀리라.

78. 하나님의 능력을 얻을 수 있는 네 통로

우리는 능력 있는 그리스도인이 되고자 한다. 그러나 우리는 바라는 수준만큼 능력이 있는 존재가 아니다. 그래서 쉽게 넘어지고 좌절한다. 예수님의 제자들도 예외가 아니다. 오죽하면 성령을 받을 때까지 예루살렘에 머물라 했을까. 성숙된 믿음을 삶에서 드러나기를 바란다면 우리에게 하나님이 주시는 능력이 필요하다.

바울은 말한다. "하나님이 우리에게 주신 것은 두려워하는 마음이 아니요 오직 능력과 사랑과 근신하는 마음이니."(딤후1:7) 하나님은 우리가 능력이 있는 존재가 되기를 바라신다는 것을 알 수 있다. 그러니 능력을 얻고자 하는 것을 낮게 평가할 필요는 없다.

그렇다면 그것을 어떻게 얻을 수 있을까? 성경은 그 능력을 얻을 수 있는 네 통로를 제시한다. 하나님, 예수, 성령, 그리고 복음이다.

하나님은 모든 능력의 원천이요 근원이시다. 경수가 끊어진 사라가 아들을 낳으리라 할 때 웃었다. 그러나 하나님은 확실히 말씀하신다. "여호와께 능치 못한 일이 있겠느냐."(창18:14) 하나님의 능력은 부활에서도 뚜렷하다. 그리스도와 우리의 부활까지. "오직 하나님의 능력으로 살으셨으니 우리도 하나님의 능력으로 저와 함께 살리라."(고후13:4)

우리가 능력을 얻을 수 있는 중요한 통로는 예수 그리스도이다. 주님은 말씀하신다. "나를 떠나서는 너희가 아무것도 할 수 없음이라."(요15:5) 보혜사 성령님을 우리에게 보내주겠다 하신 분도 주님이 아시시던가. 성령 충만을 강조하다 예수님을 놓쳐서는 안 된다.

성경의 여러 인물들이 성령의 충만과 함께 능력을 얻었음을 알 수 있다. 세례 요한은 모태로부터 성령 충만을 입어(눅1:15) 죽음을 각오하고 그리스도를 전하고 회개의 세례를 선포했다. 다음은 그 밖의 여러 보기이다.

- "내가 [--] 브사엘을 지명하여 부르고 하나님의 신을 그에게 충만하게 하여 지혜와 총명과 지식과 여러 가지 재주로 공교한 일을 연구하여 금과 은과 놋으로 만들게 하여."(출31:1-4)
- "나(미가)는 오직 여호와의 신으로 말미암아 권능과 공의와 재능으로 채움을 얻고"(미3:8)
- "오직 성령이 너희(제자들)에게 임하시면 너희가 권능을 받고 예루살렘과 온 유대와 사마리아와 땅 끝까지 이르러 내 증인이 되리라."(행1:8)
- "이에 베드로가 성령이 충만하여 가로되 백성의 관원과 장로들아 [--] 너희가 십자가에 못 박고 하나님이 죽은 자 가운데서 살리신 나사렛 예수 그리스도의 이름으로 이 사람이 건강하게 되어 너희 앞에 섰느니라."(행4:8, 10)
- "빌기를 다하매 모인 곳이 진동하더니 무리가 다 성령이 충만하여 담대히 하나님의 말씀을 전하니라."(행4:31)

브사엘의 지혜와 기술, 미가의 능력 있는 예언, 오순절 성령 강림 후 담대해진 베드로, 담대히 하나님의 말씀을 전하는 제자들. 이 모두를 가능하게 하신 분은 성령님이시다. 성령님이 우리와 함께하시면 우리도 그 능력을 보일 수 있다. 담대히.

성경은 또한 복음이 능력의 주요 원천이 된다고 말한다. "내가 이 복음을 부끄러워하지 아니하노니 이 복음은 모든 믿는 자에게 구원을 주시는 하나님의 능력이 됨이라."(롬1:16) "십자가의 도가 멸망하는 자들에게는 미련한 것이요 구원을 얻는 우리에게는 하나님의 능력이라."(고후1:18)

하나님, 예수, 성령은 삼위이시다. 삼위의 사역은 구분되지만 한 분이시다. 따라서 한마디로 말해서 모든 능력은 하나님으로부터 온다. 복음의 말씀도 하나님으로부터 왔다. 우리가 바라야 할 것은 바로 하나님이 주시는 능력이다. 성령을 통해서든, 복음을 통해서든. 하나님이 우리와 함께하실 때 그 능력이 발휘될 수 있다. 우리가 비록 작은 자일지라도 우리 하나님의 능력은 크시다. 그 어느 것도 그 분의 능력과 비교할 수 없다.

79. 하나님과의 동행, 가장 아름다운 동행

요사이 동행, 아름다운 동행, 행복한 농행 등 동행에 관한 여러 단어들이 눈에 띈다. 신앙적으로 볼 때 가장 아름다운 동행은 하나님과의 동행이 아닐까. 하나님과의 동행은 하나님과 함께 길을 같이 가는 것(walking with God)이다. 성경엔 하나님과 동행한 인물로 두 사람을 꼽고 있다. 에녹과 노아다.

- "에녹이 하나님과 동행하더니 하나님이 그를 데려가시므로 세상에 있지 아니하였더라."(창5:24)
- "므두셀라를 낳은 후 삼백 년을 하나님과 동행하며 자녀들을 낳았으며"(창5:22)
- "이것이 노아의 족보니라 노아는 의인이요 당대에 완전한 자라 그는 하나님과 동행하였으며"(창6:9)

에녹은 삼백 년 동안 하나님과 동행하다 죽지 않고 하늘나라로 옮기었다. 죽음을 보지 않고 하늘로 옮긴 성경적 인물로 에녹 외에 엘리야가 있다.

에녹은 하나님과 동행하면서 오직 자녀를 낳았다는 언급밖에 없어 그의 생활이 평범했음을 알 수 있다. 참신앙생활이란 기이한 어떤 것에 있는 것이 아니라 매일의 평범한 생활 중에 하나님을 어떻게 기쁘시게 할 수 있는가에 집중하며 사는 것임을 알 수 있다. 믿음으로 깨끗이 생애를 마치는 것처럼 더한 성공은 없을 것이다.

유다서(1:14-15)에 보면 그가 심판을 예언했다는 말이 있다. 그는 "모든 경건치 않은 일과 또 경건치 않은 죄인의 모든 강퍅한 말을 주께서 정죄"하실 것을 강조했다. 이것은 바로 악한 세대를 향한 고함이자 그가 그 시대상을 슬퍼했음을 보여준다. 나아가 개인적으로는 그가 매우 경건한 삶을 살았으며 말에나 행동에서 그것을 보여주었음을 알 수 있다. 외모를 보지 않고 그 중심을 보시는 하나님(삼상16:7)께서 그의 중심을 인정하신 것이다.

이사야 선지자는 자비한 자들이 화액(심판) 전에 취하여 감을 입는다(사57:1)고 하였다. 에녹이 들러 감은 하나님께서 그로 하여금 화액을 보지 않게 함이 아닌가 생각된다(벧후2:5-9).

동행의 다른 용어로 companionship이 있다. 이것은 '빵(pani)을 함께(com) 나눈다'는 뜻을 담고 있다. 회사를 뜻하는 company도 같은 뜻을 가지고 있다. 이 용어는 경제적으로 어려운 시기에 매우 적절한 말이다. 조선일보 독자란에 이런 글이 실렸다. 손님이 크게 줄어들면서 식당운영이 힘들어지자 사장님이 고민 끝에 7명의 종업원 중 한 명을 감원하기로 하고 종업원끼리 상의해서 그나마 사정이 나은 사람이 그만둬 달라고 했다 한다. 그중 나이 어린 막내가 그만두겠다고 하자 직원들이 서로 나서 "우리들 월급을 조금씩 줄여 함께 일할 수 있게 해달라고 했다는 것이다. 김대중 기자는 이 얘기를 자신의 칼럼에서 다시 소개하고, IMF 위기 때보다 더 혹독한 겨울이 온다고 하는데 조금씩 내 몫 줄이고 나누며 함께 이 추운 계절을 이겨내자고 했다. 그러면 우리나라도 더 멋있고 따뜻한 나라가 될 것이라 했다. 독자의 편지가 우리 가슴을 훈훈하게 만든다. 빵을 함께 나누는 훈훈한 동행의 진면목이다.

경제적으로 어렵던 조금 나아지던 어떤 환경에서든지 필요한 것이 하나님과의 동행이다. 주님은 그 동행을 기뻐하신다. 동행의 기본조선은 주님의 가르치심대로, 주님의 뜻대로 사는 것이다. 경제가 어려울 때마다 "기본으로 돌아가자(back to the basics)" 하지 않는가. 신앙도 예외가 아니다.

80. 진리의 성령과 그의 인도하심 따라 살기

성령의 중요한 역할 가운데 하나는 하나님의 사람들을 진리로 인도한다는 것이다. 우선 하나님의 사람은 누구인가를 정의할 필요가 있다. 로마서에 따르면 그는 하나님의 영, 곧 성령의 인도함을 받는 사람이다. "무릇 하나님의 영으로 인도함을 받는 그들은 곧 하나님의 아들이라."(롬8:14) 그리고 성령은 우리를 진리가운데로 인도하신다. "진리의 성령이 오시면 그가 너희를 진리가운데 인도하시리니."(요16:13)

성령은 우리가 가야 할 길을 아시며, 그 목표를 향해 똑바로 인도하신다. 그것은 하나님의 뜻대로 사는 방법으로 인도함이요 하나님이 기뻐하시는 길로 가는 것이다. 성령은 하나님의 계획과 목적에 어긋남이 없이 우리를 거기에 일치시킨다. 그러니 성령의 인도를 받으면 염려할 것이 없다. 문제는 성령님을 떠나 우리 마음대로 하려는 데서 비롯된다. 우리는 때로 성령을 빙자해서 자기의 길로 가려 하지 않는가. 그러므로 우리는 언제나 성령님의 인도를 사모해야 한다.

진리의 성령은 주님의 일을 알려주신다. "그가 자의로 말하지 아니하고 오직 듣는 것을 말하시며 장래 일을 너희에게 알리시리라.”
(요16:13) 주님의 것을 말해 주고, 주님의 영광을 드러낸다. “그가
내 영광을 나타내리니 내 것을 가지고 너희에게 알리겠음이니라.”(요
16:14) 그래서 진리의 성령이다.

예수님이 공생애를 시작하실 때도 성령님이 함께하셨다. 주님의
때가 되었을 때 그가 어떤 사명을 수행하게 될 것을 알게 하셨다.
“주의 성령이 내게 임하셨으니 이는 가난한 자에게 복을 전하게 하
시려고 내게 기름을 부으시고 나를 보내사 포로 된 자에게 자유를,
눈먼 자에게 다시 보게 함을 전파하며, 눌린 자를 자유케 하고, 주
의 은혜의 해를 전파하게 하심이라.”(눅4:18, 19) 예수께서 성령의
충만함을 입어 요단강에서 돌아와 광야에서 40일간 성령에게 이끌리
시며 마귀의 시험을 받으셨다(마4:1－11). 그때도 성령님은 주님을
도와 승리케 하셨다.

그 성령은 앞으로 있을 심판을 알게 하신다. “보라. 나의 택한 종
곧 내 마음에 기뻐하는바 나의 사랑하는 자로다 내가 내 성령을 줄
터이니 그가 심판을 이방에 알게 하리라. [－－] 또한 이방들이 그
이름을 바라리라.”(마12:18, 21) 이사야 42장 1－4절 말씀을 이루심
이다. 진리의 성취다.

바울은 우리가 성령님의 인도함을 받으면 율법 아래 있지 않는다
했다. “너희가 만일 성령의 인도하시는 바가 되면 율법 아래 있지
아니하리라.”(갈5:18) 살아계신 인격자, 곧 성령에 의해 인도되면 율
법, 곧 무엇을 해야 된다 또는 안 해야 된다는 식의 계율에 얽매지
않게 된다. 우리를 율법이 아니라 은혜의 자리로 인도하기 때문이다.

성령의 인도를 받을 때만 구원의 자리로 나아갈 수 있으며 율법의 굴레로부터 벗어날 수 있다.

요한은 성령이 우리에게 영생을 주신 분은 주님이시요 우리의 생명이 그 아들 안에 있음을 증거한다 하였다. "증거하는 이는 성령이시니 성령은 진리니라. 증거하는 이가 셋이니 성령과 물과 피라 또한 이 셋이 합하여 하나이니라. [--] 또 증거는 이것이니 곧 하나님이 우리에게 영생을 주신 것과 이 생명이 그의 아들 안에 있는 그것이니라."(요일5:7, 8, 11) 우리를 주 안에 있게 하고, 그를 통해 영생을 얻으며, 오늘도 주님의 생명으로 살게 하는 분은 성령 하나님이시다. 그분이 우리 안에 있어 우리를 진리가운데 인도하고, 주 안에서 풍성하게 살게 하신다. 성령님의 인도하심을 받으라. 그러면 삶이 달라지리라.

81. 성령을 소멸치 말라

성령 충만, 성령의 기름 부으심. 이 모두 그리스도인이면 간절히 바라는 마음이다. 그러나 성도라 할지라도 거꾸로 성령을 소멸하기도 해 문제가 발생하기도 한다. "성령을 소멸치 말며"(살전5:19) 성령은 그리스도인의 생활을 깨끗이 해 주며 힘과 능력을 주는 영이시다. 소멸은 불을 끈다는 의미로 은유적으로 사용한 단어다. 영어로 quench는 냉각시키고, 억제하는 행위를 나타낸다. 갈증 난 사슴이 시냇물을 맛보므로 갈증을 해소하듯 우리 영의 갈증도 하나님을 맛보므로 충족된다. 그런데 하나님을 맛볼 때까지 소멸되어서는 안 될 하나님에 대한 그 갈증을 냉각시키고, 억제한다면 우리의 영적인 삶은 어떻게 될까.

성령은 주님께서 주신다. 그 성령으로 광야 같은 우리 마음이 아름다운 밭으로 변한다. "필경은 위(high)에서부터 성신을 우리에게 부어 주리니 광야가 아름다운 밭이 되며 아름다운 밭을 삼림으로 여기게 되리라. 그때에 공평이 광야에 거하며 의가 아름다운 밭에 있으리니 의의 공효(work)는 화평이요 의의 결과는 영원한 평안과 안전이라."(사32:15-17) 얼마나 귀한 성령인가.

예수님은 제자들을 향해 말씀하신다. "예루살렘을 떠나지 말고 내게 들은바 아버지의 약속하신 것을 기다리라."(행1:4) 귀한 성령을 선물로 주시겠다는 것이다. 바울도 우리가 하나님의 사랑을 배우고 실행하게 된 것은 성령 때문이라 말한다. "성령으로 말미암아 하나님의 사랑이 우리 마음에 부은바 되었느니라."(롬5:5) 성령의 부으심이 있어 가능했다는 것이다.

베드로도 우리가 성령으로 인해 거룩하게 되고, 주께 순종하는 사람이 되었다고 말한다. "하나님의 미리 아심을 따라 성령의 거룩하게 하심으로 순종함과 예수의 피 뿌림을 얻기 위하여 택하심을 입은 사늘에게 편지하노니."(벧전1:2) 예수의 육적인 형제 유다도 우리로 하여금 성령으로 기도하라 권한다. "너희는 지극히 거룩한 믿음 위에 자기를 건축하며 성령으로 기도하며 하나님 사랑 안에서 자기를 지키며 영생에 이르도록 그리스도의 긍휼을 기다리라.”(유20, 21) 이 모두는 성령이 우리 믿음 생활에서 얼마만큼 중요한가를 보여준다.

우리 속에 넘쳐야 할 성령이 왜 자꾸 꺼지는 것일까? 그것은 우리 안에 성령을 거스르는 것들로 채우기 때문이다. 이것들은 성령의 인도하심을 거부한다. 성령을 거스르는 것들의 대부분은 육체의 소욕이다. 따라서 성령의 인도를 온전히 받기 위해서는 육체의 소욕들을 완전히 포기해야 한다. 그렇지 않고서는 하늘의 것을 채울 수 없다.

육에 속한 사람은 성령은 미련하게 보일 수 있다. “육에 속한 사람은 하나님의 성령의 일을 받지 아니하나니 저희에게는 미련하게 보임이요 또 깨닫지도 못하나니 이런 일은 영적으로라야 분변함이라.”(고전2:14) 그러나 그것은 성령의 진가를 알지 못하기 때문이다.

성령의 진가를 알기 위해서는 감사의 마음을 가져야 한다. “범사에 감사하라. 이는 그리스도 예수 안에서 너희를 향하신 하나님의 뜻이니라.”(살전5:18) 하나님께 감사와 찬미를 드리지 못하면 성령의 불은 꺼진다. 구원에 감사하자. 오늘도 승리케 하신 주님께 감사하자.

안도현의 시, ‘너에게 묻는다’에서 이런 구절이 있다. “연탄재 함부로 발로 차지 마라. 너는 누구에게 한 번이라도 뜨거운 사람이었느냐.” 혹시 우리는 충만히 임하시려는 성령을 발로 차지 않았는가. 성령을 훼방하는 죄를 범치 말자. “성령을 훼방하는 것은 사하심을 얻지 못하겠고 [--] 누구든지 말로 성령을 거역하면 이 세상과 오는 세상에도 사하심을 얻지 못하리라.”(마12:31, 32) 오히려 성령의 도우심을 간구하자. “이와 같이 성령도 우리 연약함을 도우시나니 우리가 마땅히 빌 바를 알지 못하나 성령이 말할 수 없는 탄식으로 우리를 위해 친히 간구하시느니라."(롬8:26) 주의 열심이 우리를 구하시리라.

82. 세 종류의 교인들

고린도전서는 여러 장에 걸쳐 세 종류의 교인들을 소개하고 있다. 파당 짓기 좋아하는 교인, 육에 속한 교인, 그리고 신령한 교인이다.

첫 번째는 혈기가 강해하나 되지 못한 사람들이다. 이런 사람들은 파당을 짓기 좋아한다. 고린도교회에는 이 부류에 속한 사람들이 많았다. "너희가 각각 이르되 나는 바울에게, 나는 아볼로에게, 나는 게바에게, 나는 그리스도에게 속한 자라 하는 것이니."(고전1:12) 이 때문에 교회에 분쟁이 일 것은 뻔하다. 그래서 바울은 권면한다. "형제들아 내가 우리 주 예수 그리스도의 이름으로 너희를 권하노니 다 같은 말을 하고 너희 가운데 분쟁이 없이 같은 마음과 같은 뜻으로 온전히 합하라."(고전1:10) 교회의 문제는 당을 짓는 데서부터 시작한다. 결국 교회를 찢고 나눈다. 분열이 시작된 것이다. 인간이 정치적 동물이기는 하지만 교회는 세상과는 달라야 한다. 내 생각을 앞세우고, 그 줄에 사람들을 세우는 정치운동을 하는 곳이 교회가 아니다. 교회는 나를 죽이고 주님을 향해 온전히 하나 되는 곳이다.

두 번째는 육에 속한 사람이다. 우선 이들은 교회에 출석을 하기는 하지만 영적인 일에는 민감하지 못하고, 교회가 왜 그렇게 하는지 모르겠다고 말한다. 전도도 미련하게 보인다. 왜 그렇게 전도하는지 알 수 없다. "육에 속한 사람은 하나님의 성령이 일을 받지 아니하나니 저희에게는 미련하게 보임이요 또 깨닫지도 못하나니 이런 일은 영적으로라야 분변함이니라."(고전2:14)

바울은 전도에 관해서도 말한다. "하나님의 지혜에 있어서는 이 세상이 자기 지혜로 하나님을 알지 못하는 고로 하나님께서 전도의 미련한 것으로 믿는 자들을 구원하시기를 기뻐하셨도다. [--] 하나님의 미련한 것이 사람보다 지혜 있고 하나님의 약한 것이 사람보다 강하니라. [--] 하나님께서 세상의 미련한 것들을 택하사 지혜 있는 자들을 부끄럽게 하려 하시고 세상의 약한 것들을 택하사 강한 것들을 부끄럽게 하려 하시며"(고전1:21, 25, 27) 전도가 미련한 것 같지만 인간이 하나님의 지혜를 따르지 못하기 때문이다. 인간이 하나님의 지혜를 따를 수만 있었다면 그런 방법을 사용하시지 않았을 것이다. 그러나 하나님은 인간이 미련하게 보이는 이 방법으로 사람들이 구원 얻는 것을 기뻐하셨다. 하나님이 인간에게 무서움과 위험을 주어 믿게 하는 것보다 인간 자신의 고백과 적극적인 선전을 통해 주님의 이름이 높여지기 때문이다. 따라서 영적인 일을 분별하지 못하고, 모여 교회의 일에 대해 불만하고 분쟁으로 시간을 보낸다면 영적인 손해만 입을 뿐이다. 중요한 것은 육의 옷을 벗고 영적으로 보다 분별력 있는 삶을 사는 것이다.

세 번째는 신령한 사람들이다. 이들은 육에 속한 사람들과는 다르다.

신령한 것과 그렇지 못한 것을 분별할 줄 알고, 참과 거짓을 식별할 줄 안다. 이들은 어두운 것을 싫어한다. 무엇보다 하나님의 말씀을 사모한다. 한마디로 성령의 이끄심을 받는 사람들이다. "사람의 지혜의 가르친 말로 아니하고 오직 성령의 가르치신 것으로 하니 신령한 일은 신령한 것으로 분별하느니라."(고전2:13) "신령한 자는 모든 것을 판단하나 자기는 아무에게도 판단을 받지 아니하느니라."(고전2:15)

교인들을 셋으로 나누어보았지만 크게 육에 속한 사람과 성령에 속한 사람으로 나눌 수 있다. 육에 속하면 하나님의 일을 분별하지 못하고 서로 나뉘어 시기하고 분쟁한다(고전3:3, 4) 그러나 성령의 사람은 성령의 이끄심을 받는다. 전도를 해도 성령의 나타남과 능력으로 하고, 예수 그리스도와 그 십자가의 도를 아는 것 외에는 자랑하지 않는다(고전2:2, 4) 나는 없다. 오직 그리스도만 바라본다. 지금 나는 어느 쪽에 서 있는가.

83. 놀부 가인과 흥부 아벨

가인은 '얻었다'는 뜻을 가지고 있다. 아담과 하와가 가인을 얻고 나서 너무 기뻐했음을 보여준다. 장남의 출생인데 오죽할까. 그 뒤에 얻은 아들은 아벨이다. 아벨은 '허무하다'는 뜻을 가지고 있다. 이것은 기쁨을 표시한 아벨과는 너무 대조적이다. 아들을 낳고 허무함을 느꼈다니 무슨 말인가. 장차 다가올 아벨의 운명을 예감하고 지은 것이라면 아담과 하와는 영감을 가졌음에 틀림없다. 그는 결국 가인으로부터 죽임을 당했기 때문이다.

히브리서는 그의 삶을 놓고 아벨은 믿음으로 가인보다 더 나은 제사를 하나님께 드림으로 의로운 자라는 증기를 얻었다(히11:4)고 말한다. 그의 삶이 하나님으로부터 인정을 받았다는 말이다. 그는 비록 죽임을 당했지만 그의 믿음의 삶과 제사가 계속 살아서 후대의 귀감으로 전해짐으로 말미암아 그의 죽음은 결코 허무한 것이 아니었음을 보여주고 있다.

가인은 행복했을까. 그 답은 '아니요'다. 가인은 아벨보다 더 오래 살았으나 그에게는 평강이 없었다. 그는 공포감 때문에 그의 아들 에녹과 함께 성을 쌓았고, 유리하는 사람이 되었다. 가인이 여호와 앞을 떠나 놋 땅에 거했다고 했는데, 놋 땅은 '유리하며 방황하다'는 뜻을 가지고 있다. 여호와 앞을 떠났다는 것은 영혼의 죽음을 의미한다.

그러나 하나님은 가인의 생명을 보호하시고 그가 돌아오기를 기다리셨다. 하나님이 그를 기다리셨다는 사실은 창세기 4장 6-7절에 나타난다. "가인아 네가 분하여 함은 어찜이며 안색이 변함은 어찜이냐 네가 선을 행하면 어찌 낯을 들지 못하겠느냐." "어찌 낯을 들지 못하겠느냐."의 원문은 "어찌 높이지 않겠느냐" "어찌 받아들이지 않겠느냐" "선을 행치 아니하면 죄가 문에 엎드리니라."는 뜻을 담고 있다. 이때 죄는 히브리어로 속죄제물이라고도 번역된다. 그러므로 그 구절은 "선을 행치 아니하면 속죄제물이 문에 엎드려 있지 않느냐." 곧 "이제라도 문에서 속죄제물을 잡아 드리라."는 뜻이 된다. 이것은 그의 반성을 촉구하시는 말씀이다. 그러나 가인은 끝내 돌아오지 않았다.

하나님은 가인의 후손을 통해 세상의 물질문명을 발전하게 하셨다. 이것은 그들에게 내린 하나님의 은총이었다. 문화 건설은 그들에게 주신 특별한 은총이었다. 그 은총을 받았다면 저들은 하나님께 돌아와야 했다. 하지만 그들은 점점 더 하나님으로부터 멀어져 갔다. 하나님보다 물질이 더 가까운 그들이 바로 우리의 모습이 아닌가. 라멕의 검가, 곧 살인의 노래를 보면 그가 얼마나 하나님을 만홀히 여겼는가를 알 수 있다. 살인을 하고 나서 그는 말한다. "가인을 위하여는 벌이 칠 배일진대 라멕을 위하여는 벌이 칠십칠 배이리로다."(창4:24) 이 정도로 광포하게 살인을 했다는 말이다. 가인의 후예는 하나님을 찬양하기보다 향락과 살인과 권력을 자랑했다.

가인과 아벨의 삶을 비교해 보면서 나는 가인에게 놀부라는 별칭을, 아벨에게는 흥부라는 별칭을 붙여주고 싶다. 놀부 가인, 흥부 아벨이다. 가인은 시기하고 심술만 부리는 놀부가 되었고, 아벨은 선했음에도 불구하고 고난을 당했기 때문이다. 가인이 하나님으로부터 저주를 받았듯 놀부도 지금도 독자로부터 저주를 받는다.

흥부에게는 자식이 많았다. 그럼 아벨의 자식이 소개되지 않은 것을 보아 자녀를 보지 못한 것이 틀림없는데 그래도 흥부일까. 그래도 흥부다. 지금도 심령이 가난한 이 땅의 많은 사람들이 그의 후손이 되어 주님을 섬기고 있고, 과거에도 그런 삶을 살았던 믿음의 선배들이 많았기 때문이다. 아담과 하와가 보기에 아벨은 허무했다. 일찍 죽임을 당했기 때문이다. 그러나 그의 죽음은 결코 허무하지 않다. 그로 인해 많은 믿음의 씨앗을 보았기 때문이다. 하루를 살아도 주를 위해 사는 것이 중요하다.

84. 구원선 선장 노아에게 어느 날 생긴 일

노아는 믿음의 사람 에녹을 증조부로 가진 신앙의 가정에서 태어났다. 노아라는 이름은 '안식'과 '위로'라는 뜻을 가지고 있다. 그로 인해 안식과 위로를 얻었음을 의미한다. 그가 얼마나 가정적으로나 신앙적으로 위안을 주었는가를 보여준다. 하나님의 심판을 자초할 만큼 문제가 컸던 그 시대에 하나님으로부터 인정받았던 그가 없었다면 인류는 과연 지금처럼 지속될 수 있었을까. 그는 하나님과 동행하였고(창6:9), 그의 믿음으로 그 집을 구원하여 믿음의 조상이 되었다(히11:7). 한 사람의 믿음이 얼마나 중요한가를 깨닫게 한다. 그것은 오늘의 시대에도 마찬가지다.

노아에게 있어서 잊어서는 안 될 것이 있다. 심히 부패한 시대에 그가 의로운 자가 될 수 있었던 것, 그리고 물 심판에서 구원을 얻은 것은 모두 하나님의 은혜라는 사실이다. 하나님은 그 시대의 악함을 한탄하면서도 노아에게 은혜를 주었다. 창세기 6장 8절의 말씀은 매우 의미가 있다. "그러나 노아는 여호와께 은혜를 입었더라." '그러나'라는 단어는 '그럼에도 불구하고'이고, 그 다음은 은혜다. 하나님의 은혜가 아니었다면 구원선의 선장이 될 수 없었다. 마찬가지로 우리가 주님의 사람이 된 것도 은혜다. "너희가 그 은혜를 인하여 믿음으로 말미암아 구원을 얻었나니 이것이 너희에게 난 것이 아니요 하나님의 선물이라."(엡2:8) 노아가 아무리 의롭다 한들 하나님의 기준을 충족시킨 것은 아니었을 것이다. 우리의 경우 하나님의 저울에 달 형편도 못 되었다. 그럼에도 불구하고 하나님은 우리에게 구원의 은혜를 주셨다.

그럼에도 불구하고 노아가 선택 받은 것은 하나님을 향한 그의 믿음과 신뢰 때문이다. 그것은 보이는 것만 추구하며 세속적인 삶을 살았던 사람들과는 달리 보이지 않은 하나님을 믿으며, 그 말씀을 따른 것이다. 노아는 하나님의 말씀을 전적으로 신뢰하고 명령에 순종했다. 그의 믿음은 행동이 있는 믿음이었다. 그는 경외함으로 순종하고 매일 방주를 지었다. 방주를 짓는 동안 놀림도 받았을 것이고 개인적으로 많은 희생이 따랐지만 그는 개의치 않았다. 그 희생의 믿음이 노아의 가정을 구원으로 인도했다. 한 개인의 믿음이 그의 온 집을 구원하는 역사를 이룬 것이다. 그는 사람들에게 하나님의 심판이 임박했음을 고했을 것이고, 구원의 방주에 들어오지 않으면 살아남지 못할 것이라 했을 것이다. 그는 방주를 예비함으로 세상을 징죄했고, 사람들은 미쳤다며 비웃었다. 그러나 그의 믿음은 증거를 얻었다.

방주는 그리스도의 모형이다. 구원선이기 때문이다. 학자들은 들어가는 문도 하나, 창문도 하나인 것은 구원을 위한 문은 하나뿐임을 의미한다고 말한다. 창문은 오직 위만 바라볼 수 있게 했다. 이것은 그리스도만을 바라보아야 할 것을 가리킨다. 노아의 식구들은 밖을 내려다볼 수 없고 위만 바라봤을 것이다. 그리스도인도 위만을 바라보아야 할 것이다.

방주는 약 4,300톤가량의 것으로 추정된다. 2,500톤급의 배가 대양을 항해할 수 있다고 보는 현재의 계산으로 보아 방주는 40일간의 양식, 많은 동물을 실을 수 있었을 것으로 판단된다. 방주는 아라랏 산꼭대기에 머물렀다. 그 산은 그 지방 말로 Kuhi Nuch이라 한다. 그 뜻은 '노아의 산'이라는 뜻이다.

노아와 그 가족들이 방주에 들어간 7일 후에 홍수가 임했다는 것은 그만큼 하나님께서 사람들에게 주신 최후의 기회였다. 그러나 노아의 여덟 식구만이 믿음으로 하나님의 말씀을 순종했고, 구원을 얻었다.

그러나 어느 날 구원선 선장 노아에게 일이 벌어졌다. 술로 인해 집안에 문제가 생긴 것이다. 술을 마셨다는 것은 그렇다 해도 자기 하체를 드러낼 만큼 자신을 가누지 못한 무절제함이 문제가 된 것이다. 성공했다고 마음까지 놓지 말자. 성공으로 인한 자만이 실패를 부른다. 작은 실수 같아 보이는 이 사건은 결코 작은 일로 끝나지 않았다. 그의 아들 함이 아비의 하체를 본 죄로 그와 그 자손이 저주 받는 결과를 낳았기 때문이다. 노아는 아담에 이어 저주의 원인을 제공한 인물이 되었다. 한 사람의 실수가 얼마나 중대한 결과를 초래하는가를 보여준다.

그러나 어찌 노아만 탓할 수 있을까. 우리도 얼마든지 실수하고 범죄 할 수 있다. 문제는 그 일로 다른 사람에게 미치는 영향이 크다면 다시 한 번 생각해 볼 일이다. 노아 사건은 승리 후에 실패가 올 수 있음을 교훈적으로 보여준다. 실패 후 노아의 기록은 350년을 더 지냈다는 기록밖에 없음도 주목할 만하다. 우리 삶에도 무절제함으로 인해 거듭된 실수와 악순환이 있을 수 있다. 이젠 그 고리를 끊을 때다.

85. 눈물의 성찬식

유럽기독선교회(ECMI) 훈련담당자인 로젤리오 듀란 목사가 스페인의 한 교회를 찾았다. 마침 그곳엔 성찬식이 있는 날이었다. 담임 목사는 설교를 마친 다음 자기 자리에 돌아가 엎드려 기도했다. 성도들은 성찬이 시작되리라 믿고 기다리고 있었다. 그런데 목사님은 5분이 지나도 계속 기도만 하고 있었다. 10분이 지나도 일어나시지 않자 교인들이 웅성이기 시작했다. "무슨 일이 일어난 거야?" "왜 그러시지?" 15분, 아니 20분이 지나도 목사님은 계속 기도하셨다.

그런데 한 성도가 갑자기 일어나더니 자기의 죄를 회개하기 시작했다. 그동안 자기가 괴롭혔던 사람을 찾아가 회개하며 용서해 달라고 하자 상대도 그를 안으며 회개하기 시작했다. 이것을 본 교인들이 서로 일어나 그동안 자신들이 했던 잘못을 회개하기 시작했다. 교회 안은 온통 서로 회개하며 용서하고, 부둥켜안고 울고, 과거와는 전혀 다른 모습이었다. 한참 회개의 시간이 지나고 조용해지자 그제야 목사님이 일어서서 큰 소리로 말씀하셨다. "이제부터 모두 성찬에 참여하도록 하겠습니다." 그 교회는 그날 감격과 눈물이 어린 성찬식을 가졌다. 듀란 목사는 이 특이한 경험을 소개하고, 그것은 정말 잊을 수 없는 성찬식이었다고 했다.

성찬은 주님과의 거룩한 영적 교제(holy communion service, koinonia)이다. 우리를 위해 십자가를 지시기 전에 주님은 제자들과 성찬을 가지셨다. 그 가운데는 자기를 팔 가룟 유다도 있었고, 자기를 부인할 베드로도 있었다. 얼마나 가슴이 미어지셨을까. 그럼에도 불구하고 주님은 그들에게도 자신의 몸을 상징하는 떡과 피를 상징하는 포도주를 나누어 주셨다. 그리고 말씀하셨다.

- "떡을 가지사 축사하시고 떼어 제자들에게 주시며 가라사대 받으라. 이것이 내 몸이니라. [--] 또 잔을 가지사 사례하시고 이것은 많은 사람을 위하여 흘리는바 나의 피 곧 언약의 피니라."(막14:22-24)
- "내 살을 먹고 내 피를 마시는 자는 영생을 가졌고 마지막 날에 내가 그를 다시 살리리니."(요6:54)

이 영적 교제는 하나님 나라에서 어린 양 혼인 잔치에서 새 것으로 마시는 날까지 계속된다. "내가 포도나무에서 난 것을 하나님 나

라에서 새 것으로 마시는 날까지 다시 마시지 아니하리라.”(막14:25)
바울도 “너희가 이 떡을 먹으며 이 잔을 마실 때마다 주의 죽으심을
그가 오실 때까지 전하는 것이니라.”(고전11:26) 하였다. 세례는 각자
가 생애 단 한 번, 그리고 처음 가지는 성례임에 비해 성찬은 주님
이 오실 때까지 계속 기념하고 기억해야 하는 지속적인 성례이다.

듀란은 성찬을 영광스러운 축제, 곧 어린 양 혼인잔치를 이 땅에
서 미리 맛보는 것이라 했다. 성찬은 우리를 하늘나라 가족의 한 일
원으로 초청하고, 나누는 거룩한 식탁으로의 초대이다. 우리는 종종
신앙에서 실패했음에도 불구하고, 우리를 용서하시고, 세마포 옷을
입히시고 자신의 잔치에 초대하신다. 그러므로 어찌 감격이 없을쏜
가. 그 성찬에서 내가 담당할 몫은 아무것도 없다. 내가 무엇을 해
서 되는 것도 아니다. 그저 그 넓으신 주님의 사랑 앞에서 우리 자
신을 돌아보고 다시금 헌신하는 것이다.

그 주님을 생각하면 눈물이 나고, 감사하다. 회개하는 마음도 인
다. 스페인 한 교회에서 갑자기 일어난 회개도 주님을 생각했기 때
문이다. 그래서 이그나티오스는 성찬을 가리켜 ‘부도덕의 치료제’라
하였다.

성찬에 참예함으로 주님과 연합하고 교제할 뿐 아니라 형제자매들
과도 연합하고 교제한다(마18:20;마28:20;계3:20). 서로 회개하고 용
서하고 받아들이고, 성도 간의 코이노니아다. 하늘나라의 잔치는 이
처럼 눈물과 감격과 기쁨이 있다. 그래서 우리는 김사함으로 떡을
나누며 그리스도 안에서 한 형제 된 큰 기쁨을 누린다.

여기서 주님이 떡과 포도주를 주시면서 왜 축사하셨는가를 깨닫게

한다. 축사는 '유카리스테오(eucharisteo)'다. '좋은 은혜의 나눔'이다. 이 나눔은 성찬에 참여한 모두가 오늘 이 시간 하늘의 은혜를 기쁘게 나누는 것이다. 이것은 결국 어린 양 혼인 잔치에서 승리와 부활에 대한 충만한 감사와 찬양으로 나타날 것이다. 그리스도의 피와 살은 이처럼 놀랍게 역사한다.

종교개혁자들의 3대 지표 중 하나가 성찬이다. 그들은 하나님 말씀의 바른 선포와 순종, 세례와 성찬의 바른 집행, 권징과 치리의 바른 행사를 중시했다. 성찬은 과거 주님이 우리를 위해 몸이 찢기시고 피 흘리시기까지 우리를 사랑하신 것을 기념하는 것이요, 오늘 그 성찬을 통해 하나님의 은혜에 감사하고 주님과 영적인 깊은 교제에 들어가는 것이며, 미래에 있을 어린 양 혼인 잔치를 기쁨으로 바라보며 종말에 대해 소망의 끈을 놓지 않게 하는 하늘의 잔치이다. 우리는 오늘도 그 주님을 생각하며, 성찬에 감사와 감격의 눈물로 참예해야 한다. 당신의 성찬식에는 과연 눈물이 있는가.

86. 당신이 목회자라면 어떻게 하겠는가

어느 해 겨울 대한기독교서회에서 펴낸 이준묵 목사의 책 『참의 사람은 말한다』를 읽었다. 그 가운데서 가장 가슴에 와 닿는 구절은 목사님의 목회철학이었다. "물질에 청렴하고, 이성에 순결하며, 명예에 불혹한다."[1] 이에 따라 그는 물질문제에 있어서 항상 깨끗하기 위해 노력했고, 이성문제에 관한 한 항상 삼가고자 했으며, 명예를 생각지 않고 항상 겸손하고자 했다. 이 책을 통해 목회자는 어떤 삶의 자세를 가져야 하는가를 생각하게 되었다.

신학교에서도 학생들에게 목회자가 되거든 돈, 이성, 명예 문제를 조심하라고 가르친다. 그러나 이 모든 문제에서 자유로운 사람은 없다. 어느 한 가지를 조심한다 해도 다른 문제에서 걸려 넘어지는 목회자들이 많기 때문이다. 이 문제들은 목회자 개인의 신앙적 삶의 자세에 관한 문제이지만 그것으로 인해 교회가 입는 피해가 크기 때문에 스스로 조심하고 또 조심할 필요가 있다.

목회자에게 중요한 것은 교인들을 잘 돌보는 일일 것이다. 목회를 독일어로 Seelsorge라 하는데 이 말은 '영혼(Seele)'과 '돌봄(Sorge)'이라는 두 단어를 합한 것이다. 이것은 목회에서 영혼을 돌보는 일이 매우 중요하다는 것을 말해 준다. 거듭나지 않은 영혼이 있다면 거듭나도록 돕고, 거듭난 영혼은 반드시 자라나도록 돕는다. 목회의 보람은 중생한 영혼이 자라고, 삶이 달라지는 것을 보는 것이다. 목회의 원기쁨은 그것에 있지 않을까.

목회를 하다 보면 교회의 성장에 대한 관심을 갖게 된다. 교회가 양적으로 질적으로 성장하는 것에 반대할 사람은 아무도 없다. 그런데 숫자에 너무 예민하게 반응한다는 데 문제가 있다. 목회자가 그

---

1) 이준묵. 참의 사람은 말한다. 대한기독교서회, 1992. 272쪽.

렇게 생각하지 않으려 해도 이 목사님이 와서 교인 수가 줄었다느니 발전이 없다느니 하는 말을 들으면 마음 편할 리 없다. 교인 수가 늘어나지 않았다 해도 교회의 질이 높아지고, 교인들의 영적인 삶이 달라졌다면 더 좋은 것이 아닐까. 양이 한 사람이 있어도 목자는 목자다. 목자는 수에 관계없이 주인의 양을 건강하게 돌봐야 할 책임이 있다. 그 사명을 잘 감당하도록 주변에서 오히려 도와줄 필요가 있다. 큰 교회가 아니면 어떤가. 주님이 기뻐하시는 교회면 그것으로 더 기뻐해야 할 것이다.

사진: 이준목 목사

목회는 어려운 사람과 함께하는 것이다. 이준묵 목사는 고아, 노인, 장애인을 위한 사역을 열심히 하셨다. 농촌을 살리기 위한 노력도 게을리 하지 않았다. 그래서 그곳 사람들은 그를 '해남의 등대'라 부른다. 지금은 하나님의 부름을 받으셨지만 그의 정신은 지금도 그곳에서 꽃을 피우고 있다. 사회참여라는 말을 많이 하지만 무엇보다 말씀의 생활화가 진정한 사회참여가 아닐까.

끝으로, 목회에 대해 빼놓을 수 없는 것은 영혼구원에 대한 열정이다. 지도자 한 사람이 영혼구원에 대한 열정과 헌신을 가지고 창조력과 생명력 있는 사역을 하면 교회는 달라진다. 이 일을 위해 끝까지 헌신하는 목회자가 아름답다.

예레미야를 향해 하나님이 물으신다. "네가 무엇을 보느냐"(렘 1:11, 13) 선지자는 끓는 가마를 보았다. 이것은 하나님의 심판이 임할 것을 예고한다. 목회자 양을 잘못 인도하면 모두 망한다. 사도행전을 보면 제자들이 가룟 유다를 대신해 제자 보선을 위해 기도한다. 이 기도문 가운데 "봉사와 및 사도의 직무를 대신할 자인지를 보이시옵소서. 유다는 이 직무를 버리고 제 곳으로 갔나이다."(행 1:25)라는 말씀이 있다. 직무를 버리고 제 곳으로 간 사람. 이런 사람이 되어서는 안 된다. 주님은 삯군목자도 안 된다 하셨다. 당신이 목회자라면 어떻게 하겠는가.

87. 너희는 내 백성을 위로하라

전상용사 태미를 안아주는 오바마

2008년 11월 11일은 미국 재향군인의 날이었다. 이날 버락 오바마 대통령 당선자는 시카고 브론즈 솔져즈 메모리얼에서 헌화한 뒤 일리노이 재향군인업무청장인 이라크전 전상용사 태미 덕워스를 안아주었다. 이 장면이 뉴스를 타고 전달되자 사람들이 감동을 받았다. 특히 태미는 두 다리를 잃었다. 그를 안고 있는 오바마. 그 장면을 보면서 나는 이사야 40장 1절의 말씀이 떠올랐다. "너희의 하나님이 이르시되 너희는 위로하라. 내 백성을 위로하라."

상처가 많은 시대에는 위로가 필요하다. 위로는 괴로움을 어루만져 잊게 해 주는 것이다. 슬픔 당한 개인을 위로하기 위하여 사람들이 모여드는 것은 자연스럽다(삼하10:2; 욥2:11). 하물며 나라의 일이야. 이사야서 말씀을 보자. "어머니가 자식을 위로함같이 내가 너희를 위로할 것인즉 너희가 예루살렘에서 위로를 받으리니."(사66:13) 이스라엘 민족을 위로하시겠다는 하나님, 얼마나 가슴 따뜻한 분이신가.

성도 간의 위로도 필요하다. "우리가 환난당하는 것도 너희가 위로와 구원을 받게 하려는 것이요 우리가 위로를 받는 것도 너희가 위로를 받게 하려는 것이니 이 위로가 너희 속에 역사하여 우리가 받는 것 같은 고난을 너희도 견디게 하느니라."(고후1:6) 그리스도인이라면 더욱 그래야 하지 않을까.

사랑은 동사다. 동사형 사랑을 하라. 사랑은 말과 혀로만 하지 않는다. 어려울수록 말 한마디, 표정 하나라도 나눠야 한다. 그 나눔을 통해 우리 사회는 더 따뜻해질 것이다. 우리가 나눠야 할 표정의 하나로 안아주기를 권한다. 오프라 윈프리는 어릴 때 부모님이 이혼했다. 그래서 그는 아버지가 자신을 안아 준 기억이 없고, 어머니가 자신을 사랑한다는 말 들어본 적이 없다고 고백했다. 그래서 그는 말한다. "안아주라. 사랑한다고 말하라." 심리학자에 따르면 안아주면 아이는 건강하게 자라고, 어른은 위로와 평안을 누린다.

모세는 힘든 광야생활을 하면서도 하나님이 이스라엘을 안아주셨다고 고백한다. "광야에서도 너희가 당하였거니와 사람이 자기 아들을 안음같이 너희 하나님 여호와께서 너희의 행로 중에 너희를 안으사 이곳까지 이르게 하셨느니라."(신1:31)

광야는 두려운 곳이다. 더위와 추위가 교차되는 곳이며, 물과 배고픔이 있는 곳이다. 죽음의 어두움이 그들을 기다리고 있는 곳이다. 주변의 민족들은 그들을 환영하지 않았다. 아낙 자손을 보면 두려움과 무서움이 앞선다. 백성들의 눈에는 전혀 '하나님이 안아주심'이 아니었다. 그러나 모세의 눈은 달랐다. 그는 하나님이 부모처럼 이스라엘을 자신의 품에 안고 이곳까지 인도하셨다고 말한다. 낮엔 구름기둥으로, 밤엔 불기둥으로 더위와 추위로부터 보호하셨고, 만나와 메추라기로 배고픔을 해결해 주셨으며, 발과 옷에 헤지지 않게 하셨다. 하나님의 은혜가 아니었다면 모두 죽었을 것이다.

어디 그뿐이랴. 하나님은 태에서부터 백발이 되기까지 우리를 계속 안고 품어주실 것을 약속하셨다. "야곱 집이여 이스라엘 집의 남은 모든 자여 나를 들을지어다. 배에서 남으로부터 내게 안겼고 태어나서 남으로부터 내게 품기운 너희여 너희가 노년에 이르기까지 내가 그리하겠고 백발이 되기까지 너희를 품을 것이라. 내가 지었은즉 안을 것이요 품을 것이요 구하여 내리라."(사46:3-4)

하나님은 단호히 말씀하신다. "너희가 나를 누구에 비기며 누구와 짝하며 누구와 비교하여 서로 같다 하겠느냐."(사46:5) 주님 같은 이 누구랴. 어느 누구도 주님과 비교할 수 없다. 오늘도 우리를 안아주시는 주님, 그 안아주심을 온몸으로 느끼고, 온 인격으로 맛보라. 나만 맛볼 것이 아니라 힘든 이웃으로 하여금 그것을 경험하게 하라.

"너희는 내 백성을 위로하라." 안아주라.

88. 니므롯과 바벨탑

니므롯(Nimrod)은 제국을 처음으로 건설한 왕으로, 그의 나라는 바벨론과 아수르를 합친 크기의 대제국(창10:10-12)이었다. 그는 니느웨 성을 건축했으며(창10:11) 바벨탑도 그가 중심이 되어 건설된 것으로 보인다(창10:10;11:1-6).

그는 인류 역사상 첫 영웅이었다. 창세기 10장 9절에 그는 특이한 사냥꾼이라 소개했는데, 이는 과거에 없었던 걸출한 사냥꾼이었음을 뜻한다. 그가 유명해진 것은 물론 영웅으로 대우받고 권력자가 되었을 것이다.

그는 인류 역사상 첫 왕이었다. 창세기 10장 10절에 '그의 나라'라고 함으로써 일찍이 그는 국가를 만든 임금으로 묘사되고 있다. 그가 건축한 니느웨는 니누스(Ninus)의 성이란 뜻을 가지고 있다. 니누스는 아수르의 신화에 니므롯의 아들로 묘사되고 있다. 그는 자기와 자기 아들을 신의 화신으로 삼아 숭배하게 만들었다. 자기는 월신의 화신으로, 그의 아들은 별신의 화신이 되었다. 그들에게 있어서 달과 별은 선신이며 뜨거운 해는 사람을 해치는 악신이다. 그는 인류 역사상 맨 처음 우상숭배를 강요한 자가 되었다.

그는 바벨탑을 세우는 데 앞장섰다. 고고학에 따르면 탑 정상에 월신, 곧 나나(Nana) 신을 섬기는 제단을 두었을 것으로 보고 있다. 탑의 꼭대기를 하늘에 닿게 하여 이름을 내겠다는 것은 그의 교만이 어떠한가를 보여준다.

그는 또 흩어짐을 면하자 하며 사람들을 자기 관할구역 안에 묶어두고자 하였다. 사람을 자기 아래 두고자 한 야심은 하나님의 뜻을 어기는 행동이었다. 하나님은 땅 위에 번성하고 편만하기를 바라셨기 때문이다. 그는 하나님 대신 자기를 섬기게 함으로써 자기 위세를 확고하게 만들고자 했다. 그러나 하나님은 바벨탑을 무너뜨리고 사람을 흩으셨으며 그들의 언어를 혼잡케 만들었다. 그것은 교만과 반역에 대한 하나님의 심판이었다.

니므롯에게 교만이 문제가 되듯 우리에게도 교만이 문제가 된다. 특히 영적으로 교만한 사람은 은혜의 법을 믿지 않으려 한다. 사단이 그 마음속에 교만의 씨를 뿌리고 있기 때문이다. 거어널(W. Gournal)은 사단이 사용하는 교만에는 두 가지가 있다고 주장한다.[2]

하나는 티 안내는 고상한 교만(mannerly pride)이다. 겸손으로 위장한 교만이다. 이런 사람은 자기가 처한 곤경에 대해 애통해하면서도 정작 하나님의 위로는 거절한다. 하나님의 자비와 그리스도의 도움을 받아야 함에도 불구하고 자만심 때문에 거절하는 것이다. 하나님을 무시하는 것은 죄보다 더 악하다. 자존심 많은 거시가 굶어 죽

---

2) 거어널, W.,『그리스도인의 전신갑주』, 임금선(옮김)(예찬사, 1991), 266-267쪽.

으면서도 구걸하기를 싫어하는 것과 같다. 그것은 마치 죄인에게 내린 통치자의 호의를 거부하는 것과 같다. 이에 못지않은 교만은 우리 영혼이 죄로 인해 몸부림치는 데도 하나님의 자비를 거절하는 것이다. 하나님께서는 구원하지 못할 영혼이 없다고 하셨다. 그 호의를 계속 거부한다는 것은 하나님을 믿지 않는 것과 다름이 없다. 니므롯이 왜 하나님의 호의를 거부했을까 생각게 히는 대목이다.

다른 하나는 자화자찬의 교만(self-applauding pride)의 교만이다. 늘 남보다 자기가 낫다고 생각하는 것이다. 자화자찬의 기질이 농후한 사람은 이렇게 말한다. "내가 완전하지 못하다는 것은 나도 알지. 그러나 내가 알고 있는 다른 그리스도인들보다 내가 훨씬 나아." 이런 사람들은 자기 자신을 높임으로써 하나님보다 자신을 더 사랑하는 일종의 영적 우상, 곧 자신을 우상으로 섬기는 잘못을 범하고 있다. 니므롯은 바로 이러한 우를 범했다. 우상숭배는 하나님 앞에 큰 죄이다.

진정한 그리스도인이라면 악한 우리가 의롭다 함을 얻어 천국에 들어갈 수 있게 된 것은 오로지 하나님의 전적인 긍휼 때문임을 알아야 한다. "그리스도 예수 안에 있는 구속으로 말미암아 하나님의 은혜로 값없이 의롭다 하심을 얻은 자가 되었느니라."(롬3:24) 이 믿음으로 우리는 살고 있다(롬1:17). 하나님 앞에 교만하면 아무것도 얻을 것이 없다. 내 안의 바벨탑부터 무너뜨려야 한다.

89. 반복과 만복

무병장수, 만사형통, 부귀영화. 보통 사람들의 희망이요 꿈이다. 이것을 싫어할 사람이 있을까. 그러나 꿈이 현실이 되기는 힘들다. 그래서 그것들을 복의 대상으로 삼는다.

얼마나 복을 받으면 좋을까? 다다익선일까. 우리네 선조들은 그렇게 말하지 않는다. 유교가 중심축을 이루었던 조선사회에서는 반복을 말한다. 많지도 적지도 않은 적당한 수준이다. 당시 사회에서는 반취, 반개, 반복을 말했다. 술을 먹을 경우 반취를 권한다. 너무 취하면 좋지 않다. 사고를 낼 확률이 높기 때문이다. 꽃도 반개다. 활짝 핀 꽃은 아름답지 않다. 오히려 피려 할 때가 아름답다. 복도 반복이다. 축복을 다 받으면 안 된다. 삼강오륜이 무너지기 때문이다. 복도 적당히 받는 것이 좋다는 말이다.

성경에서도 적당 수준을 말한다. "혹 내가 배불러서 하나님을 모른다. 여호와가 누구냐 할까 하오며 혹 내가 가난하여 도적질하고 내 하나님의 이름을 욕되게 할까 두려워함이니이다."(잠30:9) 지나치게 부하거나 지나치게 가난하면 문제가 발생하기 때문이다.

중요한 것은 성경은 물질만을 복으로 간주하지 않는다는 것이다. 구약은 이 땅에서 누릴 복에 대해 자주 언급한다. 신명기 28장이 대표적인 보기이다. 이로써 무병장수나 만사형통의 꿈을 키운다. 그러나 이 꿈은 구약의 백성들로 하여금 메시아 왕국의 꿈을 지상천국의 꿈으로 잘못 이해하도록 만들었다. 지금도 유대인들이 예수의 메시아 됨을 부인하는 것도 이 때문이다. 그러나 신약은 이 세상의 복보다 하나님 나라 백성으로서 받을 복을 더 강조한다. 물질적 풍요보다는 일용할 양식에 만족하고, 가진 것을 족하게 생각하며, 받는 것보다 주는 것이 복되다 한다. 심지어 주를 위해 고난을 받는 것이 복임을 가르친다. "의를 위하여 핍박을 받는 자는 복이 있나니 천국이 저희 것임이라."(마5:10) 무병장수나 부귀영화가 아니라 환난 가운데서 생명 되신 주님을 드러내는 것을 더 기뻐한다. 이것을 보면 그리스도인은 이 세상의 복이 아니라 하나님 나라의 복을 추구한다는 것을 알 수 있다.

왜 이렇게 변했을까? 그 대답은 로마서 14장 17절에 있다. "하나님 나라는 먹는 것과 마시는 것이 아니요 오직 성령 안에서 의와 평강과 희락이라." 삶의 차원이 다르다. 만약 그리스도인이 하나님 나라 대신 세상 사람들이 바라는 육신적인 것들만 소망한다면 그것은 잘못된 레일을 달리는 것이다. 주님이 우리에게 주신 복은 성질이 아주 다르기 때문이다. 바울은 세상의 부귀보다 주님을 위해 고난당함을 기뻐했고, 옥에 갇히면서도 주님을 생각하며 행복해했다.

성경은 이런 차원에서 다음의 사람들을 복 있는 자라 한다. 하나님의 말씀을 듣고 지키는 자, 하나님의 법을 즐거워하는 자, 하나님을 의지하는 자다. 모두 하나님 나라의 삶을 사는 자들의 모습이다.

- "하나님의 말씀을 듣고 지키는 자가 복이 있느니라."(눅11:28)
- "복 있는 자는 악의 꾀를 좇지 아니하고 [ㅡㅡ] 오직 여호와의 율법을 즐거워하여 그 율법을 주야로 묵상하는 자로다. [ㅡㅡ]

그 행사가 다 형통하리로다. [- -] 대저 의인의 길은 여호와께서 인정하시나."(시1:1, 2, 3, 6)

- "여호와를 의지하는 자는 다 복이 있도다."(시2:12)

하나님은 아브라함을 향해 "너는 복의 근원이 될지라. [- -] 땅의 모든 족속이 너를 인하여 복을 얻을 것이니라."(창12:2, 3) 하셨다. 개역개정판에서는 "너는 복이 될지라." 하였다. 그가 복이 된 것은 그를 통해 예수 그리스도가 오셨고, 그로 인해 헤아릴 수 없이 많은 사람들이 구원을 받았기 때문이다. 인류가 받은 복 중에 이보다 더 큰 복이 있을까. 주님이 이 땅에 와서 가르치신 것 또한 하나님 나라의 삶이다. 진정한 복은 이 땅에 살면서도 그 나라와 그 의를 구하고, 종국적으로 그 나라를 유업으로 받는 것이다. 이 복을 세상의 복과 어찌 비교할 수 있겠는가. 하나님의 복과 비교하면 세상의 그것은 한갓 부스러기에 불과하다. 그러니 세상의 복일랑 반복으로 만족하고, 하나님의 나라의 복만큼은 만복이 되도록 하자.

90. 십일조 정신, 먼저 하나님을 생각함과 함께 나눔

아브람은 멜기세덱을 만나 전리품가운데서 십분의 일을 주었다(창 14:20). 하란을 향하던 야곱은 베델에서 하나님을 만나 그와 함께하겠다는 말씀을 듣고 감격해 "하나님께서 내게 주신 모든 것에서 십분의 일을 내가 반드시 하나님께 드리겠나이다."(창28:22) 서원했다. 여기서 나오는 십분의 일 드림은 모두 자발적 드림이었다.

레위기에 이르면 십일조 드림이 명령으로 이어진다. 땅의 십분의 일, 곧 땅의 곡식이나 나무과실이나 그 십분의 일은 하나님의 것(성물)이라 선언되고, 소나 양의 십분의 일은 막대기 아래로 통과하는 것의 열째마다 하나님의 거룩한 것이라 될 것이라 했다(레27:30−32). 건강한 소를 드리기보다 건강치 못한 것을 골라 드리려 하는 인간의 이기심도 경계의 대상이었으리라. "그 짐승이 흠이 있어서 절건 눈이 멀었거나 무슨 흠이 있든지 네 하나님 여호와께 잡아 드리지 못할지니."(신15:21)

신명기에서도 같은 명령이 내려진다. "너는 마땅히 매년 토지소산의 십일조를 하나님 앞에 드릴 것이며."(신14:22) 하나님이 다 주셨지만 특별히 그 십분의 일을 구별하여 드리라는 말씀이다.

하나님은 십일조만 내라 하지 않으셨다. 십일조 외에 장자, 가축의 첫 새끼, 곡식의 첫 열매를 요구하셨다. 이스라엘의 경우 장자 대신으로 레위 족속을 받으셨다. 레위 족속이 하나님께 바쳐진 것이다. 햇곡식은 하나님께 바쳐질 때까지 먹지 못했다. "너희는 하나님께 예물을 가져오는 날까지 떡이든지 볶은 곡식이든지 생이삭이든지 먹지 말지니."(레23:14) 소산이 나거든 먼저 하나님을 생각하고 감사하라는 것이다. 이것이 십일조 정신에서 중요한 부분이 아니겠는가.

십일조는 하나님이 자기 이름을 두시려고 택하신 곳에 드려야 한다. "오직 너희 하나님 여호와께서 자기 이름을 두시려고 너희 모든

지파 중에서 택하신 곳인 그 거하실 곳으로 찾아 나아가서 [--]
너희 십일조와 너의 손의 거제와 서원제와 낙헌 예물과 너희 우양의
처음 낳은 것들을 너희는 그리로 가져다 드리고.”(신12:5, 6) 하나님
은 광야의 백성들에게 당부한다. “우리가 오늘날 여기에서는 각기
소견대로 하였거니와 너희가 거기서는 하지 말지니라.”(신12:8) 지금
까지는 각기 소견대로 했지만 가나안에 정착해서는 성전에 바치라는
것이다. 따라서 우리도 십일조를 자기가 아무렇게나 쪼개 개별적으
로 남을 도우는 데 사용하는 것이 아니라 교회에 드려 교회로 하여
금 바로 관리하도록 하는 것이 바람직하다. 개인적으로 남을 돕는
것은 좋은 일이다. 그러나 이러한 행동은 개인적인 일이다. 따라서
성물로 구별해 드려 교회에서 하나님의 뜻에 맞게 사용되는 것이 성
경적이다.

십일조는 어떻게 사용될까. 성경을 보면 그것은 레위인을 위한 것
이요 절기의 것이요 가난한 사람을 위한 것이라 하였다. 이런 일에
사용된다는 말이다.

레위인은 12지파 가운데서 유일하게 땅을 분배받지 못했다. 그 대
신 다른 지파 사람들이 십일조를 드려 그것으로 생활하도록 했다.
레위인은 다른 지파를 대신해 하나님께 바쳐졌기 때문이다. 하나님
은 다른 지파에게 명한다. “너는 삼가서 네 땅에 거하는 동안에 레
위인을 저버리지 말지니라.”(신12:18) “내가 이스라엘의 십일조를 레
위 자손에게 기업으로 다 주어서 그들이 회막에서 하는 일을 갚나
니. [--] 하나님께 거제로 드리는 십일조를 레위인에게 기업으로
준 고로 [--] 이스라엘 자손 중에서 기업이 없을 것이라.”(민18:21,

24) 그렇다고 레위인이 십일조 드리는 일에서 제외되는 것은 아니다. 그들도 받은 십일조의 십일조를 거제로 하나님께 드려야 한다(민18:26). 드릴 때 그중 아름다운 것, 곧 거룩한 부분을 구별하여 드려야 하고(민18:29), 이스라엘 자손들이 드린 성물을 더럽히지 않아야 한다(민18:32). 십일조에 대한 관리가 철저해야 한다는 것이다.

신명기 14장과 26장을 보면 매 3년 끝에 그해 소산의 십분의 일을 다 내어 성읍에 저축한 다음 정한 곳(하나님이 택하실 곳, 신12:18)에 와서 먹도록 했다. "너의 중에 분깃이나 기업이 없는 레위인과 객과 고아와 과부들로 와서 먹어 배부르게 하라. 그러면 하나님께서 [--] 네게 복주시리라."(신14:29;신26:12) 하였다. 십일조가 가난한 사람을 위한 형평분배에 사용되었음을 알 수 있다. 십일조에는 분깃이 없는 백성, 그리고 가난한 백성들에 대한 하나님의 고려가 담겨 있음을 알 수 있다. 이 드림과 나눔을 통해 모두가 여호와 앞에서 즐거워하게 된다. 따라서 십일조는 드림과 나눔에 있어서 하늘의 기쁨이 있음을 알 수 있다.

십일조하면 부담이 되는가. 혹시 십일조는 잘못 사용되고 있지 않는가. 우리를 향한 하나님을 생각한다면 드림이 기쁨이 될 것이다. 십일조가 바로 사용된다면 그것으로 기쁨이 넘칠 것이다. 십일조 정신은 먼저 하나님을 생각함과 함께 나눔에 있기 때문이다.

91. 마리아의 향유와 가룟 유다의 비난

요한복음 12장 1-11절에 예수님께 향유를 부은 마리아와 그 행위를 비난하는 가룟 유다의 행적이 소개되고 있다. 때는 죽었던 나사로가 살아난 사건 다음의 일이요 십자가에 달리실 예수님의 예루살렘 입성 전 이야기다. 1절에는 유월절 엿새 전이라 기록하고 있다. 예수님이 예루살렘 입성 전 나사로의 집을 방문하신 것이다.

예수님이 나사로의 집에 왔다는 소식에 유대인들이 많이 몰려들었다. 예수님도 보고 싶고, 죽었다 살아났다는 나사로의 모습도 보고 싶었기 때문이다. 당시 나사로로의 일로 예수를 믿는 사람의 수가 많아졌다(11절). 이런 소문에 신경이 날카로워진 것은 대제사장들이었다. 그래서 그들은 예수님뿐 아니라 나사로까지 죽이려고 모의하기 시작했다.

예수님이 오시자 역시 바빠진 사람은 마르다였다. "거기서 예수를 위하여 잔치할 새 마르다는 일을 보고"(2절) 역시 집안 살림을 총괄하는 인물이자 봉사자의 대명사라 할 만하다. 나사로는 오신 손님을 맞아 그들과 함께 자리하고 있었다. 한 집안의 대표로 활약한 것이다.

이 장면에서 오늘의 주인공으로 마리아가 등장한다. 그는 아주 비싼 향유, 곧 순전한 나드 한 근을 가져다가 예수의 발에 붓고 자기 머리털로 그의 발을 씻었다. 향유냄새가 집안에 가득했다. 나드는 향유이름이다. 이 향유는 값이 나가는 것이었다. 그는 자기의 가장 고

귀한 것을 주님께 드리고 싶었던 것이다.

나는 마리아의 향유 부음 사건을 보면서 그전의 사건을 생각했다. 예수님이 그의 집을 방문했을 때 마르다는 일하기에 바빴고, 마리아는 예수님의 발아래서 말씀을 듣느라 정신이 없었다. 마르다는 마리아가 자기 일을 돕지 않는 것에 대해 불평했다. 그때 예수님은 말씀하셨다. "마리아는 이 좋은 편을 택하였으니 빼앗기지 아니하리라."(눅10:42) 이 말씀의 진가가 여기서 드러나는 것이다. 예수님은 이 향유부음이 자신의 장례를 준비하는 것으로 간주하셨다. "나의 장사할 날을 위하여 이를 두게 하라."(7절) 이 말씀을 미루어 볼 때 예수님은 마리아에게 그의 잡히실 것, 십자가의 고난, 죽음, 그리고 부활에 대해 말씀하시지 않았을까. 마리아는 그 말씀을 믿고 주님이 당하실 고난을 생각하며 그의 장례를 준비한 것이다. 말씀을 듣는다는 것이 얼마나 힘이 있는가를 입증한다. 이에 대해 주님은 말씀하신다. "저가 내게 좋은 일을 하였느니라. [--] 저가 힘을 다하여 내 몸에 향유를 부어 내 장사를 미리 준비하였느니라. [--] 온 천하에 어디서든지 복음이 전파되는 곳에는 이 여자의 행한 일도 말하여 저를 기념하리라."(막14:6, 8, 9)

이 일을 두고 가룟 유다는 비난했다. 마가복음을 보면 그만 비난한 것이 아니라 여러 제자들도 그랬다. "무슨 의사로 이 향유를 허비하였는가. 이 향유를 삼백 데나리온 이상에 팔아 가난한 사람들에게 줄 수 있었겠도다."(막14:4, 5) 이 말은 매우 일리 있어 보인다. 그가 진정 가난한 사람을 생각한 것이었다면. 그러나 성경은 그렇게 기록하지 않았다. 가난한 자를 빙자해 그 돈을 횡령하고자 하는 뜻이 더 강했다는 것이다. 회계의 일을 담당하면서 훔쳐간 적이 한두 번이 아니었기 때문이다(6절). 이에 대해 주님은 말씀하신다. "가난한 자들은 항상 너희와 함께 있으니 아무 때라도 원하는 대로 도울 수 있거니와 나는 항상 있지 아니하리라."(막14:7;요12:8)

가난한 자를 돕는 일은 계속되어야 한다. 그러나 이 장면에서 주님의 장례를 준비하는 일은 한 번밖에 없는 일이다. 이 일을 마리아가 맡았다. 주님을 위해 좋은 일을 한 것이다. 십자가에 달리실 주님께 인간이 해 준 일 가운데 기념할 만한 일이다. 그것은 주님의 발아래서 들었던 말씀에서 비롯된 것이다. 주님의 말씀을 듣는 당신, 주님을 위한 기회가 올 때 기꺼이 당신의 귀중한 옥합을 깨뜨리라. 그래서 그 향유의 냄새가 온 집안에 가득하게 하라. 주님이 기뻐하실 것이다.

92. 내 삶이 기적이다

기도모임에 가보면 가끔 기도 인도자의 외침을 듣게 된다. 따라서 함께 외쳐 보자고도 한다. 어떤 이는 이런 리드를 권위주의적 발상이라며 못마땅해하기도 한다. 하지만 보나 간절히 주님 앞에 나가고자 하는 심정을 이해하면 못 할 것도 없다.

전에는 "주여 삼창을 하고 통성 기도합시다."라는 멘트가 많았다. 왜 주여 삼창이냐 물으면 삼은 성부 성자 성령 삼위를 뜻한다는 주장도 있고, 다른 주장을 하는 사람도 있다. 요즘은 주여 삼창 대신 "주님, 우리를 불쌍히 여겨 주옵소서." "주님, 우리에게 기도의 영을 허락하여 주옵소서."와 같은 구호식 멘트가 늘어가고 있다. 그런데 "우리 삶에 기적을 허락하여 주옵소서."와 같은 멘트도 있어 주목을 끈다. 기적. 그렇다. 유대인도 주님을 향해 표적을 구하지 않았는가.

예수님 당시 무리들이 그분을 좇은 것은 표적(기적)을 기대했기 때문이었다. "이에 무리가 예수를 맞음은 이 표적 행하심을 들었음이러라."(요12:18) 주님을 향해 표적 행하기를 기대하는 일도 많아졌다. 하루는 주님께서 단호히 말씀하셨다. "악하고 음란한 세대가 표적을 구하나 요나의 표적밖에는 보여줄 표적이 없느니라 하시고 그들을 떠나가시니라."(마16:4) 진짜 우리가 기대해야 할 표적은 예수님의 죽으심과 부활하심이라는 것이다.

성경을 보면 하나님께서 표적을 행하실 때는 하나님의 목적과 뜻이 있었다. 다음은 그 대표적인 것들이다.

- 민족이 시작될 때: 모세, 여호수아
- 우상 숭배와 투쟁할 때: 엘리야와 엘리사
- 우상이 승리하여 포로가 되었을 때: 다니엘
- 기독교가 시작될 때: 예수님과 사도들

모세의 때에는 많은 기적이 일어났다. 애굽에서의 재앙, 홍해의 물을 마르게 하신 것, 말아에서 쓴 물을 달게 하신 것, 신광야와 다베라에서 메추라기를 보내신 것, 40년 동안 매일 만나를 내리게 하신 것, 르비딤과 므리바 바위에서 물이 나오게 한 것, 시내산에서의 놀라운 광경과 하나님의 음성 그리고 하나님이 손가락으로 쓰신 십계명 돌판, 얼굴이 빛난 모세, 하나님과 얼굴을 맞대고 이야기한 것, 미리암의 문둥병을 고치신 것, 고라와 반역자들을 땅이 삼키게 한 것, 다베라와 가데스와 브올에서 질병을 주어 벌하신 것, 아론의 싹난 지팡이, 구리 뱀의 치료, 발람의 나귀가 말하고 또 발람으로 놀라운 예언을 하게 하신 것 등 헤아릴 수 없다.

그러나 이 모든 기적적인 사건도 중요하지만 더 중요한 것은 백만이 넘은 이스라엘 민족을 광야에서 40년 동안 초자연적으로 인도하신 것이다. 하나님은 그 기간 구름기둥과 불기둥으로 인도하셨고, 그들의 옷은 해지지 않았으며 발은 부르트지 않았다. 하루하루의 삶이 기적인 것이다.

우리도 매일매일 이러한 기적의 삶을 체험하고 있다. 지금 우리는 각자 40년 아니 60년 혹은 80년의 기적을 체험하게 하셨다. 그런데도 우리는 그것을 기적으로 생각하지 않는다. 어떤 이는 방언과 같은 체험을 갖게 하지 않은 것을 안타까워한다. 그러나 너무 조급해하지 말자. 바울은 말한다. "방언은 신자들에게 주는 표적이 아니라, 불신자들에게 주는 표적이고, 예언은 불신자들에게 주는 것이 아니라, 신자들에게 주는 것입니다."(고전14:22 표준새번역) 기적이 따로 있는 것이 아니다. 내 삶이 기적이다. 나 같은 죄인이 하루하루 주 안에서 산다는 것이 기적이다. 그래서 감사할 따름이다.

93. 그리스도 안에 작은 일은 없다

우리는 큰 것 작은 것, 큰일 작은 일 따진다. 크거나 작거나 중하거나 중하지 않은 것이 있다고 보기 때문이다. 이렇게 본다 해서 크게 잘못된 것은 없다. 오히려 자연스럽다. 중하고 급한 일은 먼저 하는 것이 삶의 원칙 아니던가. 삶의 우선순위가 무엇인가를 확실히 따져 행동하는 사람이 현명하다. 그래서 인사관리자는 인베스켓훈련(in-basket training)을 통해 직원을 훈련시키기도 하고, 사람을 뽑을 때 그 방법을 사용하기도 한다. 이것은 바스켓 안에 여러 종이를 놓아두는 것으로, 그 종이에는 할 일거리들이 쓰여 있다. 사람들은 그 종이에 쓰인 일거리들을 꺼내 우선순위를 정해야 한다. 평가자들은 그 우선순위가 잘되어 있는지 본다. 그렇게 훈련된 사람들이 더 일 처리를 잘하고 유용하다고 보기 때문이다.

그러면 하나님의 일에도 그 원칙이 적용될까. 물론 사안에 따라서 대소와 경중이 다를 수 있다. 예를 들어 예수님이 이 땅에 오심과 구원은 매우 중요한 사안이다. 다른 것과 비교할 수 없다.

그러나 그리스도인의 삶에서 우리가 해야 할 일들에 대한 것은 과연 어떨까? 예를 들어 전도를 살펴보자. 고린도교인들 중 어떤 이는 전도의 비중을 낮게 보았다. 하지만 그것은 주님이 우리에게 주신 대사명이 아닌가. 바울도 사람들 눈에 전도는 미련한 것처럼 보이지만 그 일은 너무나 중요하다고 말한다. 그는 선언한다. "내가 너희 중에서 예수 그리스도와 그의 십자가에 못 박히신 것 외에는 아무엇도 알지 아니하기로 작정하였음이라.”(고전2:2) 전도만 중한 것이 아니다. 우리의 기도, 찬양, 예배 모두 중하다. 이렇게 따지다 보면 중요하지 않은 것이 없다. 결국 그리스도 안에 작은 일은 없다는 결론에 도달한다. 주의 일은 다 중하기 때문이다.

민음은 작은 일에서 시작된다. 예수님은 달란트 비유에서 우리에게 맡겨준 달란트를 작다고 여기지 않고 최선을 다해 그것을 활용할 것을 강조하셨다. “이 한 달란트 가지고 무엇을 하겠는가!” 땅에 묻지 말라. 한 달란트로도 충성하면 주님으로부터 인정을 받고 더 큰 일을 맡기신다. 중요한 것은 작은 것을 작다 여기지 않고 긍정적으로 생각하며 나가는 것이다. 이렇게 해서 성공한 사람이 바로 아브라함이다. 하나님은 그에게 명령을 내리셨다. “네 본토 친척 집을 떠나라.” 떠나는 것은 작은 일이다. 그러나 그것은 결코 작지 않다. 그가 말씀에 순종함으로써 그를 통해 그리스도가 임하게 됨으로써 복의 근원이 된 것이다. 작은 순종이 큰일을 이뤄낸 것이다.

포셔 아이버슨이 쓴 책 『엄마가 지켜줄게』3)를 보면 자폐아 티토가 나온다. 아이가 자폐아면 그가 가진 달란트를 격하하기 쉽다. 그러나 그의 엄마 소마는 그렇게 하지 않았다. 그에 대해 꾸준히 관심을 갖고 교육을 시켰다. 그래서 지금은 시인으로 성장하고 있다. 그는 지금도 손을 떤다. 떠는 이유는 흐트러진 감각을 추스르기 위해서다. 이렇게 감각을 추스른 티토는 키보드와 연필을 통해 자신의 의사를 표현한다. 짧은 단어 한 개를 이해하는 데도 며칠이 걸렸던

---

3) 포셔 아이버슨, 『엄마가 지켜줄게』 이원경 옮김. 김영사, 2008.

그가 마침내 시를 짓고 스스로 생각할 수 있는 단계까지 발전한 것이다. 알고 보니 티토의 IQ는 185. 자폐아라는 이유로 묻힐 뻔한 티토의 달란트가 엄마에 의해서 꽃을 피운 것이다. 그의 달란트를 묻지 않은 엄마, 그 가르침을 꾸준히 따라준 티토 모두의 승리다.

작은 일은 결코 작은 일이 아니다. 하나님 나라의 일은 작은 일에서 출발한다. 하나님 말씀에 관심을 가지고 그 말씀 하나라도 실천에 옮기고, 자신을 변화시키려 할 때 그 일을 통해서 우리는 하나님께 영광을 돌릴 수 있다. 우리의 작은 일을 통해서 하나님께 영광을 나타낸다고 생각해 보라. 얼마나 기쁜 일인가. 내가 하나님의 일에 열심을 낼 때 그 나라는 더 강성해진다.

작은 일을 크게 하려면 무엇보다 자기를 낮출 필요가 있다. 겸손하지 않으면 아무리 큰일을 맡겨도 "이까짓 것 뭐"라고 생각한다. 교만이 그를 망하게 한다. 그러나 겸손하면 그 작은 것도 커 보인다. 그 일을 맡기면 충성을 다한다. 그때 주님은 말씀하신다. "잘하였도다. 착하고 충성된 종아 네가 작은 일에 충성하였으매 내가 많은 것으로 네게 맡기리니 네 주인의 즐거움에 참여할지어다."(마25:21, 23)

94. 인내를 온전히 이루라

"눈물 섞인 빵을 먹어보지 않은 자는 인생을 논할 가치가 없다."

괴테의 말이다. 인간에게는 시련이 있고, 이를 극복하기 위한 노력의 연속이다.

시련에는 두 가지가 있다. 하나는 신앙이나 결심 등을 통해 시험해 보는 것(ordeal), 다른 하나는 고난 속에서 심신을 단련하는 것(trial)이다. 하나님은 여러 시험(peirasmois)을 주신다. 그 시험들 가운데 어느 것은 불같은 시험도 있다. 더 나은 연장이 되려면 불에 더 강하게, 자주 단련되어야 하듯이 하나님은 우리를 시련의 과정을 통해 연단시키고자 하신다. 시험을 참고 이기면 정금 같은 믿음이 되어 간다. 하나님을 위해 더 쓸모 있는 도구로 만들어지는 것이다.

우리에게 시련이 있다는 것은 아직도 더 다듬어져야 할 부분이 있음을 의미한다. 우리가 아직은 주님 앞에 완전하지 못하다는 것이다. 그래서 바울은 말한다. "또한 모든 것을 해로 여김은 내 주 그리스도 예수를 아는 지식이 가장 고상함을 인함이라 내가 그를 위하여 모든 것을 잃어버리고 배설물로 여김은 그리스도를 얻고"(빌3:8) 주님을 향해 가는 이 과정에서 버려야 할 것은 과감히 버린다. 이것들은 믿음을 약하게 만드는 불순물이기 때문이다. 이것들을 버릴 때 우리가 얻는 것은 주님이다. 그의 이런 노력은 계속된다. "내가 이미 얻었다 함도 아니요 온전히 이루었다 함도 아니라 오직 내가 그리스도 예수께 잡힌바 된 그것을 잡으려고 좇아가노라."(빌3:12)

극복에도 두 가지가 있다. 싸워서 이겨 복종시키는 것(conquer)과 파괴되었던 것을 원래 상태로 회복시키는 것(restoration)이다. 극복을 위해서는 시험을 이겨내야 한다. 특히 인내가 필요하다. 인내(hyupomone)는 불굴의 정신을 가지고 훌륭하게 견디어 낼 때 빛을 발한다. "인내를 온전히 이루라. 이는 너희로 온전하고 구비하여 조금도 부족함이 없게 하려 함이라."(약1:4) '온전히(teleioi)'는 하나님의 계획과 창조목적을 완전히(perfect) 이룬다는 뜻을 담고 있다. 시련에서 신앙의 진가가 드러난다. 고난을 피하려 들지만 말자. 고난을 참고 인내하면 생명의 면류관이 준비되어 있다(계2:10). 주님이 때로 우리를 막다른 골목에 세우시는 것은 영적으로 성장시키기 위함이다. 오늘도 부족한 우리를 더 나은 그리스도의 사람으로 세우고자 하시는 주님의 놀라운 계획과 사랑이 담겨 있다.

JRR 톨킨의 시에 「금이라 해서 다 반짝이는 것은 아니다」는 시가 있다.

금이라 해서 다 반짝이는 것은 아니며
헤매는 자는 다 길을 잃은 것이 아니다.
오래되었어도 강한 것은 시들지 않고
깊은 뿌리에는 서리가 닿지 못한다.
타버린 재에서 새로이 불길이 일고,
어두운 그림자에서 빛이 솟구칠 것이다.
부러진 칼날은 온전해질 것이며
왕관을 잃은 자는 다시 왕이 되리.

이 시를 통해 고난을 이겨낸 자의 값짐을 느낄 수 있다. 명품 바이올린은 무릎 꿇고 있는 나무로 만든다. 역경을 이겨낸 나무로. 고난을 이겨낸 당신이 명품이다. 보통 명품이 아니라 주님을 위한 명품이다.

95. 고난, 하나님의 관점으로 보기

고난을 당하면 우리는 "왜 이런 일이 나에게 일어났을까?" 여러 가지 생각을 하게 된다. 손봉호에 따르면 고난에는 일반적으로 네 가지 관점이 있다.

- 인과응보의 관점이다. 죄가 있어 고통을 당한다는 것이다.
- 운명의 관점이다. 우리가 흔히 팔자소관이라 말하는 것이다.
- 우연의 관점이다. 우연히 거기에 있다가 재수 없게 당했다는 것이다.
- 하나님의 관점이다. 고난에는 하나님의 뜻이 담겨 있다는 것이다.

인과응보는 불교에서 주로 언급하고 있지만 성경에서도 이런 경우를 볼 수 있다. 예를 들어 욥이 고통을 당하자 그의 세 친구가 찾아와 여러 말을 한다. 그 가운데 주종을 이루는 것은 "네가 죄를 지었기 때문에 고통을 당한다."는 것이었다. 예수님 당시에도 실로암 망대가 무너져 사람들이 죽자 사람들은 그들에게 죄가 있어서 그런 것이 아니겠느냐 생각했다. 우리도 이렇게 쉽게 생각하고, 단정적으로 말한다.

운명도 마찬가지다. 잘못되면 "그 사람의 팔자가 그런 걸 어떡하나." 그 사람의 운명으로 돌린다. 우연도 예외가 아니다. "어쩌다 그렇게 됐지 그 사람 되게 재수 없네." 말한다. 그렇게 말하면 쉽게 그런 것이려니 한다. 손봉호는 이것들이 고난을 보는 세상방식으로, 신앙적으로 문제가 있다고 주장한다.

그는 세상의 관점들에서 벗어나 보다 하나님의 시각에서 보도록 한다. 이 관점에서 보면 각 고난에는 하나님의 뜻이 담겨 있다. 이 것을 가장 대표적으로 보여주는 말씀이 마태복음 10장 29절이다. "참새 두 마리가 한 앗사리온에 팔리는 것이 아니냐. 그러나 너희 아버지께서 허락지 아니하시면 그 하나라도 땅에 떨어지지 아니하리라." 하나님의 시각에서 보면 어떤 일도 무의미하게 일어나지 않는다. 우연이 아니라 하나님의 허락(뜻)이 담겨 있다. 하나님께서 참새에게도 이런 관심을 두신다면 우리 인간에게는 어떠하시겠는가. 따라서 고난을 당할 때 이 고난을 통해 하나님이 우리 각자에게 무엇을 그리고 어떻게 깨닫게 하시는가를 곰곰이 생각할 필요가 있다.

쓰나미로, 사이클론으로, 대지진으로 수많은 인명과 재산을 잃은 지 얼마 되지 않았다. 그런데 지금 세계 곳곳에서는 식량문제로 굶어 죽어가고, 경제문제로 고통을 당하고 있다. 노벨 경제학 수상자들 가운데서도 이 같은 현상이 10년을 갈 것이라는 비관적 전망마저 한다. 지금 하나님은 인류에게 크고 긴 경고를 하신다. 우리는 그 경고를 의미 있게 받아들여야 한다. 그 사건 하나하나에 하나님이 우리에게 주시고자 하는 뜻이 담겨 있기 때문이다.

그 뜻을 당장 헤아릴 수 없다 해도 언젠가 하나님 앞에 가면 그 의미를 알게 될 것이다. 이것은 하나님의 원대한 목적과 뜻을 알게 될 때 가능하다. 당신이 당하는 그 고난까지. 그러니 고난을 만나거든 인내를 온전히 이루자.

한 가지 더. 누가 고난을 당하거든 그를 향해 손가락질하지 말고 그것을 우리에게 향하자. 우리 때문일 가능성이 크기 때문이다. 주님은 실로암 망대의 붕괴로 18명이 죽은 사건은 그들이 죄가 많아 그런 것이 아니라 하시고 "너희도 만일 회개치 아니하면 다 이와 같이 망하리라."(눅13:5) 하시지 않았는가. 지금 이 땅에서 벌어지는 그 많은 재해나 경제난도 그 누구 때문이 아니라 바로 나 때문일 수 있다. 그 끊임없는 우리의 탐욕 때문에 이웃이 그토록 고난을 당한다면 얼마나 가슴 아픈 일인가.

96. 네 손을 펼쳐라

장모님이 병원에 입원하신 지 2개월이 되어 간다. 뇌졸중으로 쓰러지실 때 본인은 이제 하늘나라에 간다 생각하고, "하늘가는 밝은 길이 내 앞에 있으니" 찬송을 불러 달라 한 다음 의식을 잃었다. 입원 후 식구들은 희망의 끈을 놓지 않으면서도 마지막을 준비하기도 했다. 중환자실에 계실 땐 거의 의식이 없으셔서 그럴 수밖에 없었다.

장모님은 아직도 병원에 계신다. 중환자실에서 일반 환자실로 옮겨지고, 의식도 회복되어 말씀도 하신다. 그러나 대소변을 가리지 못하고, 몸의 일부엔 마비도 있어 퇴원하기엔 아직 이르다. 식구들은 장모님의 소생과정을 보면서 일희일비했다. 눈을 뜨셨을 땐 눈을 떴다고 감사하고, 말씀을 하실 땐 말할 수 있게 되었다며 감사하고, 더 이상 호흡기에 의존하지 않았을 때 감사하고, 소변을 봤을 땐 그 때문에 감사하고. 우리가 늘 하는 것인데 그 하나하나가 감사로 이어졌다. 지금 내가 걸어 다닌다는 사실, 밥을 제대로 먹고 소화한다는 사실, 그리고 다른 사람과 대화한다는 사실, 이것을 언제 감사한 적이 있었던가. 그저 당연한 것이라 여겼는데, 지금 생각하니 이것처럼 감사한 일이 따로 없다. 정상적인 삶을 산다는 것이 얼마나 귀한지, 값으로 따질 수 없다.

황수관 교수는 정상적인 삶을 살아가는 것이 무엇보다 중요하다고 말한다. 그에 따르면 암이 가장 싫어하는 세포는 정상세포다. 하루하루를 정상적으로 건강하게 살아가면 암세포가 기를 쓰지 못하고 만다. 그는 암이 퍼진 환자가 기도원에 가서 병을 치유받고 오는 것을 우습게 생각해서는 안 된다고 말한다. 온몸에 암이 퍼져 죽게 된 친구가 친구들을 불러 자기의 잘못을 뉘우치고 나니까 시한부였던 그가 건강을 회복했다는 얘기도 마찬가지다. 그에 따르면 나 역시 죄인이지만 주님 앞에 회개하고 나서 정상적인 생활을 회복하게 되면 몸 안에서 암세포가 기를 쓰지 못한다.

예수님께서 회당에 들어가셨을 때 한편 손 마른 사람이 있었다. 그날은 마침 안식일이었다. 바리새인들은 예수님께서 안식일에 병을 고쳐주는지 주목했다. 꼬투리를 잡기 위해서다. 그것을 아신 주님은 "너희 중에 어느 사람이 양 한 마리가 있어 안식일에 구덩이에 빠졌으면 붙잡아 내지 않겠느냐. 사람이 양보다 얼마나 더 귀하냐. 그러므로 안식일에 선을 행하는 것이 옳으니라.”(마12:11, 12) 말씀하셨다.

이어 주님은 병자에게 손을 내밀라 하시고 고쳐 주셨다. “저가 손을 내밀매 다른 손과 같이 회복되어 성하더라.”(마12:13) NASB 성경에는 ‘회복되어 성하더라’를 ‘정상으로 회복되었더라(it was restored to normal)’라 하였다. 주님은 지금도 우리를 향해 “네 손을 펼쳐라(Stretch out your hand!)” 하신다. 정상으로 고쳐주시겠다는 것이다. 그 주님을 향해 손을 펼칠 때 기적이 일어난다. 펼치지 않으면 고침을 받지 못한다. 장모님의 왼손에 아직도 문제가 있는 것을 생각하니 이 말씀이 더 새롭다.

병문안을 방문하면서 한 가지 크게 깨달은 것이 있다. 방문자 대부분 자기 식구들에 대해서는 정성을 다하면서 다른 환자에 대해서는 무관심하다는 것이다. 나 역시 그랬다. 그것이 자연스런 일이기도 하다. 하지만 한편으론 너무 이기적이라는 생각이 들었다. 그래서 기도 내용을 바꿨다. 먼저 병원에 있는 다른 모든 환자들의 회복을 위해 기도하고, 맨 나중엔 식구로 돌아갔다. 때론 교회에서 온 청소년들이 병원 뜰에 모여 환자들을 위해 기도하는 것을 보았다. 그때 나도 손을 모았다. “너무 나의 식구에만 매달려 다른 사람들의 아픔을 위해 기도하지 않는 죄를 범하지 않게 하소서. 이 모든 환자들에게 주의 자비가 임하여 정상을 회복하게 하소서.”

97. 사랑, 사망에서 생명으로 들어간 증거

요한은 요한일서 3장을 통해 우리가 하나님의 자녀임을 나타내는 특징은 의를 행함과 사랑에 있다고 말한다. "하나님의 자녀들과 마귀의 자녀들이 나타나나니 무릇 의를 행치 아니하는 자나 또는 그 형제를 사랑치 아니하는 자는 하나님께 속하지 아니하리라."(요일 3:10) 보기를 들어 가인에게는 악하고 사랑도 없었다. 동생인 아벨을 시기해 죽였기 때문이다. 그래서 그는 이렇게 말한다. "가인같이 하지 말라. 저는 악한 자에게 속하여 그 아우를 죽였으니 어찐 연고로 죽였느뇨. 자기의 행위는 악하고 그 아우의 행위는 의로움이니라."(요일3:12) 그래서 요한은 하나님의 자녀로서 살려면 의롭게 살아야 하고, 사랑하며 살아야 한다고 강조한다.

요한은 특히 서로 사랑할 것을 말한다. 11절에서 "우리가 서로 사랑할지니"로 시작한 그는 "우리가 형제를 사랑함으로 사망에서 옮겨 생명으로 들어간 줄을 알거니와 사랑치 아니하는 자는 사망에 거하느니라."(요일3:14) 하였다. 형제를 사랑하는 것이 우리가 사망에 거하지 아니하고 생명의 삶을 산다는 증거라는 것이다. 사랑이 생명의 증거인 것이다.

주안에 거하며 생명의 삶을 사는 우리가 해야 할 일은 무엇보다 주님이 주신 계명대로 서로 사랑하는 것이다. "그의 계명은 이것이니 곧 그 아들 예수 그리스도의 이름을 믿고 그가 우리에게 주신

계명대로 서로 사랑할 것이니라."(요일3:23)

요한일서 3장은 사랑하는 것의 보기를 다음과 같이 든다.

- 형제 미워하지 않기: "그 형제를 미워하는 자마다 살인하는 자니 살인하는 자마다 영생이 그 속에 거하지 아니하는 것을 너희가 아는 바라."(15절)
- 예수 사랑 실천하기: "그(예수)가 우리를 위하여 목숨을 버리셨으니 우리가 이로써 사랑을 알고 우리도 형제들을 위하여 목숨을 버리는 것이 마땅하니라."(16절)
- 도와주기: "누가 이 세상 재물을 가지고 형제의 궁핍함을 보고도 도와줄 마음을 막으면 하나님의 사랑이 어찌 그 속에 거할까 보냐."(17절)
- 행함과 진실로 사랑하기: "자녀들아 우리가 말과 혀로만 사랑하지 말고 오직 행함과 진실함으로 하자."(18절)

하나님은 사랑이시다. "하나님이 우리를 사랑하시는 사랑을 우리가 알고 믿었노니 하나님은 사랑이시라."(요일4:16) 하나님은 그 사랑의 모범을 보이셨다. "사랑은 여기 있으니 우리가 하나님을 사랑한 것이 아니요 오직 하나님이 우리를 사랑하사 우리 죄를 위하여 화목제로 그 아들을 보내셨음이니라."(요일4:10) 우리도 그 사랑을 따라 사는 그리스도인들이다. 우리가 서로 사랑하게 되는 것은 주님이 자신의 몸을 주기까지 우리를 사랑하셨기 때문이다. "우리가 사랑함은 그가 먼저 우리를 사랑하였음이라."(요일4:19) 하나님을 사랑한다 하면서 그 형제를 미워하면 이는 거짓말하는 것이다. "하나님

을 사랑하는 자는 또한 그 형제를 사랑할지니라."(요일4:21)

하나님이 우리에게 주신 것은 두려워하는 마음이 아니라 오직 능력과 사랑과 근신하는 마음이다(딤후1:7). 하나님의 사랑은 성령을 통해 우리 마음에 부어진다(롬5:5). 예수님은 새 계명을 주시면서 사랑하라 하셨다. "새 계명을 너희에게 주노니 서로 사랑하라 내가 너희를 사랑한 것같이 너희도 서로 사랑하라."(요13:34) 바울도 여러 가지 권면하면서 "이 모든 것 위에 사랑을 더하라. 이는 온전하게 매는 띠니라."(골3:14) 하였다. 사랑은 주 안에 있는 우리를 온전하게 묶어준다. "사랑은 허다한 죄를 덮느니라."(벧전4:8) "미움은 다툼을 일으켜도 사랑은 모든 허물을 가리느니라."(잠10:12)

사랑, 그것은 우리에게 세 가지 증거의 삶을 살고 있음을 보여준다. 첫째, 우리가 하나님을 사랑한다는 증거다. 둘째, 우리가 사망에서 생명으로 옮겨진 증거다. 끝으로, 우리가 주 안에서 사는 하나님의 자녀임을 증거한다. 이 사랑을 오늘도 실천하자.

98. 미움인가 사랑인가 우리는 영적 전쟁 중

아직도 기저귀를 차고 있는 손녀가 큰 변을 보았다. 아이의 엉덩이를 닦아주면서 무심코 한마디 했다. "I hate to do this." 그러나 옆에 있던 손자가 눈을 크게 뜨며 아주 놀란 듯이 말했다. "할아버지, hate이란 말 쓰면 안 되는데. 그건 아주 나쁜 말이래요." 당황한 할아버지가 기지를 발휘한다. "Then, do you love to do this kind of job?" 손자의 대답은 간단했다. "그야 싫지요." 그래서 일단 넘어갔다.

그런데 시간이 지나도 손자가 한 말이 잊히지 않는다. "hate이란 말 아주 나쁜 말이래요." 미움은 사랑과 반대되는 단어가 아닌가. 그런 말을 써서는 안 되지. 생리적인 것쯤은 미움의 대상이 되지 않는다. 그것을 치운다는 것은 물론 기쁜 일은 아닐 터. 하지만 이 대화는 사랑과 미움에 대해 한 번 더 생각하게 만들었다.

사랑의 삶을 살라고 이 땅에 태어나게 했는데 우리는 사랑 못지 않게 미워하는 일도 주저하지 않는 우리를 보고 하나님은 어떤 생각을 하실까. 사단의 종이 되어 악을 일삼는다면 과연 우리를 사랑할 마음이 있으실까. 하나님은 기본적으로 인간을 미워하지 않으신다. 오직 악을 미워하신다. 오히려 우리를 그 악으로부터 구원하시고자 한다. "하나님이 이 세상을 이처럼 사랑하사 독생자를 주셨으니."(요 3:16) 우리를 그토록 사랑하신다. 요한계시록에 이런 말씀이 있다. "우리를 사랑하사 그의 피로 우리 죄에서 우리를 해방하시고 아버지 하나님을 위해 우리를 나라와 제사장으로 삼으신 그에게 영광과 능력이 세세토록 있을지어다."(계1:5, 6) 하나님은 우리를 사랑하신다. 그 피로 우리를 구원하실 만큼.

그렇다면 우리는 이 땅에서 어떤 삶을 살아야 할까? 하나님과 같이 사람을 사랑하되 악은 미워하는 삶을 살아야 하지 않을까. 다음의 말씀들은 이것의 중요성을 확실히 해 준다.

- "사랑에는 거짓이 없나니 악을 미워하고 선에 속하라."(롬12:9)
- "여호와를 경외하는 것은 악을 미워하는 것이라 나는 교만과 거만과 악한 행실과 패역한 입을 미워하느니라."(잠8:13)
- "내 입은 진리를 말하며 내 입술은 악을 미워하느니라."(잠8:7)
- "악을 행하는 자마다 빛을 미워하여 빛으로 오지 아니하나니 이는 그 행위가 드러날까 함이요."(요3:20)

악은 미워하되 사람은 사랑하자. 바울은 말한다. "피차 사랑의 빚 외에는 아무에게든지 아무 빚도 지지 말라 남을 사랑하는 자는 율법을 다 이루었느니라. 사랑은 이웃에게 악을 행치 아니하나니 그리므로 사랑은 율법의 완성이니라."(롬13:8, 10)

우리 신앙에도 낮과 밤이 있다. 낮이 사랑과 배려라면 밤은 미움과 질시다. 하나님과의 관계가 잘못되면 세상 사람과의 관계도 잘못된다. 우리의 영혼이 잘되어야 시기가 발생하지 않는다. 이를 위해서는 성령 충만할 필요가 있다.

C. S. 루이스는 "우주에는 중립이 없다." 한다. 하나님 편에 설 것인가 사단 편에 설 것인가. 선인가 악인가. 사랑인가 미움인가. 우리는 지금 영적 전쟁 중이다. 치열하게. 사단은 우리를 미움의 자리로 유혹한다. 그리고 미움으로 낳은 상대의 아픔을 고소해하도록 만든다. 나도 몰래 사단의 세력이 된다. 그러나 주님은 미움과 질시의 옷을 벗기고 사랑의 옷을 입히신다. 미움의 말보다 사랑의 말을 담고 살게 하신다. 우리는 때로 사랑의 한마디에 눈물을 흘린다. 우리는 사랑에 젖을 때마다 고백한다. "주님 사랑합니다."

99. 선한 사마리아인과 선한 사마리아 법

우리 사회가 경제적으로 성장했을지는 몰라도 도덕적으로는 아주 문제가 많다는 지적을 받고 있다. 우리 사회가 인륜부재의 살벌한 범죄 공간으로 인식되고 있기 때문이다. 인신매매, 강도, 폭행 등은 너무나 흔한 언어가 되어 버렸다. 강도에게 피습당하는 현장을 목격하면서도 피하는 것이 상책이라 생각한다. 그만큼 비인간화되어 있고 병들어 있다는 증거다.

선한 사마리아 비유는 우리를 향한 한 편의 드라마 같다. 우리는 그 속에서 주님의 모습을 본다. 강도를 만나 죽게 된 채 버려진 우리. 주님이 선한 사마리아인으로 나타나신다. 성경은 이렇게 기록된다. "거기 이르러 그를 보고 불쌍히 여겨." 우리를 불쌍히 여기신 주님. 주님이 아버지 집의 모든 영광을 버리고 낮고 천한 이 세상, 멸망과 지옥으로 가는 우리, 부상당해 거의 죽게 된 곳까지 우리의 인성을 취하시고 내려오셨다.

주님은 결코 우리를 모른 체하지 않으신다. "가까이 가서 기름과 포도주를 그 상처에 붓고 싸매고 자기 짐승에 태워 주막으로 데리고 가서 돌보아 주고."(눅10:34) 위치가 완전히 바뀐다. 짐승을 타야 할 사람은 주님이신데 오히려 주님은 우리를 자기 짐승에 태우고 여관으로 데려가 돌보아 주게 한다. 대속자의 모습이 그대로 드러난다.

이제 주님이 우리를 구속해 주셨다. 그렇다면 이젠 우리가 강도

만난 이웃에게 선한 사마리아인이 되어야 하지 않을까. 프랑스, 독일, 터키, 체코, 헝가리 등 여러 나라에서 이 정신을 사회적으로 구현하기 '선한 사마리아 법(Good Samaritan Law)'을 채택했다. 형법에 이 조항을 넣었다. 예수님이 이것을 법제화시키면서까지 도와줄 것을 말씀하지 않으셨다. 그럼에도 불구하고 이 법이 왜 나오는 것일까? 그것은 바로 인간이 그만큼 이기주의적으로 변모했기 때문이다.

프랑스 형법 63조에 따르면 "위험에 처해 있는 사람을 구조해 주어도 자기가 위험에 빠지지 않음에도 불구하고 자의로 구조하지 않는 자는 3개월 이상 5년 이하의 징역 또는 1만 5천 프랑 이하의 벌금에 처한다." 독일 형법 323조도 "재난, 공동의 위험 또는 곤궁 시에 구조가 요구되고 자신의 위험이나 보다 중요한 의무를 침해하지 않고 구조할 수 있음에도 구조하지 아니한 자는 1년 이하의 자유형 또는 벌금에 처한다."라고 규정하고 있다. 최종고 교수에 따르면 이 선한 사마리아 법을 내용적으로 보면 불구조죄 조항이라 할 수 있고, 볼프(E. Wolf)의 이웃 법에서처럼 사회연대와 인간화의 윤리에 바탕을 둔 법제라 할 수도 있다.[4] 이 법 조항은 인간이라면 마땅히 해야 할 일을 하지 않았을 때 이를 법적으로 비난하는 것이다.

우리나라의 경우 최근 개정된 응급의료법, 일명 '선한 사마리아인 법'이 2008년 12월 14일부터 본격 시행된다. 개정 사유는 응급의료 종사자가 응급의료 행위를 행한 결과 환자가 사상에 이르렀을 때 중대한 과실이 없는 경우 면책을 할 수 있도록 규정하고 있는데, 선한

---

4) 최종고. "한국사회에서의 법과 윤리." 한국사회이론학회 월례발표회. 1991년 3월 16일.

의지를 가지고 행하는 일반시민의 인명구조 활동도 법률적으로 보호할 수 있도록 한 것이다. 즉 심각한 응급환자에 대한 의료종사자가 아닌 자의 응급처치로 인하여 발생하는 민사 또는 형사 책임은 감경하거나 면제하도록 제도적 장치를 마련하여 구조업무를 활성화하고 국민의 생명과 건강을 보호할 수 있도록 하려는 것이다.

6·25가 지난 다음 거리에 고아와 거지가 많아지자 1953년 형법에 선한 사마리아 법 조항을 넣도록 상정되었다. 그러나 한 국회의원이 이 조항이 있게 되면 대한민국에서 이 조문에 걸려들지 않을 사람이 없다는 반대발언으로 묵살된 바 있다. 그런데 이제 응급의료법 개정으로 이 뜻을 조금이나마 살려 보려 한 것이다. 최소한의 조치인 것이다.

법이 있다고 우리 사회가 다 선해지는 것은 아니다. 좋은 법을 만들어 놓았지만 지켜지지 않는 법도 얼마나 많은가. 선한 사마리아 법이 있다고 해서 사회가 더 나아지리라는 보장도 없다. 도덕을 강제하여 법률화하는 것은 부당하고, 이 법을 과도하게 또는 성급하게 시행할 경우 역효과를 낼 우려도 없지 않다.[5] 그러나 이 법이 필요하다고 생각하는 것은 자기 가족에게는 그토록 헌신적이면서 이웃에게는 지나치게 무관심한 우리 사회의 고질적인 문제를 고치지 않으면 안 되기 때문이다. 주님은 사마리아 비유를 통해 제사장이나 레위인의 위선과 사회적 문제점을 지적하셨다. 우리 사회가 더 이상 무심한 사회로 가지 않기 위해서, 우리가 시회적으로 거듭나기 위해

---

5) C. 그레고리 외. 착한 사마리아 법. 최종고 옮김. 과학교육사, 1990.

주님의 과감한 이웃 사랑 정신을 이 땅 위에서 실현할 필요가 있다. 잠언 기자는 말한다. "귀를 막아 가난한 자의 부르짖는 소리를 듣지 아니하면 자기의 부르짖을 때에도 들을 자가 없으리라."(잠21:13)

100. 세상에 이런 친구 또 있을까

친구. 얼마나 친밀한 단어인가. 어렸을 땐 친구밖에 모르다가 결혼하면서부터는 아내밖에 모르게 된다. 그땐 친구들이 좀 서운하게 생각했겠지. 하지만 친구들도 결혼하면서 다 그렇게 되어 갔다. 나이 들어 친구들 모임이 잦아지면서 친구들이 소리친다. "그래 친구야, 친구밖에 없어." 아내가 들으면 서운할 소리한다.

친구(親舊)의 '친할 친'에는 '친하다, 가깝다, 사랑하다.'는 뜻을 가지고 있다. 친구는 가깝게 오랜 사귄 사람이다. 한자로 친고(親故), 붕우(朋友)가 있고, 우리말로 동무, 벗이 있다. 북한에서 혁명 동지라는 의미에서 동무라 불러 우리는 이 단어를 잘 사용하지 않는다.

사람들은 친구를 좋게 생각한다. 그래서 친구에 관한 좋은 글도 많다. "친구를 갖는다는 것은 또 하나의 인생을 갖는 것이다." 키케로도 "친구는 나의 기쁨을 배로 하고 슬픔을 반으로 한다."고 했다. 친구 예찬론이다.

　그렇다고 친구가 다 좋은 것은 아닌 모양이다. 소크라테스는 친구
의 위증으로 사약을 받으며 친구의 무정함을 토로한 뒤 생을 마감했
다. 시저는 원로원에서 친구 브루투스로부터 27곳에 창상을 받고 죽
으며 말했다. "나의 친구 브루투스로부터 이렇게 죽을 줄 어찌 알았
으랴. 세상에 진정한 친구는 없구나." 친구의 배신, 배반을 맛본 사
람들은 친구를 저주한다. 오죽하면 좋을 때 친구라 할까. 나쁠 땐
정반대라는 말이다.

　성경에서 친구의 모범으로 다윗에 대한 요나단의 사랑을 들 수
있다. 그들의 우정은 승화된 모습으로 우리에게 모범을 보이고 있다.
다윗이 골리앗을 죽인 후 요나단은 다윗을 보고 마음과 마음이 연락
되었다. 푹 빠진 것이다. 그는 다윗을 자기 생명처럼 사랑하게 되었
고, 더불어 언약을 맺었다. 우리도 그러지 않는가. "우리 영원히 변
치 말자."고. 그는 자기 입은 겉옷과 군복, 칼, 활, 띠도 벗어 다윗에
게 주었다(삼상18:1-4). 흔히 사랑을 하면 자기 것을 내준다고 한다.
주고 또 주어도 아깝지 않다.

　뒤집어 보면 요나단은 다윗을 투기해야 할 사람이다. 아버지 사울과
자신에게 돌아올 모든 명예를 다윗 홀로 받고 있기 때문이다. 그러나
그는 오히려 다윗을 도와줌으로써 투기를 극복하고 승리했다. 사울이
다윗을 죽이려 할 때 요나단과 다윗은 서로 입 맞추고 같이 울었다.
다윗이 더 심히 울었다(삼상20:41). 이것을 보면 그들의 우정이 어떠했
는지 알 수 있다. 결코 일방적인 우정이 아니었다. 요나단이 죽고 난
다음 다윗은 그의 죽음을 애도하며 그에 대해 말한다. "그대가 나를
사랑함은 기이하여 여인의 사랑보다 승하도다."(삼하1:26)

친구 중의 친구는 우리 주님이시다. 주님은 우리를 향해 종이 아니라 친구라 하셨다. "너희가 나의 명하는 대로 행하면 곧 나의 친구라 이제부터는 너희를 친구라 하였노니."(요15:14, 15) 우리 참벗은 예수다. 그는 우리를 위해 목숨을 버렸기 때문이다. "사람이 친구를 위하여 자기 목숨을 버리면 이에서 더 큰 사랑이 없나니."(요15:13) 그는 좋을 때만의 친구가 아니다. 가룟 유다로부터 배반당하지 않으셨는가. 그래도 우리를 위해 죽으셨다.

친구는 무엇보다 신용(믿음)이 있어야 한다. 주님은 죄인인 우리를 믿었다. 우리 또한 그를 믿는다. 또한 관용이 있어야 한다. 무한한 관용. 인류학자였던 오바마 대통령의 어머니는 그에게 "관용과 평등을 지키고 혜택 받지 못한 사람들 편에 서라." 가르쳤다. 그리고 사랑이 있어야 한다. 죽기까지 사랑한다. 친구는 '법정에 함께 선다.'는 뜻을 가지고 있다. 주님이 심판 날에 우리의 변호사가 되신다. 친구 되신 주님이 우리를 끝까지 지켜주신다. 세상에 이런 친구 또 있을까.

101. 네 이웃을 네 몸과 같이 사랑하라

오바마가 대통령으로 당선된 이후 백인우월주의 단체 KKK활동이 두드러지게 늘어나고 있다. 당선자를 겨냥한 증오 범죄도 200건 넘게 발생했다고 한다. 이것은 오바마의 당선을 미국에 대한 '뉴 아프리카 공화국'의 설립으로 보려는 데서 나온 것이다.

KKK는 백인 지상주의 회복, 유색 인종에 대한 테러, 노동조합과 이교도 탄압을 목적으로 활동해 왔다. 그들은 주로 미국 남부 농촌을 중심으로 흑인교회를 습격하거나 살인, 방화, 폭행을 자행해 왔다.

그들의 활동은 크게 3기로 나눈다. 1기는 남북전쟁 직후 남군 패잔병 출신 백인들을 중심으로 결성되었다. KKK는 그리스어로 원(circle)을 뜻하는 'KuKlos'에서 따온 것으로, 남북전쟁에서 패한 남군 퇴역 군인 6명이 장난삼아 조직한 데서 시작되었다. 2기는 제1차 세계대전 직후 이민 노동자가 급증하자 일자리를 빼앗긴 백인 남성을 중심으로 조직화했다. 3기는 제2차 세계대전 이후 흑인 민권운동의 성장과 차별철폐에 대한 불만세력을 중심으로 활동했다.

현재 백인우월주의가 부활하는 것은 경기침체로 앞이 안 보이는데다 비백인 이민자의 증가로 자기들의 일자리가 줄어들고 있다는 위기감, 그리고 흑인 대통령의 탄생 등으로 백인들이 상대적 박탈감을 갖게 되었기 때문이다. 문제는 이것이 인종 증오로 변질되어 사회구성원을 이원화하고 반목하게 만드는 것이다.

예수님은 "네 이웃을 네 몸과 같이 사랑하라."(막12:31) 하셨다. 인종, 직업, 빈부, 노소 든 차별 없이 서로 보듬어 안고 사랑하라는 것이다. 우리나라에도 많은 외국인 노동자들이 있고, 또 다문화 가정이 있다. 이들 모두 우리가 사랑해야 할 대상이나. 성경은 고아와 과부, 그리고 나그네를 돌보라 했다. "과부와 고아와 나그네와 궁핍한 자를 압제하지 말며 서로 해하려고 마음에 도모하지 말라."(슥

7:10) 나그네 가운데는 유대인이든 희랍인이든 애굽 사람이든 흑인이든 모든 사람이 포함된다. 우리가 그들을 안아주지 못하면서 이웃을 사랑한다고 하면 그것은 위선일 뿐이다. 주님 앞에 서는 날, 우리가 그들을 어떻게 대했는지 분명하게 평가될 것이다. 너희가 그들을 사랑을 하지 않으면 네 아이를 고아로 만들고, 네 아내를 과부로 만들겠다는 엄한 경고를 잊지 말자.

십자가에는 우리를 향한 하나님의 사랑이 내재되어 있다. 도저히 사랑할 수 없는 사람을 사랑하신 것이다. 주님의 사랑을 느끼는 사람들은 고백한다. "주의 인자하심이 어찌 보배로우신지요."(시36:7) "주의 인자가 생명보다 나으므로 내 입술이 주를 찬양할 것이라."(시63:3) 우리 모두 이 지극한 십자가 사랑의 수혜자들이다. 우리는 이 사랑을 이웃을 향해 주어야 한다. 받기만 하는 사람은 그 사랑에 감격할 줄 모르는 사람임을 스스로 드러내는 것이다.

스토트 목사는 지난 시절 가장 중요한 목회 개념으로 사랑을 들었다. 지난 인생과 사역을 돌아볼 때 사랑이 가장 중요했다는 것이다. 그는 요한1서 4장 12절 말씀을 예로 들면서 보이지 않는 하나님을 오늘 이 시대에 볼 수 있는 비결은 바로 보이는 형제들을 사랑하는 것이라 했다. 2000년 전 사람들이 예수 그리스도를 통해 하나님을 보았던 것처럼 21세기의 사람들은 이웃을 향한 사랑을 펼침으로써 하나님을 볼 수 있다는 것이다. 지역교회들은 서로 사랑의 공동체를 이룩하지 않으면 선교와 사랑을 선포할 수도 없다고 말했다. 그렇다. 어느 시대건 감동을 주는 것은 사랑이다.

102. 당신의 섬김이 아름다울 때

한국교회에서 제일 많은 직분으로 집사가 아닐까 생각한다. 집사는 교회의 일을 맡아서 하는 교회 직분 중의 하나이다. 집사에도 서리집사도 있고, 안수집사도 있어 참여와 책임 정도가 다르지만 집사로 임명을 받으면 이제 교회를 위해서 뭔가 일해야 할 자리라는 것을 알게 된다. 실제 교회의 일을 제일 많이 담당하고 수고하는 직분이지만 제대로 평가받지 못한 구석이 많다. 그러나 인간의 평가보다 주님의 평가가 더 중요하지 않을까.

성경에서 집사에 대해 구체적으로 소개되고 있는 곳이 바로 사도행전이다. 6장을 보면 일곱 집사를 선택하여 구제와 전도와 교회 재산관리를 맡게 했다. 이 가운데 유명한 분이 바로 스데반 집사와 빌립 집사이다. 집사의 명칭은 로마서(16:1), 빌립보서(1:1), 디모데전서(3:8, 12) 등에도 나온다.

유대 사기에 따르면 주전 수백 년 전부터 각 지방 회당에서 장로 외에 집사가 있어서 성경, 예식 책, 회당 기명을 보관하고 구제 및 재정 관리를 맡았다고 한다. 그러니 집사는 신약시대에 갑자가 출현한 것이 아님을 알 수 있다. 구약시대엔 레위 족속과 제사장들이 성전의 재정 관리를 맡았고(출28:21;민1:50-53;슥8:24-33), 개인적으로 구제하는 것을 장려했다(출23:11;레19:9, 10;25:25-55).

집사를 deacon이라 하는데, 헬라어로는 '디아코노스(diakonos)'다.

이 단어는 하인(요2:5), 일꾼(고후11:15) 등으로 해석된다. 이 가운데 가장 눈에 띄는 것이 하인(waiter)이라는 점이다. 가나 혼인 잔치에 소개된 하인이 바로 이들이다. 하인은 식탁에 대령한 자, 식사시간에 대령한 자다. 무슨 일을 시키든지 기민한 동작으로 순종해야 한다. 주인이 식사를 마칠 때까지 식사도 할 수 없다. 하인의 역할이 보통 힘든 것이 아니다. 게다가 알아주지 않는다. 이런 하인의 역할에 대해 주님은 절절하게 소개하신다.

> "너희 중에 뉘게 밭을 갈거나 양을 치거나 하는 종이 있어 밭에서 돌아오면 저더러 곧 와 앉아서 먹으라 할 자가 있느냐 도리어 저더러 내 먹을 것을 예비하고 띠를 띠고 나의 먹고 마시는 동안에 수종 들고 너는 그 후에 먹고 마시라 하지 않겠느냐 명한 대로 하였다고 종에게 사례하겠느냐 이와 같이 너희도 명령 받은 것을 다 행한 후에 이르기를 우리는 무익한 종이라 우리의 하여야 할 일을 한 것뿐이라 할지니라."(눅17:7-10)

이렇게 일하고 나서도 "우리는 무익한 종입니다. 우리의 하여야 할 일을 한 것뿐입니다."라고 겸손해야 하는 종, 그것이 바로 집사의 역할이다. 이 말씀을 묵상하면서 생각나는 단어가 있다. 이른바 섭섭병이다. 교회에서 "섭섭한 사람 나오세요." 하면 모두가 일어설 것이라 한다. 그만큼 섭섭병 환자들이 많다는 말이다. 자기를 알아주지 않는 데 대한 섭섭함이 크다. 그 병은 자만심이라는 바이러스 때문이다. 자기는 교회를 위해 이만큼 했는데 몰라주니 섭섭하고, 대접을 해 주지 않으니 섭섭하고, 이래저래 섭섭하다. 그래서 불만스럽다.

사람이니 그럴 수 있고, 그것이 자연스러울 수 있다. 하지만 이 병은 자기 한 사람 앓음으로 끝나는 것이 아니라 섭섭함을 다른 사람들에게 전염시켜 주변을 아프게 한다. 이럴 때 주님은 뭐라 하실까. "누가복음 17장 10절을 읽어 봐" 하시지 않을까.

성경은 집사의 자격을 엄격히 하고 있다. 성령과 지혜가 충만하며 사람들에게 칭찬을 받으며(행 6:3), 단정하며, 일구이언하지 아니하고, 술에 인 박이지 아니하고 더러운 이를 탐하지 아니하고 깨끗한 양심에 믿음의 비밀을 가진 자라야 하고, 한 아내의 남편이 되어 자녀와 자기 집을 잘 다스리는 자여야 한다(딤전3:8, 9, 12). 바울은 먼저 시험하여 보고 그 후에 책망할 것이 없으면 집사의 직분을 맡게 할 것이라 했다(딤전3:10). 종의 역할은 아무나 하는 것이 아니라는 말이다. 게다가 성경에 해박한 스데반, 전도에 열심을 다한 빌립 두 집사님을 볼 때 성경을 잘 알고, 전도도 열심히 하며 죽기까지 충성해야 한다.

이 직분을 잘 수행하면 주님으로부터 인정을 받는다. "집사의 직분을 잘한 자들은 아름다운 지위와 그리스도 예수 안에 있는 믿음에 큰 담력을 얻느니라."(딤전3:13) 집사의 직분을 잘할 때 아름답다 하신다. 종의 역할은 집사에 한정되지 않는다. 바울도 베드로도 자신을 그리스도의 종이라 했다. 교회에서 직분이 있든 없든 우리 모두 주님의 종이요 이 땅에서 섬김의 삶을 살아야 할 주님의 사람들이다. 당신의 섬김을 아름답게 하라.

103. 너희는 세상의 소금이니

"너희는 세상의 소금이니 소금이 만일 그 맛을 잃으면 무엇으로 찌게 하리요 후에는 아무 쓸데없어 다만 밖에 버리어 사람에게 밟힐 뿐이니라."(마5:13)

주님은 우리를 향해 세상의 소금이 되라 하셨다. 세상은 죄로 오염되어 있기 때문이다. 세상은 부패한 곳이요 더러워서 그냥 살 수 없는 곳이요 무미건조해서 맹물처럼 맛이 없는 곳이요 위엣 것을 목말라하지 않는 곳이다. 소금이 필요한 곳은 이 세상이다. 우리로 소금이 되라 하신 것은 그리스도인으로 하여금 소금이 가진 역할을 하라는 것이다.

소금은 부패를 막는다. 라틴교회에서는 세례식 때 물에 소금을 넣었다. 그것은 소금처럼 죄악세상에서 부패를 방지하라는 의미를 가지고 있다. 냉장고를 사용하지 않는 음식에 절대적으로 필요한 것은 소금이다. 소금이 방부제 역할을 하기 때문이다. 우리가 부패를 방지하는 방부제 역할을 하려면 교육이나 법이나 자기수양이 아니라 성령으로 거듭날 필요가 있다.

소금은 맛을 낸다. 소금은 염소와 나트륨으로 이뤄져 있다. 이것이 분리되면 맛을 못 내고, 부패방지도 못하며, 무서운 독가스가 된다. 맛을 내기 위해서는 적당한 양의 소금이 요구되고, 녹아야 한다. 녹아 형체가 변해도 그 맛은 변함이 없다. 소금이 녹지 않으면 맛을 못 낸다. 이것은 자기희생이 있어야 맛도 내고 부패도 방지한다는 것을 알 수 있다. 그리스도인은 다른 사람을 위해 희생할 때 주님의 사람으로서 그 맛을 낼 수 있다. 우리가 이 땅에 살면서 인생의 목적과 삶의 이유에 대해 바로 대답하며 살 때 그 맛을 낸다.

소금은 깨끗하게 만든다. 소금으로 이를 닦고 은수저도 닦는다. 성도는 사회를 깨끗게 해야 한다. 성도가 성도로서 깨끗하지 않으면 그 맛을 잃어 밖에 버리게 되고, 사람들에게 밟힌다. 세상으로부터 조롱을 받는 것이다. 성도가 타락하면 주님의 영광을 가리게 된다. 따라서 그리스도인으로서의 기능을 제대로 할 필요가 있다.

소금은 소독한다. 소금은 부상당한 부분을 따갑게 하지만 치유한다. 성도도 세상에 살면서 마귀의 독균이 횡행하는 세상을 소독하고 살균하는 역할을 해야 한다. 그래야 사회를 정화시킬 수 있다.

소금은 변하지 않게 한다. 우리도 복음으로 인한 핍박과 박해에도 굽히지 않고 복음의 본질을 굽게 하거나 변질시켜서는 안 된다.

소금은 재게 만든다. 김치를 담그고자 배추를 소금에 절이면 모두 숨이 죽어 유연해진다. 소금기가 들어갔다는 증거다. 주 안에서 화목하는 것도 우리가 그만큼 겸손해졌기 때문이다. 주님은 말씀하신다. "소금은 좋은 것이로되 만일 소금이 그 맛을 잃으면 무엇으로 이를 짜게 하리요 너희 속에 소금을 두고 서로 화목하라."(막9:50)

소금은 더 목마르게 한다. 목이 마를 때는 아무리 급해도 바닷물을 마시지 않는다. 그 물을 마시면 더 갈증이 나기 때문이다. 우리가 필요한 갈증은 하늘의 것을 소망하는 것이 아닐까.

지금은 소금이 귀한 것으로 대접을 받지 못하고 있지만 원래 귀한 대접을 받아왔다. 로마시대엔 군대봉급을 소금으로 주기도 했다. 봉급의 salary는 소금에서 유래된 것이다. 현재도 일부 아프리카 지역에서는 소금을 돈 대신 사용하기도 한다. 소금은 많든 적든 없어서는 안 되기 때문에 귀하다. 마찬가지로 성도는 이 세상에서 귀한 존재들이다. 우리가 하나님의 사람으로 주님의 일을 하는 한.

104. 공의와 사랑, 재판의 쌍두마차

하나님은 두 가지 속성을 가지고 있다. 하나는 공의요 다른 하나는 사랑이다. 하나님이 단지 완전한 사랑만 가지고 계시는 분이라면 인간의 죄를 사랑으로 용서하고 문제 삼지 않았을 것이다. 그러나 하나님은 무한하고 완전하게 공의롭고 거룩하고 진실하시므로 죄에 대한 형벌을 내리신다. 이 점에서 인간과 사람은 다르다. "그것 좀 눈감아 주지" 하는 인간의 방식이 통하지 않는다. 하나님께서 독생자 예수를 이 땅에 보내신 것은 하나님의 사랑이 담겨 있는 것이기도 하지만 그의 공의를 충족시키기 위한 것이다.

하나님의 거룩과 공의는 죄 때문에 인간은 영원히 하나님과 분리되어야 한다고 요구한다. "네가 먹는 날엔 정녕 죽으리라." 이 사망선고는 하나님과의 분리를 의미한다. 반면에 하나님의 무한한 사랑은 인간과 하나님과의 교제가 다시 회복되기를 요구한다. 그리스도의 십자가로 죄를 용서하고 그 죄를 도말하여 깨끗게 하셨다. 공의와 사랑, 이 두 가지는 상반되지만 이처럼 상보한다.

재판관은 하나님을 대신하여 이 땅에서 재판하는 사람들이다. 그래서 법을 집행함에 있어서도 공의와 사랑, 이 두 가지가 함께 가야 한다.

하나님은 무엇보다 공정한 재판을 촉구하신다. "재판할 때에는 공정하지 못한 재판을 해서는 안 된다. 가난한 사람이라고 하여 두둔하거나, 세력이 있는 사람이라고 하여 편들어서는 안 된다. 이웃을 재판할 때에는 오로지 공정하게 하여라."(레19:15 표준새번역) "너는 가난한 자의 송사라고 정의를 굽게 하지 말며"(출23:6) 가난한 사람이라고 해서 그에게 불리한 재판을 해서도 안 된다. 그러나 무조건 가난한 사람을 편들어 재판의 공정성을 무너뜨려서도 안 된다(출23:3).

그러나 판단할 때 사랑을 빼놓아서는 안 된다. "공평하게 재판하여라. 가난한 자와 궁핍한 자의 권리를 변호해 주어라."(잠31:9 쉬운성경) 재판은 공평하게 하되 가난한 자나 궁핍한 자가 받아야 할 권리가 빼앗기지 않도록 하라는 것이다. 권리를 변호하는 행위는 사랑의 행위다. 그렇다고 그 사랑의 행위가 공정성을 해쳐서는 안 된다. 공의를 세우는 사랑이다. 혹 가난하다 하여 무시하고 그가 받아야 할 권리마저 박탈한다면 그 자체만으로도 위험한 인권침해다. 유전무죄, 무전유죄라는 말이 나오지 않도록 해야 한다. 잠언에 이런 말씀이 있다. "왕이 가난한 자를 공평하게 재판하면, 그의 왕위가 영원히 견고할 것이다."(잠29:14 쉬운성경) 가난한 사람에게 바른 재판을 해 주어야 임금의 자리가 길이 튼튼하다는 말씀이다.

'세상은 요지경'이란 말이 있다. 요지경은 확대경을 장치해 놓고 그 속의 여러 가지 그림을 돌리면서 구경하는 장난감인데 불의가 판치는 세상을 보면 바로 그와 같다는 것이다. 세상이 요지경이면 공정한 재판을 기대하기 어렵다. 소크라테스는 재판할 때 네 가지 할 일이 있다고 했다. 친절히 듣고, 빠진 것 없이 묻고 대답하며, 냉정히 판단하고, 공평하게 재판하는 것이다. 세인트루이스 지방법원 판사를 지낸 제임스 덱(J. H. Deck)은 재판할 때 자기의 눈을 가리고 재판했다고 한다. 사람의 외모를 보지 않고, 깊이 생각하고, 신중히 재판하기 위함이다. 그는 14년간 재직하며 칭찬을 받았다. 공정한 재판은 그만큼 어렵다.

의로운 재판장은 오직 하나님이시다. 그분은 사람들처럼 판단하지 않으신다. 공정하게 하시고, 사랑의 마음을 담고 하신다. 예수님께서도 말씀하셨다. "오직 너희 말은 옳다 옳다, 아니라 아니라 하라 이에서 지나는 것은 악으로부터 나느니라."(마5:37) 옳은 것은 옳다 하고, 아닌 것은 아니라 하라는 말씀이다. 그것이 정의요 사랑이다.

105. 성령을 속이지 말라, 주의 영을 시험하지 말라

이사야는 성령을 주님이라 불렀다. "주의 목소리를 들은즉"(사6:8) 사도행전도 이를 입증한다. "성령이 선지자 이사야로 너희 조상들에게 말씀하신 것이 옳도다."(행28:25) 이 성령은 예수님 이전뿐 아니라 예수님 승천 후에 나타난 성령이시다. 바울도 주(Lord)를 영(Spirit)이라 했다. "주는 영이시니 주의 영이 계신 곳에는 자유함이 있느니라."(고후3:17) 성령은 인격이시다. 히브리어도 성령을 중성 또는 남성대명사로 사용하고 있다. 따라서 성령을 '이것'이라 하는 것은 불경스럽다.

성령은 생명을 가지고 있고(갈6:8), 생각하며(롬8:16), 개성을 가지고 있고(요16:7－11), 말을 하며(행8:29), 기도하며(롬8:26, 27), 가르치며(요16:14), 사랑하며(롬15:30), 저주하며, 인도하며(요16:13), 방해하며(행16:6;데후2:7), 세례를 준다(고전12:13).

우리를 인도하시는 성령님을 보자. "주께서 너희 마음을 인도하여 하나님의 사랑과 그리스도의 인내에 들어가게 하시기를 원하노니."(살후3:5) 여기서 하나님 백성의 마음을 인도하는 주는 성령이시다.

예수님은 보혜사 성령을 보내주겠다 약속하셨다. "내가 아버지께 구하겠으니 그가 또 다른 보혜사를 너희에게 주사 영원토록 너희와 함께 있게 하시리니 저는 진리의 영이라."(요14:16, 17) 여기서 '다른'이란 말은 예수님과 똑같은 인격과 재능을 소유한, 즉 자신과 같이 생각하고 사랑하며 행동하는 성령을 의미한다. 그 성령은 예수님을 증거한다(요15:26). "아버지께로서 나오시는 보혜사 곧 진리의 성령이 오실 때에 그가 나를 증거하실 것이오."(요15:26) 그 성령은 우리 속에 계시며 역사하신다. "세상은 능히 저를 받지 못하나니 이는 저를 보지도 못하고 알지도 못함이라 그러나 너희는 저를 아나니 저는 너희와 함께 거하심이요 또 너희 속에 계시겠음이라."(요14:17)

성령의 특징은 편재성(omnipresence)과 전지성(omniscience)이다. 어디든 계시고 모든 것을 아신다. 성령이 동시에 어느 곳에나 계신다는 것은 그분의 신성을 증명한다. 시편기자는 고백한다. "내가 주의 신을 떠나 어디로 가며 주의 앞에서 어디로 피하리이까. 내가 하늘에 올라갈지라도 거기 계시며 음부에 내 자리를 펼지라도 거기 계시니이다."(시139:7, 8) 주의 신은 성령을 가리킨다. 거기 계시며는 하나님의 속성인 편재가 성령의 속성과도 같음을 의미한다. 이 세상 어디서나 모든 신자의 심령 속에 주님의 역사가 이루어진다.

"오직 하나님이 성령으로 이것을 보이셨으니 성령은 모든 것 곧 하나님의 깊은 것이라도 통달하시느니라. 사람의 사정을 사람 속에 있는 영외에는 누가 알리요 이와 같이 하나님의 사정도 하나님의 영외에는 아무도 알지 못하느니라."(고전2:10, 11) 이것은 성령의 전지성을 말씀하신다. 아나니아 부부는 성령의 전지하심을 모르고 속였다. 베드로가 말한다. "어찌하여 사단이 네 마음에 가득하여 네가 성령을 속이고 땅값 얼마를 감추었느냐. [- -] 사람에게 거짓말한 것이 아니요 하나님께로다."(행5:3, 4) "너희가 어찌 함께 꾀하여 주의 영을 시험하려 하느냐."(행5:9) 성령을 속이는 것은 하나님께 거짓말하는 것이요 주의 영을 시험하는 것이다. 우리가 사람을 속일 수는 있어도 어느 곳이든 계시고, 모든 것을 아시는 주의 영을 속일 수는 없다.

"풀은 마르고 꽃은 시드나 여호와의 기운이 그 위에 붊이라 이 백성은 실로 풀이로다."(사40:7) 여호와의 기운이 그 위에 분다는 것은 만물을 심판하실 것을 말한다. 그 심판이 이르기 전에 온전히 주를 향하자. 정직과 겸손으로 주 앞에 나가자.

106. 도무지 맹세하지 말지니

사사 입다는 하나님께 서원한다. "암몬 자손을 내 손에 붙인 후 내가 평안히 돌아올 때 누구든 내 집 문에 나와 나를 영접하는 그를 하나님께 번제로 드리겠나이다."(사11:30, 31) 승리에 대한 확신과 함께 도우시는 하나님에 대한 보답을 확실히 한 것이다. 그러나 그 서원은 그를 궁지에 몰아넣었다. 사랑하는 그의 딸이 맨 먼저 나와 그를 영접한 것이다. 하나님께 한 그 약속을 저버릴 수도 없다. 그는 말한다. "내가 하나님을 향해 입을 열었으니 능히 돌이키지 못하리라." 그는 결국 딸을 번제로 드렸다(사11:34-40).

성경은 하나님께 서원한 것은 꼭 지키도록 가르친다.

● "사람이 여호와께 서원하였거나 마음을 제어하기로 서약하였거

든 파약하지 말고 그 입에서 나온 대로 다 행할 것이니라."(민
30:2)

- "네 하나님 여호와께 서원하거든 갚기를 더디 하지 말라. 네 하
  나님 여호와께서 반드시 그것을 네게 요구하시리니 더디면 네게
  죄라."(신23:21)

- "하나님께 서원하였거든 갚기를 더디 하지 말라. 하나님은 우매
  자를 기뻐하지 아니하시나니 서원한 것을 갚으라. 서원하고 갚
  지 아니하는 것보다 서원하지 아니하는 것이 나으니라. 네 입으
  로 네 육체를 범죄케 말라."(전5:4-6)

입다는 그 서원을 지켰고, 구약의 여러 성도들도 서원한 것을 지
키려 노력했다.

- "내가 번제를 가지고 주의 집에 들어가서 나의 서원을 갚으리
  라."(시66:13)

- "지극히 높으신 자에게 네 서원을 갚으며"(시50:14)

- "주를 경외하는 자 앞에서 나의 서원을 갚으리이다."(시22:25)

그러나 세월이 가면서 헛맹세로 이어지거나 왜곡되어 갔다. 이런
현상은 바리새인과 서기관들에게서 심한 것으로 보인다. 예수님은
그들을 책망하셨다. "소경된 인도자여 너희는 성전(제단)으로 맹세하
면 아무 일 없거니와 성전의 금(예물)으로 맹세하면 지킬지라 하는
도다. 어느 것이 크뇨 금이냐 금을 거룩하게 하는 성전이냐."(마
23:16-22) 교묘하게 빠져나가려는 행태를 나무라신 것이다. 레위기

에 이런 말씀이 있다. "너희는 내 이름으로 거짓 맹세함으로 네 하나님 여호와의 이름을 욕되게 하지 말라."(레19:12) 바울도 율법은 거짓 맹세하는 자를 위함이라 했다(딤전1:10). 거짓 맹세를 금한 것이다.

이런 잘못된 맹세의 모습을 잘 아신 예수님은 이런 우리에게 도무지 맹세하지 말라 하신다. "헛맹세를 하지 말고 네 맹세한 것을 주께 지키라 하였다 하는 것을 너희가 들었으나 나는 너희에게 이르노니 도무지 맹세하지 말지니 하늘로도 말라 이는 하나님의 보좌임이요 땅으로도 말라 이는 하나님의 발등상임이요 예루살렘으로도 말라 이는 큰 임금의 성임이요 네 머리로도 말라 이는 네가 한 터럭도 희고 검게 할 수 없음이라. 오직 너희 말은 옳다 옳다 아니다 아니다 하라 이에서 지나는 것은 악으로 좇아 나느니라."(마5:33－37)

야고보도 이 말씀을 강조했다. "무엇보다 맹세하지 말지니 하늘로나 땅으로나 아무 다른 것으로도 맹세하지 말고 오직 너희의 그렇다 하는 것은 그렇다 하고 아니다 하는 것은 아니라 하여 정죄함을 면하라."(약5:12) 맹세를 하실 수 있는 분은 하나님 한 분뿐이시다. "하나님께서 이르시기를 내가 나를 가리켜 맹세하노니."(창22:16) 그분은 거짓이 없고, 말씀대로 행하시기 때문이다. 지키지 못할 맹세일랑 남발하지 말자. 그러나 할 일은 하자.

107. 새로운 정신과 새로운 행동으로, 다시 읽는 취임사

1948년 7월 24일, 이날은 대한민국으로서는 매우 감격스러운 날이다. 우리 민족이 일제의 압제를 벗어나 대한민국을 건국하면서 이승만을 초대 대통령으로 선출하고 이날 취임하기 때문이다.

이날 이승만은 취임사를 낭독했다. 대통령 자신은 물론 참석한 하객, 그리고 그 광경을 라디오로 청취하는 많은 사람들이 그의 말 하나하나에 귀를 기울이기 시작했다.

"여러 번 죽었던 이 몸이 하나님 은혜와 동포들의 애호로 지금까지 살아 있다가 오늘에 이와 같이 영광스러운 추대를 받는 나로서는 일변 감격한 마음과 일변 감당키 어려운 책임을 지고 두려운 생각을 금하기 어렵습니다.

오늘 대통령으로서 선서하는 이 자리에 하나님과 동포 앞에서 나의 직책을 다하기로 한층 더 결심하며 맹서합니다. 따라서 여러 동포들도 오늘 한층 더 분발해서 각각 자기의 몸을 잊어버리고 민족 전체의 행복을 위하여 대한민국의 시민으로서 영광스럽고 신성한 직책을 다하도록 마음으로 맹서하기를 바랍니다."

무엇보다 그는 하나님의 은혜와 감사를 잊지 않았다. 취임사의 끝말은 다음과 같다.

"새 나라를 건설하는 데는 새로운 헌법과 새로운 정부가 다 필요하지만 새 백성이 아니고서는 결코 될 수 없는 것입니다. 부패한 백성으로 신성한 국가를 이루지 못하나니, 이런 민족이 날로 새로운 정신과 새로운 행동으로 구습을 버리고 새 길을 찾아서 날로 분발 개진하여야 지나간 40년 동안 잃어버린 세월을 다시 회복해서 세계 문명국에 경쟁할 것이니, 나의 사랑하는 3000만 남녀는 이날부터 더욱 분투용진(奮鬪勇進)해서 날로 새로운 백성을 이룸으로써 새로운 국가를 만년반석 위에 세우기로 결심합시다."

그의 연설이 끝나자 우레와 같은 박수소리가 났다. 모두가 기쁨으로 이 순간을 맞았기 때문이다. 나는 이 연설문을 접하면서 여러 생각을 했다. 그분이 하나님을 두려워하는 대통령이라는 점과 그의 연설문 상당부분에서 성경을 많이 적용했다는 점이다. 그는 새로운 나라를 열면서 '새로운'이라는 말을 여러 번 사용했다. 새 나라, 새로운 정부, 새 백성, 새로운 정신, 새로운 행동, 새 길.

그는 우리 민족이 나아지려면 "새로운 정신과 새로운 행동으로 구습을 버리고 새 길을 찾아서 분발 개진하여야" 한다고 했다. 이 말은 에베소서 4장 22절의 말씀을 생각하게 한다. "너희는 유혹의 욕심을 따라 썩어져 가는 구습을 따르는 옛사람을 벗어 버리고."

우리가 새로워지려면 어떻게 해야 할까. 주님을 더 가까이해야 한다. 새로운 마음을 주시는 분은 주님이시기 때문이다. "너희에게 새로운 마음을 주고 너희 속에 새로운 영을 넣어 주며, 너희 몸에서 돌같이 굳은 마음을 없애고 살갗처럼 부드러운 마음을 주며"(겔 36:26 표준새번역) "그때에 내가 그들에게 일치된 마음을 주고, 새로운 영을 그들 속에 넣어 주겠다. 내가 그들의 몸에서 돌같이 굳은 마음을 없애고, 살같이 부드러운 마음을 주겠다."(겔11:19 표준새번역) 시편저자도 기도한다. "아, 하나님, 내 속에 깨끗한 마음을 새로 지어 주시고 내 안에 정직한 새 영을 넣어 주십시오."(시51:10 표준 새번역)

취임사는 "분투 용진하여 새로운 국가를 만년반석 위에 세우도록 합시다."는 말로 맺는다. 반석 위에 이 국가를 세우자는 말이다. 성경적으로 말하면 이 반석은 그리스도가 아니던가. "다 같은 신령한 음료를 마셨으니 이는 저희를 따르는 신령한 반석으로부터 마셨으매 그 반석은 곧 그리스도시라."(고전10:4) 이 나라가 하나님 말씀 위에 더 굳게 서기를 기원한다.

108. 지금은 굵은 베옷을 입고 금식할 때

금식하면 모세를 빼놓을 수 없다. 그는 어려울 때마다 이스라엘 민족을 생각하며 금식했다. 40일 금식은 적어도 네 차례에 걸쳐 행해졌다.

첫 번째는 첫 번째 돌판을 받으려 호렙산에 올랐을 때이다. "모세는 산 위에 올랐으며 사십 일 사십 야를 산에 있으니라."(출24:18) "그때에 내가 돌판들 곧 여호와께서 너희와 세우신 언약의 돌판들을 받으려고 산에 올라가서 사십 주야를 산에 거하며 떡도 먹지 아니하

고 물도 마시지 아니하였더니."(신9:9)

두 번째는 두 돌판을 깨뜨린 다음이다. 두 돌판을 가지고 내려오자 그 사이 이스라엘 백성들은 황금송아지를 만들어 섬기는 죄를 범했다. 모세는 백성들이 보는 앞에서 두 돌판을 던져 깨뜨렸다. 그다음 40일 금식에 들어갔다. "그리고 내가 전과 같이 사십 주야를 여호와 앞에 엎드려서 떡도 먹지 아니하고 물도 마시지 아니하였으니 이는 너희가 여호와의 목전에 악을 행하여 그를 격노케 하여 크게 죄를 얻었음이라."(신9:18)

세 번째는 이스라엘이 다시 범죄함 때문이다. 이스라엘은 다베라 등 여러 곳에서 여호와를 격노케 했다. 하나님을 믿지 않고 거역했기 때문이다. 하나님은 그들을 멸하겠다 하셨다. 그러자 모세는 민족을 위해 금식했다. "그때에 여호와께서 멸하겠다 하셨으므로 내가 여전히 사십 주야를 여호와 앞에 엎드리고"(신9:25) 여기서는 먹지 않았다는 말은 없지만 문맥상 금식했음을 알 수 있다.

끝으로, 다시 두 돌판을 얻기 위해 호렙산에 올랐을 때이다. "모세가 여호와와 함께 사십 일 사십 야를 거기 있으면서 떡도 먹지 아니하였고 물도 마시지 아니하였으며"(출34:28)

모세는 하나님의 계명을 받을 때, 그리고 민족이 완악하여 하나님을 거역함으로 인해 몰살의 위기에 처했을 때 금식했다.

금식(fast)은 거룩한 자가 먹지도 마시지도 않고 하나님을 향해 겸손하게 엎드리는 것이다. 하나님의 긍휼을 바라는 마음에서다. 다니엘은 이스라엘의 죄를 자복하며 하나님의 거룩한 산을 위해 금식했다. "내가 금식하며 베옷을 입고 재를 무릅쓰고 하나님께 기도하며 간구하기를 결심하고"(단9:3) 느헤미야 당시 백성들이 초막절을 지킨 다음 다 모여 금식했다. "그달 이십사 일에 이스라엘 자손이 다 모여 금식하며 굵은 베를 입고 티끌을 무릅쓰며"(느9:1) 에스더서를 보면 유대인을 멸족하라는 왕의 조명에 유대인들은 애통하며 금식했다. 에스더는 유대인 멸족을 앞두고 왕 앞에 나가기 전 자신을 위해 금식하도록 했다. "당신은 가서 수산에 있는 유다인을 다 모으고 나를 위해 금식하되 밤낮 삼 일을 먹지도 말고 마시지도 마소서."(에4:16)

금식은 이스라엘 민족의 전유물이 아니다. 하나님을 모르는 니느웨 백성들은 회개를 촉구하는 요나 선지자의 말을 듣고 금식했다. "니느웨 백성이 하나님을 믿고 금식을 선포하고 무론 대소하고 굵은 베를 입은지라."(욘3:5) 국가적 재난을 맞아 거국적으로 회개한 것이다.

지금 우리나라뿐 아니라 세계적으로 경제가 어렵다. 게다가 한국 교회에 대한 우리 사회의 신뢰는 바닥이다. 오죽하면 기독교를 '개독교'라 하고, 목사를 '먹사'라 할까. 우리 모두 주님께 영광을 돌리기는커녕 주의 이름에 먹칠을 하고 있다.

이런 때 필요한 것이 있다면 그것은 굵은 베옷을 입고 금식하는 것이다. 요엘 선지자는 전한다. "제사장들아 너희는 굵은 베를 동이고 슬퍼 울지어다. [- -] 너희는 금식일을 정하고 성회를 선포하여 이 땅의 거민을 여호와의 전으로 몰수히 모으고 여호와께 부르짖을지어다. [- -] 이제라도 금식하며 울며 애통하고 마음을 다하여 내게로 돌아오라."(욜1:13, 14;2:12).

109. 메멘토 모리

그날 충무로역은 사람들로 붐비고 있었다. 전철이 조금 늦어지자 사람들이 더 밀려들어왔고 홈은 사람들로 더 가득 차게 되었다. 사람들은 전동차가 언제 오나 자꾸만 목구멍처럼 텅 빈 굴 안을 바라다보았다. 그제야 그 안에서 조그마한 불빛이 보인다. 차가 오고 있는 것이다. 그때 일행과 함께 서 있던 사람이 이런 말을 하는 것이었다. "사람은 이렇게 오고 이렇게 가는 거겠지. 우리 모두 인생의 마지막 차를 타기 위해 이 자리에 서 있는 거 아닐까. 이것이 인생이겠지. 그래, 우리 모두 마지막 차를 기다리는 사람들이야." 그 말에 공감하는 동안 차가 바짝 다가왔다. 우리 모두를 태우기 위해.

사람은 모두 죽는다. 이것을 부인할 사람은 아무도 없다. 세계적으로 매년 5천6백만 명이 죽는다. 이 순간에도 많은 사람들이 죽어가고 있다. 그럼에도 불구하고 사람들은 죽음은 남의 일이라 생각한다. 프로이트에 따르면 근본적으로 누구도 자기 자신의 죽음을 믿지 않는다. 마치 자신만큼은 영원히 살 것처럼 행동한다. 그러나 셰익스피어는 말한다. "죽음을 제외하고는 아무것도 내 것이 아니다." 인생은 짧다. 인간의 노화를 연구하는 학자들은 종종 "안 늙는다. 오래 산다는 말에 속지 말라." 한다. 이 말을 죽음에 빗대면 "안 죽는다는 말에 속지 말라." 할 것이다.

Memento mori. 이 말은 "죽음을 생각하라"는 말이다. 막스 쉴리는 현 세대가 죽음에 대해 무관심하고 사후 생명에 의해 죽음도 극복할 수 있다는 사상도 퇴색해 가고 있다고 말한다. 그러나 현명한 사람은 죽음을 생각하며 삶을 보다 의미 있게 장식하고자 한다. 에플 컴퓨터 회장 스티브 잡스는 17세 때 읽고 크게 깨달은 것이 있다고 고백한다. 그것은 "오늘 하루를 마지막처럼 산다면 언젠가 상당한 수준에 이를 수 있을 것이다."라는 말이다. 그래서 그는 거울 앞에서 설 때마다 오늘이 마시막일 수 있다 생각하며 산다. 이따금 유서 써보기, 관속에 들어가 죽음 체험해 보기를 하면서 사람들은 자신의 삶에 대해 많은 다짐을 한다. "지금까지 말씀대로 살지 않은 것이 후회스럽다. 남은 생애 과거처럼 살지 않아야겠다." "하나님으로부터 빌린 생명, 정성을 다해 살고 다시 하나님께 돌려드려야겠다."

소크라테스는 죽음을 두려워하지 말라 했다. 그러나 그가 죽음에 대한 어떤 해결책이 있어서 한 말은 아니다. 죽음에 대한 대안을 가지고 말씀하신 분은 오직 예수 그리스도시다. 창세기를 보면 "너는 흙이니 흙으로 돌아갈 것이니라."(창3:19) 했다. 죄에 대한 심판결과 죽음이 있게 될 것을 말한다. 그리스도인도 죽는다. 그러나 주안에서 죽는 자들은 복이 있다(계14:13). 하나님은 성도의 죽음을 귀중히 보신다(시116:15). 죽음이 끝이 아니기 때문이다. 예수님은 "사람이 내 말을 지키면 죽음을 영원히 보지 아니하리라."(요8:51) 하셨다. 이것은 육체적 죽음이 없다는 것이 아니다. 하나님과 영원히 분리되는 영적 사망이 없다는 말씀이다.

육체적 죽음으로 모든 것이 끝나는 것이 아니다. 인간은 영을 가지고 있기 때문이다. 기독교는 영생을 믿는다. 영생의 해답자는 예수

님이다. “나는 부활이요 생명이니 믿는 자는 죽어도 살겠고 살아서
믿는 자는 영원히 죽지 아니하리라.”(요11:25)
　다음은 장연수 권사의 시 ‘생명과 죽음’이다.

　　너
　　생명과 죽음은 하나님이 주신 선물이었네.
　　한 날 한 시에 태어나서
　　몸에 붙어 함께하는 기막힌 쌍둥이였네.

　　생명으로 정신없이 기뻐할 때도
　　눈에는 보이지 않지만 죽음도 함께 하는 것을……

　　잘 때도 움직일 때도 늘 상 곁에서 마주했고
　　때로는 소름 끼치는 원수처럼 때로는 섬뜩해지는 무서움으로.

　　오늘이 처음인 듯 오늘이 마지막인 듯
　　앞서거니 뒤서거니 생명과 죽음으로
　　영혼의 빛을 찾아 가네.

　　파란 신호등 꺼지고 빨간 신호등 켜지면 생명과 마주쳐서
　　한평생 정 붙이고 살았던 육신을 훌훌 털어버리고
　　손짓하며 떠나가네.

　　마침내 한 세대를 가고 한 세대가 오는구나.
　　우리는 축복된 본향이 있기에 생명의 마침표 찍고 요단강 건너리.

부활의 은총으로 새 하늘과 새 땅
주가 주신 면류관 쓰고 평안한 안식 누리겠네.
하나님의 사랑과 축복을 생명과 죽음으로
비로소
그 의미를 알게 되었네.

죽음을 생각하는 것은 인생의 모든 것을 성찰하는 것이다. 그래서 전도서 기자는 말한다. "죽는 날이 출생하는 날보다 나으며 초상집에 가는 것이 잔칫집에 가는 것보다 나으니 모든 사람의 결국이 이와 같이 됨이라 산 자가 이것에 유심(留心)하리로다. [--] 지혜자의 마음은 초상집에 있으되 우매자의 마음은 연락(宴樂)하는 집에 있느니라."(전7:1, 2, 4) "흙은 여전히 땅으로 돌아가고 신은 그 주신 하나님께로 돌아가기 전에 기억하라."(전12:7) 죽음의 성경적 의미는 육체와 영의 분리이다. 죽음이 찾아온 뒤에는 땅에서의 모든 소망은 끊긴다. 그러므로 우리는 하나님 앞에서 책임 있는 삶을 살아가야 한다.

다음은 다니엘서에 있는 말씀이다. "땅의 티끌 가운데서 자는 자 중에 많이 깨어 영생을 얻는 자도 있겠고 수욕을 받아서 무궁히 부끄러움을 입을 자도 있을 것이며"(단12:2) 그날 당신은 어느 쪽에 서겠는가.

110. 예수님 손 꼭 붙잡기

홍석환 목사의 책 『뜻밖의 선물』을 보면 암에 걸린 아들 현택이와 마지막 헤어지는 어머니의 눈물겨운 모습이 소개된다. 거기서 어머니는 단호하게 말한다.

"현택아, 예수님이 널 부르시면 달려가거라. 너 풋볼할 때 공 잡고 달려가는 거 알지? 그때처럼 뒤돌아보지 말고 앞만 향해 가. 여기서는 걸을 수도, 뛸 수도, 마음대로 움직일 수 없잖아. 그런데 하나님이 너를 부르면 그렇게 가는 거야."

책을 읽을 때 예수님이 부르시면 그저 달려가라는 어머니의 간절한 심정이 그대로 전해 왔다. 믿음의 어머니들은 언제나 예수님의 부르심에 즉각 응답하라고 한다. 이것은 주님을 향한 절대 신뢰가 있기 때문이다.

이 신뢰는 마더 테러사의 어머니도 마찬가지였다. 테레사는 1910년 마케도니아에서 알바니아 부모에서 3남매 중 막내로 태어났다. 그는 비교적 유복한 어린 시절을 보냈다. 하지만 수입업자였던 아버지가 일찍 세상을 떠나면서 가세는 기울기 시작했고, 가난에 찌든 세월을 보내야 했다. 감수성이 예민한 가난한 소녀 테레사는 마침 가톨릭 청소년 단체에 가입했다. 이때부터 선교활동, 특히 인도 선교에 관심을 갖기 시작했다.

그녀는 18세에 로레토 수녀원에 들어갔다. 독실한 신자인 어머니는 작고 여린 딸을 수녀원에 보내면서 당부했다. "너의 손을 예수의 손에 얹고 예수만 따라가라." 이 말은 평생 그의 앞길을 밝혀주는 지침이 되었다. 그녀가 찾아간 곳은 히말라야 산자락에 자리한 다질 링의 로레토 수녀원이었다. 이곳에서 예비수녀생활을 한 그는 교단 이 운영하는 캘커타의 성마리아여자고등학교에서 20여 년간 지리교 사로 일했고, 1944년 교장에 취임했다.

1946년 어느 날 테레사는 열차를 타고 가다 주님의 부르심을 받 았다. 메시지가 너무 분명해서 "예"라고 대답하지 않을 수 없었다. 그가 인도된 것은 캘커타의 빈민가였다. 그 뒤부터 그는 주님의 손 에 이끌려 가난하고 병든 자의 어머니가 되었다.

장모님이 뇌졸중으로 쓰러지자 나의 아내는 중환자실에 있는 어머 니 손목을 붙잡으며 기도했다. "어머니, 예수님 손 꼭 붙잡고 가세 요. 절대로 놓치지 마세요." 의식이 없고, 혹시 곧 부르심을 받게 될 지 모르는 상황에서 딸은 어머니에게 예수님의 손을 의지하도록 부 탁했다. 이 기도와는 달리 중환자실에서 일반실로 오는 기적이 일어 났지만 지금 생각하면 "예수님 손 꼭 붙잡고 가세요."라는 말의 의 미가 생각보다 깊고, 절절하다.

"예수님이 널 부르시면 뒤돌아보지 말고 따라가라." "너의 손을 예수의 손에 얹고 예수만 따라가라," "어머니, 꼭 예수님 손 붙잡고 가세요." 우리는 간절한 순간에 또는 최후일지 모르는 그 순간에 예 수님을 의지한다. 이것은 주님만이 궁극적으로 우리의 구원자라는 사실을 일깨워준다.

오늘 누가복음 8장 54절을 읽었다. "예수께서 아이의 손을 잡고 불러 가라사대 아이야 일어나라 하시니." 예수님도 우리 손을 붙드신다는 것을 일깨워준다. 주님이 붙드시면 기적이 일어난다. 아니 살든지 죽든지 주님과 함께 있는 것이 가장 큰 위로가 된다.

우리는 주님을 찾고, 주님은 우리를 찾으신다. 이것은 우리가 주님 안에 있고, 주님이 우리 안에 있음을 보여준다. 생명의 줄로 연결되어 있는 것이다. 현택이 어머니는 깜빡 잠이 들었다. 그 시간에 하늘의 음성을 들었다. "내가 잘 데리고 있을 터인데 왜 그렇게 걱정하느냐?" 그 뒤 힘을 얻은 어머니는 예수님이 널 부르시면 뒤돌아보지 말고 달려가라 말할 수 있었다. 그래, 예수님 손 꼭 붙잡기다. 오늘 따라 예수님의 손이 더 따스하게 느껴진다.

제2부　하나님, 나의 하나님

1. 하나님, 나의 하나님, 그 고백적인 삶의 중요성

무디가 한 학생을 맞았다. 그는 학생을 향해 "예수 그리스도를 믿습니까?"라고 물었다. 학생은 "믿기는 하지만 자신이 없는 데요."라고 대답했다. "요한복음 5장 24절을 읽어보게나. '내 말을 듣고 또 나 보내신 이를 믿는 자는 영생을 얻었고 사망에서 생명으로 옮겼느니라.' 믿는 자에게는 영생이 있다고 말씀하지 않는가. 이 말씀을 믿는가?" "예. 믿습니다."

"그러면 영생을 얻었는가?" "글쎄요."

"요한복음 5장 24절을 다시 읽어보게. 이제 믿는가?" "글쎄요."

무디가 고함을 쳤다. "학생이 무엇이관데 하나님을 무시하는가?"

이 두 사람의 대화에서 우리는 확실히 알 수 있는 것은 믿음에 관한 한 확신에 찬 무디와 그렇지 못한 학생이다. 요사이 무디의 고함을 들을 사람들이 늘어나고 있다. 신앙생활을 해도 자신이 없는 사람들이 많기 때문이다.

"하나님, 나의 하나님" 그 고백의 중요성

요즘 무엇보다 하나님이 계시는 것이 가장 감사한 일이라는 생각이 든다. 하나님이 없다면 우리는 얼마나 불쌍한 존재일까. 특히 그리스도인들은.

인간의 문제를 유전자의 문제로 보았던 옥스퍼드 대학의 리처드 도킨스가 하나님은 허구, 망상(delusion)이라 주장해 파문을 일으켰다. 신은 인간이 만들어낸 것이라는 주장이다. 그가 이렇게 주장한 배경에는 신의 이름을 걸고 기독교세력과 이슬람세력이 싸우고, 심지어 이슬람 안에서도 수니파니 시아파니 하며 싸우는 것을 보고 염증이 났기 때문이다.

이에 대해 옥스퍼드대학의 알리스터 맥그래스는 하나님을 망상이라 한 것은 도킨스의 망상이라고 반격했다. 하나님은 엄연히 존재하며 섭리하신다는 것이다.

왜 이렇게 차이가 날까? 그것은 하나님을 머리로만 생각하는지 아니면 진정 마음으로 믿느냐에 따라 달라지기 때문이다. 머리로만 생각하면 하나님은 이렇다고 이런저런 이론을 제시할 수 있다. 그러나 하나님을 마음으로 믿고 경험하면 달라진다.

야곱을 보자. 그는 벧엘에서 하나님을 만나기 전에는 머리로만 하나님을 생각했다. 하나님의 존재를 부인한 것은 아니지만 마음에 와

닮은 하나님은 아닌 것 같다. 그랬다면 그렇게 온갖 술수로 형을 괴롭혔을까. 그러나 하나님은 벧엘, 그 외로운 밤에 그를 만나주시고, 축복해 주셨다. 그 사건이 있은 뒤 그는 고백한다. "여호와께서 과연 여기 계시거늘 내가 알지 못하였도다."(창28:16) 그 뒤 하나님에 대한 그의 생각은 완전히 달라졌다. 멀리 계시는 분이 아니라 가까이 계시는 분이요, 우리 삶을 이끄시고 축복해 주시는 분이시다.

God이라는 말은 앵글로색슨어에서 파생된 말이다. 이것은 good이라는 말과 맥을 같이한다. 앵글로색슨어 가운데 장음 god와 단음 god가 있다. 장음 god는 목적 만족, 가득 참, 동의할 만함, 매력적 특성을 가짐의 뜻이 있다. good이다. 이에 비해 단음 god는 인간을 넘어선 신적 존재를 뜻한다. good의 차원을 넘어선 것이 바로 God다. 한자의 신(神)은 귀신 '신'자다. 신을 귀신으로 본다기보다 불가사의한 존재, 영적 존재라는 의미이다. 통념적으로 볼 때 신은 인간을 넘어선 영적 존재이다.

그럼 나에게 있어서 하나님은 무엇인가? 오늘 나의 삶에서 하나님은 무슨 의미를 갖는가? 남의 하나님이 아니라 나의 하나님이다. 사람들이 말하는 하나님이 아니라 나의 신앙으로 고백되는 하나님이다.

혹시 그 하나님이 당신으로부터 멀리 있지 않는가. 아니 당신 스스로 그분으로부터 멀리 있지 않는가. 머리와 가슴은 두 뼘도 안 되는 거리에 있다. 그런데 어떤 이는 머리에서 가슴 사이가 가장 멀다고 한다. 특히 하나님 문제에 관한 한. 머리와 가슴이 가까워지려면 머리로 아는 하나님이 아니라 가슴으로 아는(믿는) 하나님이어야 한다. 내 가슴에 하나님이 있다면 나는 오늘 행복할 수 있다. 그렇지 않다면 나는 그 행복을 뒤로 미뤄 둬야 한다. 하나님을 내 가슴에 모시기 전까지는. "하나님, 나의 하나님", "여호와는 나의 목자시니" 와 같은 고백이 중요하다. 그 고백을 할 때 이미 당신은 전능자의 그늘 아래 있다.

믿음의 명문가정을 이루려면

우리는 가족에 대한 관심이 높다. 부모는 자녀의 성공을 위해 헌신한다. 논도 벌고 열심히 일한다. 힘든 것도 참고, 때로는 수모도 견디어 낸다. 가족을 사랑하기 때문이다.

무엇보다 명문가정을 이루고 싶어 한다. 그러나 참된 명문가정은 무엇일까. 그것은 세상적 풍요와 명예에 의한 것이 아니라 하나님에서 나온 것이어야 한다. 믿음의 명문가정을 이뤄야 한다는 말이다.

기업에도 명품기업이 있다. 명품기업의 특성 가운데 하나는 짝퉁을 만들지 않는다는 사실이다. 진품의 가치를 아는 사람은 아무리 짝퉁이 값싸고 질이 좋다 해도 그것에 현혹되지 않는다. 마찬가지로 한번 하나님의 은혜를 맛본 사람은 다른 은혜를 구하지 않는다.

야곱은 하란에서 가정을 이루었다. 그리고 가족을 데리고 가나안으로 왔다. 딸 디나의 사건이 있기 전까지 명문가정을 이룬다는 생각은 적었다. 그러나 그가 가족 모두를 이끌고 전에 하나님을 만났던 벧엘에 돌아와 하나님을 찾았을 때 비로소 가족의 믿음이 얼마나 중요한가를 깨닫게 되었다. 그는 그동안 자신들을 지켜 주리라 생각했던 드라빔 등 온갖 이방의 짝퉁들을 모두 나무 아래 묻었다. 그리고 오직 하나님 앞에 나갔다. 그 뒤 그의 가정은 달라졌다.

우리가 지금 해야 할 일은 가족을 이끌고 벧엘로 올라가는 것이다. 그리고 그곳에서 하나님을 만나는 것이다. 가족 모두가 하나님을 경험해야 명문가정을 이룰 수 있다.

C. S. 루이스는 "이 세상의 모든 욕구보다 하나님을 향한 갈망이 더 크다."고 말한다. 이것은 아무나 할 수 있는 말이 아니다. 믿음의 명문가정을 이루려는 사람들이 할 수 있는 말이다. 세상을 원하는 그쪽으로 갈 것이다. 그러나 하나님을 원하면 하나님을 택할 것이다.

믿음의 명문가정이 내세우는 구호가 있다. 그것은 "살든지 죽든지 내 몸에서 그리스도가 존귀하게 되게 하려 하나니."(빌1:20) 하나님은 지금도 전심으로 주님을 찾고, 자신을 존중히 여기는 자를 찾고 있다.

여호와의 선하심을 맛보아 알지어다

시편저자는 말한다. "너희는 여호와의 선하심을 맛보아 알지어다 그에게 피하는 자는 복이 있도다."(시34:8) 여호와의 '선하심'은 '좋았더라'와 같이 '토부'라는 히브리 어원을 함께 가지고 있다. 토부는 하나님의 본질적인 모습이다. 그분은 우리를 사랑하시며, 우리를 통해 그의 선하신 뜻을 이루신다. 시편 기자는 이 선하심을 삶 속에서 맛보아 알라고 한다.

모세는 하나님을 더 알고 싶어 하는 열망을 가지고 있었다. 그는 하나님을 향해 "주의 영광을 내게 보이소서."라고 말한다. 영광의 온전한 모습을 본다는 것은 죽음을 의미한다. 그것을 아신 하나님은 반석 틈에서 여호와의 등 곧 그 영광의 일부를 보도록 했다. 그것도 여호와의 손으로 모세를 덮었다가 손을 떼는 순간 볼 수 있게 한 것이다. 이것은 모세를 죽지 않고 보게 하려는 하나님의 배려요 선하심이다(출33:18-23). 이것은 주의 선하심이 어떠한가를 보여준다. 그 하나님이 십자가의 보혈을 통해 우리의 죄를 덮어 주셨다. 주님을 모른다고 세 번이나 부인했던 베드로의 실수와 용서도 덮어주셨다. 하나님의 선하심이 아니면 우리는 아직도 어두운 죄악 가운데 있을 것이다. "여호와여 내 소시의 죄와 허물을 기억지 마시고 주의 인자하심을 따라 나를 기억하시되 주의 선하심을 인하여 하옵소서." (시편25:7)

토부는 하나님의 선한 목적을 이루시기에 합당하다는 뜻을 가지고 있다. 하나님은 우리를 향해 선한 계획을 가지고 계신다. 인자는 천대까지 베풀고 악과 과실은 3.4대까지 보응하도록 한 것(출34:6-8)은 가계에 저주의 피를 흐르게 하도록 하신 말씀이 아니다. 죄의 파괴성을 지적하고, 축복의 길을 가도록 하신 뜻이 담겨 있다. "자기 아들을 아끼지 아니하시고 울 모든 사람을 위하여 내어주신 이가 어찌 그 아들과 함께 모든 것을 우리에게 은사로 주지 아니하시겠느뇨."(롬8:32) 마침내 하나님의 선하심이 예수님의 십자가 사건을 통해 이뤄진다.

요셉은 종살이를 하면서도 하나님의 선하심을 맛보았다. 다윗도 자신이 처한 고난에도 불구하고 하나님의 마음을 아는 사람이 되었다. 그리고 고백한다. "나의 평생에 선하심과 인자하심이 정녕 나를 따르리니 내가 여호와의 집에 영원히 거하리로다."(시편23:6) "정녕 나를 따르리니." 선한 목적이 우리에게도 이뤄짐을 보여준다. 여호와의 선하심으로 우리는 소망이 있는 존재가 된 것이다.

그 하나님은 지금도 우리를 기억하시고, 필요한 것을 공급하시며, 이끌어 주신다. 필요하면 은혜도 풍성히 내려 주신다. 한량없는 은혜를. 세상을 만드신 그 하나님은 지금도 나를 더 귀한 존재로 만들어 가신다(mould me). 우리 자신뿐 아니라 역사를 주관하고 이끄신다 (lead me). 그분이 정하신 방향으로, 카이로스 타임에. 삶에서 하나님의 선하심, 우리를 향한 그 풍성함을 경험하라. 그리고 감사하라. 절대로, 절대로 하나님에 대한 당신의 초점이 흐려지지 않도록 하라.

안토니 플루의 전향

새로운 천년에 들어서서 가장 큰 종교 뉴스 중 하나는 세계적으로 무신론자로 악명이 높았던 영국의 철학자 안토니 플루(Antony Flew)가 하나님을 믿게 되었다는 것이라고 AP가 보도하였다.

그는 사신이 유신론자가 된 것은 두 가지 과학적 이유 때문이라

하였다. 하나는 우주의 오묘한 운행을 살펴보니 창조자에 의해 설계되고 운행됨이 확실하다는 것이다. 그는 "물리적 우주의 완전한 복잡성 뒤에는 하나의 지성(Intelligence)이 존재함이 틀림없다는 아인슈타인을 비롯한 여러 과학자들의 언급에 대한 나의 커져가는 공감(empathy)이었다."고 고백했다. 다른 하나는 물리적 우주보다 훨씬 더 복잡한 생물체들의 완전한 복잡성은 지적 근원(Intelligent Source)에 의해서만 설명될 수 있다는 내 자신의 통찰력이었다. DNA를 연구하면 할수록 복잡한 정렬이 필요한 데 이 모든 것은 놀라운 설계자가 없으면 불가능하다는 것을 보여준다. 창조론, 곧 지적 설계 논쟁(intelligent design argument)이 선도적 무신론자를 하나님께로 인도한 것이다.

그는 계속해서 말한다. "생명의 기원과 번식(reproduction)의 기원은 수많은 노력들에도 불구하고 단순히 생물학적 관점만으로는 설명될 수 없다고 나는 믿는다. 해를 거듭하면서 생명체들의 정교함과 놀라운 선천적 기능들이 더 많이 발견되면 될수록, 점점 더 원시의 화학 스프(chemical soup)가 그러한 유전 암호들을 마술적으로 발생시켰을 것 같아 보이지 않는다. 생명체와 비생명체와의 차이는 존재론적인 것이지, 화학적인 것이 아니다. 이러한 근본적인 장벽으로 인해, 리처드 도킨스(R. Dawkins)는 그의 책 『만들어진 신』(The God Delusion)에서 생명의 기원은 '운 좋은 우연(lucky chance)' 탓으로 돌리고 있는 코미디 같은 노력을 하고 있는 것이다. 만약 최고의 논리적 주장이 단지 억세게 운 좋은 우연이라면, 게임은 끝났다. 아무도 그 주장을 들으려 하지 않을 것이다. 그것이 내가 이러한 결론을 내리도록 한 근거인 것이다."

사진: 안토니 플루

27살 되던 1950년, 그는 옥스퍼드의 한 학회에서 『신학과 위증성』을 발표했다. 그는 '신은 너무 모호한 개념'이며 '신이 볼 수 없고, 만질 수 없고, 알 수 없는 대상이라면 신이 없다는 것을 증명할 수도 없고, 신이 있다는 것도 증명할 수 없다.'고 주장했다. 이 책은 무신론자들의 교과서적 저술로 꼽힌다. 그러나 회심한 후 그가 내놓은 책은 『신은 있다』(There is a God)이다. 이 책의 부제는 '세계에서 가장 악명 높은 무신론자가 어떻게 생각을 바꿨는지'이다.

플루는 이 책에서 전도사의 아들로 태어난 자신이 감리교 신학학교를 거치며 무신론자가 된 과정과, 평생 신앙생활을 부정적으로 바라보다가 노년에 유신론으로 돌아서게 된 과정을 1인칭 시점에서 서술하고 있다. 뉴욕타임스는 이 책이 "자연의 법칙은 우연으로 보기에 너무 완벽하다."는 종교적 신념을 담아 과학에 대해 서술한다고 보도했다. 이러한 변화에는 플란팅가(Alvin Plantinga)와 스윈번(Richard Swinburne) 등과 같은 철학적 유신론자들과의 새로운 논쟁들이 많은 역할을 하였다.

2004년 말부터 플루는 '변절' 혹은 '전향'의 모습을 보여 왔지만, 기독교인이 된 것은 아니다. 그는 "자신과 세계의 존재를 동시에 실명할 수 있는 지성(지적 설계자)을 믿을 뿐"이라고 설명한다. 플루에게서 학문적 영향을 받은 무신론자들은 이해할 수 없다는 반응을 보여 왔다. 리처드 도킨스는 지난해 한 강연에서 "그는 한때 훌륭한 철학자였다. 슬프다."라고 말했다.

플루는 아직 크리스천은 아니다. 그는 하나님을 한 분의 인격체로 믿고 있는 수준까지만 나아왔다. 그러나 그가 생애의 마지막 의지와 증언(last will and testament)으로 부르고 있는 그 책은 크리스천이 될 여지를 남겨놓고 있다. 그 책은 부활에 대한 기독교 신앙의 일관성을 주장하는 신약학 학자요 성공회 주교인 라이트(N. T. Wright)의 글을 부록으로 끝맺고 있다. 비록 플루가 아직 정통 기독교와는 약간의 거리를 유지하고 있지만 라이트를 찬양한 것이다.

더 깊은 자리로 나아가자

철학자 플루가 여기까지 온 것은 우리에게는 우연처럼 보일 수 있다. 그러나 하나님에게 있어서 그것은 영생을 주시기 위한 하나님의 필연이다. 인간은 영적 존재로서, 영적으로 충족되지 못하면 만족할 수 없다. 만족 없는 인생에게 생수를 채워줄 수 있는 분은 오직 예수님뿐이다.

우리에게 필요한 것은 한 걸음 더 깊이 하나님께 나아가는 것이다. 그분을 존중하고 사랑하라. 그분은 멀리 있는 신이 아니다. 우리 속에 이미 임재해 계시고, 우리와 영원히 함께하기를 바라시는 분이다.

그분을 만나기 위해 예배로 나아가라. 하나님을 귀히 여길수록 예배도 귀히 여긴다. 그분을 만나고 경배하며 말씀을 들을 수 있는 합당한 자리이기 때문이다. 엘리의 아들들, 곧 홉니와 비느하스는 하나님께 드리는 제사(예배)를 멸시했다. 사무엘상은 그들을 불량자요 하나님을 알지 아니한 자로 소개하고 있다(삼상2:12). 불량자는 '벨리벨리알' 곧 '벨리알의 아들들'로 하나님의 아들이 아니라는 말이다. 한마디로 사단이라는 뜻이다.

지금 우리가 드리는 예배는 어떤가. 너무 형식적이지 않는가. 오히려 예배를 자신의 유익을 위한 도구로 변질시키고 있지 않는가. 하나님을 깊이 알아가기보다 나의 소원을 성취시키는 데 더 관심을 두고 있지 않는가. 그렇다면 이것은 하나님 중심의 예배가 아니라 자기중심의 예배다. 그만큼 우리의 예배가 변질되어 있다.

소선지에 보면 하나님은 형식적인 제사를 싫어하셨다. 그리고 차라리 성전 문을 닫을 자가 있었으면 좋겠다고 하신다. 그만큼 안타까워하시는 하나님을 보여주고 있다. 오죽하면 여호와께서는 악인의 제사를 싫어하시고 정직한 사람의 기도는 기뻐하신다(잠15:8) 하셨을까. 아브라함은 가는 곳마다 단을 쌓고 여호와 이름을 불렀다. 그만큼 하나님 앞에 나아가기를 기뻐했다. 사무엘은 하나님 앞에서 자랐다고 말한다. 사단은 우리로 하여금 하나님 앞에 나아가는 것을 소홀하게 만든다. 우리의 마음이 오직 주님께로만 흘러가도록 해야 한다.

예배로 끝나서는 안 된다. 하나님의 은혜를 소홀히 하지 않는다. 하나님의 은총에 늘 감격하는 마음을 가지는 것이 중요하다. 이스라엘은 여러 민족 가운데 가장 적은 민족이다(신7:7). 그럼에도 불구하고 그 민족을 택하시고 보호해 주신 것은 모두 하나님의 은총이다. 그 민족을 향한 구원의 은혜는 보이는 것으로 나타나기도 하고, 보이지 않게 나타나기도 한다. 그것이 어찌 이스라엘 민족에게만 해당될까. 바울은 내가 나 된 것은 하나님의 은혜라고 말한다. 우리 각자에게 주신 은혜는 얼마나 많은가.

레위기를 보면 하나님은 "너희 하나님이 되려고 너희를 애굽 땅에서 인도하여 낸 자니 나는 여호와니라."(레22:33) 하셨다. 여호와가 자발적으로 우리의 구원자가 되신 것이다. 하나님은 왜 우리의 하나님이 되시려 하셨을까? 연약한 우리를 사랑하셨기 때문일까, 아니면 우리를 거룩하게 만드시려 한 때문일까. 그러한 이유도 있겠지만 무엇보다 우리에게 약속하신 언약을 이루기 위해서다. 언약의 성취를 통해 자신이 우리의 하나님 여호와인 줄 알도록 하기 위함이다(출6:6-7). 약속을 지키시는 하나님은 애굽에서 고통당하며 부르짖는 이스라엘의 간구를 외면하지 않으셨다. 그들로 하여금 우상숭배에서 벗어나게 하시고 이스라엘이 하나님의 소유된 백성임을 확실히 하셨다. 그들의 상처를 싸매시고 치유해 주셨다. 이것이 바로 하나님의 은혜다. 그러므로 우리가 의지하고 신뢰할 대상은 오직 하나님 한 분뿐이시다.

그 하나님은 이스라엘만 택하신 것이 아니다. 예수를 구주로 고백하는 모든 사람에게 같은 은혜를 주신다. 하나님은 왜 이런 은혜를 주실까? 그것은 죄로 멸망치 않고 영원한 생명을 얻게 하기 위함이다. 그 영원한 복은 그 하나님을 나의 하나님으로 믿고 고백할 때 가능하다.

사랑의 하나님은 공의의 하나님이시기도 하다. 하나님의 공의는 심판으로 나타난다. 우리가 영적으로 무감각하면 심판에 무감각해지고 불순종하게 된다. 우리는 이 땅에서도 하나님의 경고를 받는다. 하나님께 범죄했을 때 그것을 합리화하려 들지 말자. 하나님은 이미 다 아신다. 결코 속는 분이 아니시다. "스스로 속이지 말라. 하나님은 만홀히 여김을 받지 아니하시나니 사람이 무엇으로 심던지 그대로 거두리라. 자기의 육체를 위하여 심는 자는 육체로부터 썩어진 것을 거두고 성령을 위하여 심는 자는 성령으로부터 영생을 거두리라."(갈6:6-7) 그러니 하나님의 심판을 두려워하라.

하나님은 지금도 우리와 소통하기를 원하신다. 그럼에도 불구하고 당신 안에 하나님이 계신다는 것을 확신하지 못한다면 문제가 아닐 수 없다. 하나님이 내 안에 계신다는 것과 없다는 것은 다르다. 없다고 생각하면 자기 마음대로 행동한다. 그러나 내 안에 계신다고 확신하면 삶이 달라진다. 코람 데오. 하나님 앞에서 더 진솔하게 나아가자. 의미 있게 그분을 붙들자. "하나님, 나의 하나님." 그때 하나님은 우리를 향해 기쁨으로 응답하실 것이다.

2. 말씀 안에 거하고 믿음으로 바로 서기

말씀 안에 거하기

한국인물전기학회에서 2003년 '춘원 이광수의 생애와 문학사상'을 주제로 대회를 열었다. 이 학회에 춘원의 막내딸 이정화 씨가 '아버님 춘원'이라는 주제로 어린 시절 아버지에 얽힌 추억과 가족 이야기를 털이놓았다. 평생 폐병을 달고 다닌 한국 근대문학의 거목 춘원, 산부인과 의사로 남편의 병 수발과 감옥 뒷바라지를 해 온 어머니 허영숙 여사, 광복 후 반민특위에서의 재판과정, 6·25납북 등.

그러나 딸로서 그가 잊을 수 없는 것은 아버지가 자신에게 끼친 도덕적, 종교적 영향이었다. 춘원은 거지를 보면 호주머니에 있는 돈 가운데 제일 큰돈을 꺼내주었다. 그 아버지의 모습이 지금도 눈에 선하다는 것이다. 그리고 열두 살 때 아버지가 사주신 영어성경책을 지금도 간직하고 있다고 고백했다. 아버지는 성경 첫 장에 아버지와 자신의 이름을 나란히 써 주시며 아버지가 세상을 떠난 후에도 이 책에서 위로를 받으라고 하셨다는 것이다. 성경. 그것은 세상에서 물려주고 싶은 가장 귀한 책이다.

미국의 실업가로 백화점을 운영했고, 훗날 체신부 장관까지 역임한 존 워나메이커는 성경을 사랑하는 사람으로 알려져 있다. 그는 82세에 이렇게 고백했다. "저는 오늘까지 무려 30,026일을 살아오면서 투자하는 것마다 많은 이윤을 남겼습니다. 그러나 제가 한 가장 위대한 투자는 12살 때 2달러 50센트를 주고 빨간 가죽 성경을 산 것입니다. 왜냐하면 이 낡은 성경이 현재의 나를 만들었기 때문입니다.”

워나메이커가 어린 나이에 직접 성경을 샀다는 것은 흔치 않은 일이다. 지금은 누가 믿기 시작하면 성경을 기꺼이 선사한다. 성경이 거저 생긴다. 거저 받는 바람에 성경의 귀함이 상실되지 않았나 생각된다. 그래서 이렇게 말하고 싶다. 성경을 선물 받기보다 직접 성경을 사라. 성경의 귀함을 알기 위해서라도, 그리고 그것이 인생에서 가장 위대한 투자라는 것을 체득하기 위해서라도.

왜 이렇게 성경이 중요한가? 그것은 하나님의 말씀이 나의 삶에 계기판이 되기 때문이다. 비바람에 폭풍우가 몰아칠 때 비행기도 요동친다. 비행기가 거꾸로 가기도 한다. 앞이 안 보일 때도 있다. 이런 때 노련한 비행사는 자신의 경험과 직관을 이용하기보다 상황 상황에 따라 어떻게 해야 할 것을 인체공학적으로 가르쳐 주는 인공수평의(人工水平儀, artificial horizon) 계기판을 보며 운전을 한다.6) 계기판보다 주변의 상황에 놀라 마음대로 운전하게 되면 추락할 위험이 높다. 우리 인생에서 계기판은 주님의 말씀이다. 우리가 주님의

---

6) 비행기의 자세, 즉 전후좌우의 기울기를 인공적으로 만들어 낸 수평선을 기준으로 지시하는 계기다.
자이로수평의라고도 한다. 밖의 상황을 육안으로 확인할 수 없을 때, 즉 야간이나 구름·안개 등으로 인해서 시계가 한정되었을 때의 비행에는 빼놓을 수 없다. 계기 안에는 자이로가 있어 공기 또는 전기에 의해서 고속으로 회전하고 있다. 자이로를 직접 지탱하는 기구에 수평선을 장치하면 항상 수평을 유지하는 인공적인 수평선이 된다.

말씀에 의지하고 나갈 때 험난한 인생에서도 살아날 수 있다.

같은 성경이라도 읽으면 평소에는 느끼지 못했지만 순간 마음에 와 닿고 마음에 꽂히는 말씀이 있다. 기록된 말씀(written words)이 로고스(logos)라면 지금 나에게 다가와 역동적으로 역사하는 말씀(saying words), 즉각적이고 살아 있는 하나님의 말씀은 레마(rema)이다.[7] 레마의 말씀이 영적으로 좌초된 상태에서 나를 일으킨다. 성경을 읽지 않으면 하나님의 말씀이 내안에 살아 움직일 수 없다.

성경은 구원의 역사로 하나님이 사람을 어떻게 다루시는가를 보여준다. 성경이 소개하는 여러 인물 가운데 아브라함, 이삭, 야곱, 요셉은 대표적이다. 아브라함은 여러 인간적 실수에도 불구하고 하나님의 약속을 신실하게 붙잡았다. 이삭은 주변이 자기를 괴롭혀도 하나님을 바라보며 양보하는 미덕을 보였다. 야곱의 삶은 다양하다. 부정직한 야곱의 모습을 통해 정직하게 사는 것이 얼마나 중요한지 깨닫게 하며, 세겜에서의 복수사건을 통해 복수보다 용서의 삶이 중요

---

7) 신약에서는 하나님의 말씀을 표현하는 데 로고스와 레마 두 개의 헬라어가 사용되고 있다. 로고스는 대부분 하나님의 기록된 말씀을 가리키며, 레마는 하나님이 직접 쓴 말씀을 가리킨다. 보기를 들어 예수님이 광야에서 시험받으실 때 구약의 말씀인 로고스를 무기로 사용하셨다. 예수님은 반복적으로 "기록되었으되"라고 증거를 대셨다. 바울이 구브로에서 바예수와 능력대결을 할 때 "보라. 이제 주의 손이 네 위에 있으니 네가 소경이 되어 얼마 동안 해를 보지 못하리니."(행13:11)라며 주께로부터 온 레마 말씀을 사용하셨다. 바울은 이 말씀을 구약의 어느 책에서도 찾을 수 없었기 때문에 예수님처럼 "기록되었으되"라고 말하지 않았다. 로고스와 레마 두 가지 형태의 하나님의 말씀은 지식의 유용한 자원들이고 영적 전투에서 사용되는 중요한 무기들이다. 학자들은 이 두 단어가 때로 상호 교환적으로 사용되기 때문에 엄격하게 구분할 수 없다고 말하기도 한다(C. P. Wagner, Confronting the Powers, 1996).

하다는 것 가르쳐준다. 또한 식구들을 향해 "벧엘로 올라가자."라는 말을 통해 하나님과의 올바른 관계를 갖는 것이 중요하다는 것 가르쳐주었다. 요셉은 성실함의 중요성을 가르쳐 주었다. 그는 하나님께는 충성하고 사람에게는 성실한 삶을 살아 삶의 모범이 되었다. 그는 환난과 고통 가운데서도 일관되게 성실을 유지함으로써 예수의 삶을 상징적으로 보여주었다. 우리는 성경을 통해 하나님이 함께하는 자의 형통함과 거부하는 자의 비참함을 본다.

성경의 모든 기록은 우리 삶의 거울이 되며, 삶의 경계로 삼기에 충분하다. 성경은 말한다. "저희에게 당한 이런 일이 거울이 되고 또한 말세를 만난 우리의 경계로 기록하였느니라."(고전10:11) 물질적으로 자수성가하는 것은 중요하다. 그러나 이보다 더 중요한 것은 신수성가한 사람이 되는 것이다.

나만 잘되는 것은 이기적이다. 자신뿐 아니라 남을 살리는 인생이 되어야 한다. 자신을 성실한 삶을 통해 가정을 살리고, 사회를 살리는 사람이 되어야 한다. 하나님은 우리를 가리켜 복의 근원이 되라고 하신다. 우리 자신이 이웃에게 복이 되어야 한다는 것이다. 우리에게는 하늘의 꿈을 안고 후대를 위해 하나님 앞에 참으로 눈물을 흘리는 영적인 지도자가 필요하다. 자신의 이익만 안고 싸우는 나라는 꿈이 없는 나라다. 이를 위해 우리는 내적으로 자신의 믿음을 점검하고, 외적으로는 전도와 선교에 관심을 가질 필요가 있다.

믿음으로 바로 서기

믿음은 무엇보다 하나님을 내 삶에 최우선의 자리에 두는 것이다. 하나님이 내 안에 깊게 자리할수록 우리 마음은 하나님을 향해 기운다. 이 기욺(leaning)은 예수 그리스도 안에서 전 인격을 다해 그분을 절대적으로 신뢰하고 그의 능력과 지혜에 확신을 가지는 것을 말한다. 이 기욺은 단지 몇 도 기우는 것이 아니다. 그리스도 안에서 우리의 믿음이 확고히 서는 것(firmness)이다. 허드슨 테일러는 믿음의 선교로 유명하다. 그는 하나님이 필요하면 하나님이 알아서 해주실 것이다 믿었다. 그러나 어떻게 큰 믿음을 얻을 수 있을까 고민했다. 그는 친구의 편지에서 그 해결책을 찾았다. 그것은 "신실한 하나님을 인격적으로 의지하는 것이 중요하다."는 것이었다. 믿음은 내 인생에서 하나님이 주어가 되게 하는 것이다. 내가 주어가 되면 하나님으로부터 멀어지게 된다.

믿음은 하나님의 말씀을 전적으로 신뢰하는 것이다. 한 청년이 우찌무라 간조우(內村鑑三)를 찾아와 물었다. "성경의 기적 부분은 믿을 수 없어요. 그것만 빼고 믿으면 안 되나요?" 그러자 우찌무라가 말했다. "성경 창세기부터 요한계시록까지 모두 기적인데 이것을 빼고 나면 무엇을 믿을 건가? 겉표지 두 페이지밖에 남는 것이 없지 않은가? 자네는 표지만 믿을 건가?"

하나님의 말씀을 믿는 자는 하나님이 내게 한 선언을 인정한다. 이 선언은 내 의견이 아니라 하나님의 결정사항이다. 그러므로 우리는 그 선언을 믿음으로 받아들여야 한다.

- 나는 너를 창조하였고 실수하지 않았다(시139:13 – 16).
- 나는 예수의 보혈을 대가로 지불할 정도로 너를 귀중히 여긴다 (벧전1:18 – 19).

자존감 낮은 사람은 죄의식도 많다.

- 죄와 벌을 다시는 기억하지 않겠다(히10:17, 18). 하나님의 능력으로 용서하셨다.

이단으로 지목받고 있는 한 단체에서는 '일단 죄 사함을 받으면 다시는 회개할 필요가 없다'고 주장한다. 이것은 성화가 배제된 중생만을 강조하기 때문에 문제다.

- 온 세상의 죄를 다 용서하셨다(요일2:2).
- 나는 너를 양자로 삼았고 예수와 함께 상속인으로 삼았다(롬8:14 – 17).

내가 주님과 하나 되고, 그 말씀과 하나 되어야 온전한 인격을 이룰 수 있다. 이를 위해서는 하나님 말씀 이외에 다른 복음이 없음을 인정한다. 그리스도 안에는 다른 복음이 존재하지 않는다. 다른 복음은 이단으로 정죄된다. 사도들과 속 사도들은 다른 복음을 전하는 사람을 가리켜 '미친개'라 했다. 개도 욕인데 거기다 하나 더 붙여 미친개라 한 것이다. 속사도 시절 폴리갑이 이단으로 지목받고 있던 영지주의자 말시온을 만났다. 말시온은 그가 자신을 인정해 주기를 바랐다. 폴리갑은 단호히 말했다. "나는 당신을 인정한다. 당신은 사단의 첫 새끼다."

믿음으로 나아가기

토저는 믿음이란 문제를 바라보지 않고 하나님의 얼굴을 바라보는 것이라 했다. 문제를 보면 그것에 압도당해 한 발짝도 나서지 못할 때가 많기 때문이다. 인간은 그만큼 연약하다. 그러나 믿음이 있으면 하나님은 역사하신다. 예수님도 "네 믿음이 너를 구원하였느니라." 하지 않으셨는가. "하늘에서는 주 외에 누가 내게 있으리오. 땅에서는 주밖에 나의 사모할 자가 없나이다. 내 육체와 마음은 쇠잔하나 하나님은 내 마음의 반석이시요 영원한 분깃이시라."(시73:25, 26). 나의 영원한 분깃이신 주님만 바라보라.

믿음은 들음에서 난다. "믿음은 들음에서 나며 들음은 그리스도의 말씀으로 말미암았느니라."(롬10:17) 믿음은 하나님의 말씀을 들음에서 난다. 그 말씀을 통해 하나님 만남을 만나 변화하기 때문이다. 마리아는 말씀이 임할 때 말했다. "주의 여종이오니 주의 말씀대로 그대로 이루어지이다." 그리스도의 제자들이 가져야 할 자세 가운데 중요한 것은 말씀을 듣고 순종하는 것이다. 하나님의 말씀을 듣기 위해서는 하나님 앞에 홀로 있는 시간이 필요하다. 말씀을 읽고 침묵의 시간을 가져라. 침묵은 하나님의 말씀을 적극적으로 들으려 하는 태도다. 침묵 가운데 임하시는 주님을 경험하라.

믿음은 이루어질 때까지 끝까지 붙잡는 것이다. 축복할 때까지 붙잡은 손을 풀지 않겠다는 야곱의 믿음을 보라. 하나님은 보이지 않기 때문에 지금 우리는 육체적으로 붙잡을 수는 없다. 그러나 한 가지 방법은 있다. 기도하는 것이다.

"예루살렘이여 내가 너의 성벽 위에 파수꾼을 세우고 그들로 종일 종야에 잠잠치 않게 하였느니라. 너희 여호와로 기억하시게 하는 자들아 너희는 쉬지 말며 또 여호와께서 예루살렘을 세워 세상에서 찬송을 받게 하시기까지 그로 쉬지 못하게 하라."(사62:6-7) 여호와로 쉬시지 못하게 기도하라. 쉬지 말고 기도하라. 끝까지 붙잡고 기도하라.

믿음은 새로운 삶을 사는 것이다. 그 믿음 가운데 하나님이 역사하시기 때문이다(new life through your faith in the working of God). 새로운 삶을 살기 위해서는 전처럼 문제에 지지 말고 문제를 극복하는 삶으로 나가야 한다. 문제를 어떻게 뛰어넘을 수 있는가? 그것은 문제 뒤에 숨겨진 답을 바라볼 줄 아는 것이다. 그것이 바로 믿음이다. 우리의 삶 자체가 문제투성이다. 학생은 성적이 최고의 문제고, 청년 시절에는 진로와 결혼이 문제다. 문제는 언제나 우리 앞에 놓여 있다. 문제만 집중적으로 생각하면 그 문제가 나를 지배해 버리고 만다. 문제만 바라보면 문제를 덮고 있는 하나님의 놀라운 역사를 볼 수 없다. 우리 앞에 있는 문제만 바라보지 말고, 문제를 덮을 수 있는 하나님의 크신 은혜를 바로 보아야 한다. 여기에 문제 해결의 열쇠가 있다. 때로는 이해할 수 없이도, 우리의 몰이해 뒤에서 오늘도 우리를 위해 꾸준히 일하시는 주님을 볼 수 있어야 한다.

믿음의 삶은 한쪽으로 치우친 삶을 사는 것이 아니라 균형 있는 삶을 산다. 우리는 종종 믿음이 좋으면 뭔가 이상한 생각이나 행동을 하지 않을까 오해하기도 한다. 주님이 우리의 병들을 고치듯 신앙생활에 있어서 우리의 불균형한 모습을 고치신다. 우리의 믿음 생활이 보다 균형을 유지하려면 다음에 주목할 필요가 있다.

- 의식주의를 배격하는 것이다. 콘텐츠가 약하면 의식이 강해진다.

- 이성주의를 배격하는 것이다. 자유주의 신학은 이성적으로 이해되는 것이나 자기가 원하는 것만 이해하려는 특성이 있다. 부활의 역사성을 믿지 않으면서 부활의 의미만을 받아들인다면 참 그리스도인이라 할 수 있을까.

- 경험주의를 배격하는 것이다. 성령 체험이 중요하기는 하지만 그것의 중요성만 내세워 자기의 주관적 경험만을 강조하면 안 된다. 균형 잡힌 믿음 생활이 중요하다.

믿음은 하나님과 동행하는 삶을 사는 것이다. 악이 창궐할 때는 더욱 하나님과 동행하는 삶이 필요하다. 인생은 지렁이와 양과 같다. 지렁이는 공격능력조차 없다. 인간은 그 키를 한 자 키울 수도 없는 약한 존재이다. 이것은 하나님의 도움이 얼마나 필요한가를 보여준다. 양도 방어 능력이 없다. 조금만 사나운 짐승만 나타나면 어찌할 줄 모른다. 그래서 목자가 필요하다. 우리의 목자는 바로 주님이시다.

지혜로운 자와 동행하면 지혜롭게 된다. 하나님과 동행하면 늘 든든하게 된다. 동행의 비결은 무엇인가? 어떻게 하면 우리는 하나님과 동행하는 삶을 살 수 있을까?

- 거룩한 삶을 살아야 한다. "하나님이 거룩하니 너희도 거룩하라." 거룩한 삶, 성결의 삶이 바로 동행의 가장 큰 비결이다. 우리는 매일 성결의 옷을 빨아야 한다.
- 진리로 거룩해져야 한다(요17:17). 하나님의 말씀을 알고 지키는 데 생명을 걸어야 한다.
- 하나님을 사랑하고 그분과 날마다 친교의 삶을 살아야 한다. 하나님과 친교하려면 하나님과의 대화가 필요하다. 대화할 수 있는 길이 바로 기도이다. 그래서 사무엘은 기도를 쉬는 것은 죄라고 했다.

사망의 음침한 골짜기를 지날 때 우리에게 필요한 분은 주님이다. 세상과 동행하는 것이 아니다.

믿음은 하나님의 백성으로 사는 것을 최고의 만족으로 삼는다. 즉 주의 형상으로 만족하는 것이 믿음생활이다. "나는 의로운 중에 주의 얼굴을 보리니 깰 때에 주의 형상으로 만족하리다."(시17:15) 악인은 재물을 탐하고, 금생에서 만족하며, 주의 것을 가지고 자기 것인 줄 알고 살아간다. 그러나 의인은 금생에서 재물보다 의로운 삶을 추구하며 주의 형상으로 만족한다. 즉 주의 만족을 위해 사는 자이다.

믿음이 열매를 맺으려면 그것이 삶으로 나타나야 한다. 신앙과 생활이 유기적으로 나타나야 한다. 신앙생활이 아니라 생활신앙을 보여주는 것이다. 그 가운데 하나가 바로 베푸는 삶이다. 그것은 이웃을 향한 우리의 배려다. 하나님이 우리 가운데 가난한 자를 두심은 그들에게 사랑을 베풀도록 하기 위함이다 하셨다. 악인은 꾸고 갚지 않지만 의인은 하나님께 받은 은혜를 베풀고 준다.

베풂은 꼭 물질을 주는 것에 한정되지 않는다. 우리가 어떤 길로 가면 많은 이익을 얻을 수 있는 줄 알지만 그것을 택하지 않는 것도 배려다. 거꾸로 사는 것이다. 남이 가지 않으려는 곳에 가라고 교훈하는 거창고등학교의 가르침이 그 보기다. 지금은 수술을 하는 외과를 지원하는 수가 줄어들고, 외모를 고치는 성형외과의 수가 늘어 문제가 되고 있다. 돈을 벌기 때문이다. 힘든 곳보다 돈이 모이는 곳을 택하는 것이 현실이다. 이런 상황에서 오히려 힘든 곳을 택하고, 남이 안 가는 곳에 간다면 그만큼 성숙한 것이다. 그것이 주님의 마음을 닮아 그리되었다면 주님이 기뻐하실 것이다.

믿음으로 살기 위한 6가지 과정이 있다. 그것을 다음과 같이 6D로 표현하기도 한다.

- Dream. 자기중심(self-centered)의 꿈이 아니라 하나님 중심(God-centered)의 꿈을 가진다. 자기중심의 꿈은 자기를 높이지만 하나님 중심의 꿈은 하나님을 높인다.

- Decision. 하나님을 위해 무엇을 해야 할지 결정한다.

- Delay. 하나님의 때를 참고 기다린다. 금방 허락지 않을 때가 있다. 그때까지 기다린다. 우리는 ULW(University of Learning to Wait)에 입학한 학생이다.

- Difficulty. 믿음 생활하다 보면 어려움에 직면한다. 광야의 이스라엘처럼 불평할 수 있고, 욥의 아내처럼 "하나님을 저주하고 죽으라." 불만할 수 있다. 그러나 고난을 참고 이기면 생명의

면류관이 준비되어 있다(계2;10).
- Dead end. 막다른 골목에 처할 수도 있다.
- Deliverance. 오히려 그 속에서 구원의 감격을 느낄 수 있다.

믿음은 하나님이 우리에게 주신 최고의 선물이다. 그 선물을 받은 자는 하나님을 기쁘게 하는 자가 되어야 한다. 우리가 어떤 행동을 하느냐에 따라 그 기쁨은 달라질 것이다. 팻 맥라건이 쓴 경영서로 『바보들은 항상 결심만 한다』는 것이 있다. 우리가 믿음 생활을 한다 하면서 맨 날 결심만 하고 실행하지 않으면 결국 바보소리를 듣게 될 것이다. 우리의 믿음을 행동으로 보여줘 주님을 감동시킬 때가 되었다.

3. 하나님의 이끄심과 순종의 영성자리

마더 테레사는 수녀로서 한동안 학교에서 가르쳤다. 그러나 그는 점차 가난하고 병든 이들에 대한 관심이 커져 갔다. 길거리에서 죽어가는 아이를 안고 안타까워하는 어머니를 보며 그는 얼른 아이를 안고 병원을 찾아가 살려낸다. 그는 수녀원에 안주시키지 않고 거리로 이끌고 가는 주님의 손길을 느꼈다. 그리곤 "주님이 내 손을 이

끄는데 나는 가지 않을 수 없다."며 거리의 수녀가 되기를 청원했다. 거리의 수녀가 되는 것에 대해 본부에서 허락을 얻기 어려웠지만 결국 그는 해냈다. 그리고 교실의 교사에서 거리의 수녀로 힘든 길을 걷게 되었다. 그의 삶에서 중요한 것은 주님의 이끄심을 받았고, 그 이끄심에 순종했다는 것이다.

왜 벌써 오셨어요?

교육학자들은 우리 교육의 맹점 중 하나로 금기사항이 너무 많은 것을 꼽는다. 어디에서건 "하지 말라", "가지 말라" 일색이라는 것이다. 현행 청소년 보호법 역시 그 범주에서 벗어나지 못하고 있다.

그렇게 자란 세대들이어서 반항의식이 몸에 밴 때문인지 금지행위만을 골라서 범하는 사람들이 의외로 많다. 난폭, 과속, 얌체운전을 하는 사람들을 보면 대체로 다 알 만한 젊은이들이다.

성경에도 "하지 말라"는 말이 많다. 반항의식이라고 볼 수 없지만 아무런 의식 없이 세상과 타협하고 말씀과 어긋난 삶을 살기 일쑤다. 그렇게 살아도 당장은 아무런 불편이 없기 때문일 것이다.

랍비가 피서를 떠났다. 그런데 그다음 날 아침 일찍 돌아왔다.

"어떻게 된 거예요. 벌써 돌아오시다니?"
"그렇게 되었어. 내가 이 교구를 오랫동안 비워두면 안 돼. 우리 신도들이 랍비가 없어도 살아갈 수 있다는 것을 알게 되면 안 되거든."

우리는 월요일만 되면 하나님을 휴가 보내고 주일날만 오시라고 하는 것은 아닌지, 은근히 하나님 없으면 더 자유스러울 텐 데라고 생각하고 있지는 않는지 물어볼 필요가 있다. 이런 걱정을 하지 않아도 늘 하나님의 말씀을 청종하며 산다면 얼마나 좋은가.

청종의 영성

아담과 하와는 에덴에서 하나님의 말씀을 청종하지 않다가 인류에게 비극적인 결과를 안겨주었다. 하나님은 계속해서 선지자들을 보내 하나님의 말씀을 청종하도록 했다. 그러나 우리는 그들을 잡아 죽였다. 예수님의 비유처럼 주인이 자기의 종들을 보냈지만 오히려 종들을 죽이고, 결국 주인의 아들까지 죽였다. 패역한 우리는 결국 예수님까지 십자가에 못 박는 결과를 빚었다. 우리는 지금도 하나님의 뜻을 반역하며 살고 있다. 이것은 에덴에서부터 현재에 이르기까지 하나님이 바라시는 영성에 도달하지 못했음을 말해 준다.

성경 전체는 우리가 하나님의 말씀을 청종하지 않을 경우 영원한 형벌에 처해지게 된다고 말하고 있다. 그러나 하나님께 돌아오면 영원한 생명, 영원한 그 나라의 삶이 주어진다고 약속하고 있다. 우리가 얼마나 주님의 말씀을 청종하는가에 따라 삶의 모습, 삶의 결과가 달라진다.

미국은 히로시마에 원사폭탄을 투하하기 전날 비행기로 선난을 뿌렸다. "내일 도시에 큰 재앙이 임할 것이니 히로시마를 떠나라." 이 전단을 받아든 많은 사람들은 적군의 심리전이라며 웃어넘겼다. 그러나 이 경고를 듣고 도시를 떠난 사람은 살아날 수 있었다. 청종이 얼마나 중요한가를 보여준다. 하나님은 이미 전단을 뿌렸다. 그러나 지금도 많은 사람들은 이 전단을 심각하게 생각하기보다 웃어넘기고 있다.

이성을 뛰어넘는 청종

그리스도인에게 있어서 순종은 받아들이기 어려운 일에 대한 순종을 포함하고 있다. 순종은 좋은 일, 편한 일, 내가 원하는 일만 순종하는 것은 순종이 아니다. 어렵고 힘들어도, 마음에 들지 않아도 순종하는 것이 참다운 순종이다. 어렵고 힘든 상황에서도 하나님의 뜻에 순종할 때 하나님께서 나를 최선으로 이끄실 것이다. 힘든 일이라 할지라도 그 일을 기꺼이 받아들이고 순종할 때 하나님께서 기뻐하신다. 순종을 통해 하나님의 돕는 손길을 체험하며 살아가는 그리스도인이 되어야 한다.

청종은 우리의 이성을 뛰어넘는다. 하나님의 명령이 꼭 논리적으로 맞기 때문에 따르는 것 아니다. 우리는 보이는 것을 믿는 것이 아니라 보이지 않는 하나님을 믿는다. 우리가 순종하는 것은 하나님 말씀이기 때문이다.

이스라엘 백성들은 여리고 성을 7바퀴나 돌았다. 하루에 한 번씩. 7일간이나 돌면서 하나님이 왜 이런 비논리적인 일을 시키실까 생각도 할 수 있다. 여리고 성 사람들이 비웃고, 돌을 던졌을 때도 창피함을 느꼈을 수도 있다. 우리가 기껏 할 수 있는 일이 이뿐이란 말인가! 도중에 그만두었더라면 여리고 성이 무너지는 하나님의 기적을 체험하지 못했을 것이다.

예수님이 배 오른쪽에 그물을 던지라 했을 때 자신의 경험에만 의존했다면 그는 예수님을 더 이상 따르지 못했을 것이다. 루터가 95개조로 내걸며 로마 가톨릭에 도전했을 때 누가 감히 이길 수 있으리라 생각했겠는가. 예수님이 십자가에서 피 흘리심이 어떻게 우리의 죄를 씻을 수 있으리라 생각했겠는가. 그것은 모두 논리를 뛰어넘는 일이다. 믿음은 기적을 낳는다. 우리가 주님을 따르고 순종함은 바로 이 논리를 뛰어넘는 위대한 작업이다.

교만을 넘어서

평소에 디오게네스를 좋아했던 알렉산더 대왕이 결국 개인적으로 그를 만날 기회가 찾아왔다. 대왕은 너무 기쁜 나머지 "디오게네스 선생님, 당신은 나의 위대한 선생님이십니다. 저는 당신의 제자입니다. 저는 당신을 평생을 두고 따를 것입니다."라고 큰 소리로 약속했다.

디오게네스는 자신의 발을 충실히 따르겠다는 그에게 물고기 두

마리를 주며 말했다. "앞으로 두 주 동안 이것을 당신의 호주머니에 넣고 다니시오." 그러자 알렉산더가 더 큰 소리로 외쳤다. "이 냄새 나는 물고기를 두 주나 가지고 다니라니요. 도대체 그것을 말씀이라고 하십니까? 저는 못 합니다."

그 순간 디오게네스는 머리를 흔들며 그에게 말했다. "당신은 그토록 나를 존경했고 앞으로도 나를 따르겠다고 말하지 않았소. 나에 대한 당신의 존경이 이까짓 냄새나는 두 마리 생선만도 못 하다는 말이요?"

프란시스가 교황을 알현하기를 청하였다. 프란시스의 말을 듣기 싫은 교만한 교황은 "프란시스에게 전하시오. 나를 보려거든 로마시내에 나가 변소나 치라고." 프란시스는 교황의 명령이 잘못되었음을 알았다. 그러나 그는 그 명령에 순복했다. 지도자에게 복종하는 것이 성경적이라 생각했기 때문이다. 윗물이 흐릴지라도 복종하는 태도를 갖는 것이 선한 태도이다.

지리산 야영금지 구역에서 텐트를 치고 피서를 즐기다가 백 명이 넘는 사람들이 죽거나 실종되었다. 왜 굳이 금지구역을 택했는지 안타까운 노릇이다. 한 술 더 떠 유족들이 울부짖고 많은 사람들이 동원되어 실종자 수색을 벌이고 있는데도 급류가 피서객들을 휩쓸고 지나간 그 자리에다 다시 텐트를 치고 야영하는 사람들도 적지 않았다. 한 피서객은 취재기자의 걱정 섞인 항의에 "안전문제는 누구보다도 당사자가 더 걱정한다. 나는 베테랑이라 잘 아는데 여기는 안전하다."며 큰소리치는 모습이 TV에 소개되기도 했다. 이만하면 강심장의 표본이 될 만하다.

우리는 말로는 청종한다고 말하면서 정작 청종해야 할 때 거부하는 우리가 아닌가. 조금만 불편하면 하나님을 향한 나의 약속을 벗어던지지는 않는가.

청종하려면 불편과 교만을 넘어서야 한다. 하나님이 가장 싫어하시는 것은 교만이다. 사악한 유다에 대한 회개를 촉구하는 말씀에서 하나님은 우리가 교만할 때, 그리고 그 교만으로 사로잡힘을 당할 때 어떤 심정을 갖게 되는가를 보여주었다.

> "너희가 이를 듣지 아니하면 나의 심령이 너희 교만을 인하여 은근히 곡할 것이며 여호와의 양 무리가 사로잡힘을 인하여 눈물을 흘려 통곡하리라"(렘13:17)

이 말씀은 우리가 말을 듣지 않고 교만히 행하면 하나님은 우리의 교만을 보시고 곡하신다. 그리고 교만함으로 인하여 결국 해를 당하게 되면 눈물을 흘리며 통곡하신다는 것을 보여준다. 자식은 부모의 눈물을 빼는 자가 되어서는 안 된다. 우리가 교만함으로 인해 아버지 하나님으로 하여금 통곡하게 한다면 우리는 그만큼 영성을 상실한 것이다.

사울왕의 불순종

사울왕은 불순종의 대명사다. 그는 물질에 대한 시험을 이기지 못했다. 하나님은 그에게 구체적으로 명령을 내리셨다. "아말렉이 이스라엘에게 행한 일 곧 애굽에서 나올 때에 길에서 대적한 일을 내가 추억하노니 지금 가서 아말렉을 쳐서 그들의 모든 소유를 남기지 말고 진멸하되 남녀와 소아와 젖 먹는 아이와 우양과 약대와 나귀를 죽이라."(삼상15:2-3) 하나님은 진멸을 명하셨다.

그러나 사울은 청종하지 않았다. "사울과 백성이 아각과 그 양과 소의 가장 좋은 것 또는 기름진 것과 어린 양과 모든 좋은 것을 남기고 진멸키를 즐겨 아니하고 가치 없고 낮은 것은 진멸하니라."(삼상15:9) 좋은 것은 놔두고 가치가 떨어진 것, 질 낮은 것만 없앴다. 나아가 그들은 여호와의 목소리를 청종하지 않고 탈취하기에 급급했다.

사울은 결국 버림을 받는다. 사무엘 선지자는 그를 만난 자리에서 그에게 뼈아픈 말을 남긴다. "순종이 제사보다 낫고 듣는 것이 수양의 기름보다 나으니 이는 거역하는 것은 사술의 죄와 같고 완고한 것은 사신 우상에게 절하는 죄와 같음이라 왕이 여호와의 말씀을 버렸으므로 여호와께서도 왕을 버려 왕이 되지 못하게 하셨나이다."(삼상15:22, 23) 그가 하나님의 말씀을 버리자 하나님도 왕을 버렸다. 청종은 그만큼 중요하다.

예레미야 26장이 주는 의미

여호야김과 백성들은 자기들의 죄를 회개하기 싫어했다. 하나님은 국가안보를 위태롭게 하셨다. 그리고 계속해서 선지자들을 보내 국가 안위에 대해 경고하고 하나님의 말씀을 청종토록 했다. 그러나 그들을 잡아 죽였다. 하나님은 왜 선지자들을 보내셨을까?

예레미야 26장은 한마디로 청종의 장이다. 하나님을 청종하여 어려움 속에서 말씀을 그대로 대언함은 물론 하나님을 떠난 백성들에게 하나님의 말씀을 청종할 것을 강조했다. 하나님에 대한 반영성의 길에서 벗어나 영성의 길로 들어서라는 명령이다. 그러나 그 말씀을 겸허히 받아들여야 할 제사장들이 오히려 반대 입장에 섰다. 성경은 여러 곳에서 하나님의 말씀대로 청종한다는 것이 얼마나 어려운 일이며, 믿음생활을 하는 사람일수록 얼마만큼 고도의 영성이 필요한가를 가르쳐 준다.

먼저 반영성의 모습들을 보자. 유다왕 요시아의 아들 여호야김이 왕으로 즉위한 초에 하나님이 예레미야로 하여금 하나님의 집 뜰에 서서 하나님의 집에 와서 경배하는 사람들에게 한마디도 빼지 않고 전하도록 했다. 하나님이 이토록 하신 것은 그들이 하나님의 말씀을 전하여 듣고 회개하여 악한 길에서 떠나면 악행으로 인해 내리려 했던 재앙을 돌이키시고자 한 때문이었다.

이에 예레미야는 제사장, 선지자, 그리고 모든 백성이 있는 성전 뜰에 나아가 유다에 대해 내리신 하나님의 말씀을 가감 없이 그대로 전했다. "하나님의 말씀이 너희가 나를 청종치 아니하고 하나님의 법을 행치 아니하며 보내고 부지런히 보낸 내 종 선지자들의 말을 듣지 아니하였으며 만일 듣지 아니하면 하나님이 이 집을 실로같이 되게 하고 이 성으로 세계 열방의 저주거리가 되게 하시리라." 그들이 어떤 태도로 나올 것을 알았음에도 불구하고 인간에 대한 두려움은 접어두고 오직 하나님을 경외하는 마음을 가지고 담대히 나아갔다. 그것은 하나님을 향한 그의 영성이 얼마나 크고 강한가를 보여준다.

그 말을 들은 사람들은 분노하기 시작했다. 그것은 자신들을 향한 저주의 선포였기 때문이다. 하나님의 이 같은 말씀을 듣기 싫어한 그들은 예레미야를 반역자로 간주했다. 그들은 예레미야를 붙잡고 "네가 반드시 죽으리라. 네가 어찌 하나님의 이름을 의탁하여 예언하기를 이 집이 실로같이 되고 이 성이 황무하여 거민이 없으리라 하느냐."며 목청을 높였다. 성전을 지키는 제사장, 자칭 선지자라며 거룩한 척하는 거짓 선지자들, 그리고 하루가 멀다 하고 성전을 찾지만 영적으로 죽어 있는 그들이었다. 우리는 그들이 자기의 영적인 상태를 돌아보며 회개하고자 하는 태도를 전혀 읽을 수 없다. 영적으로 죽은 사람들의 태도가 어떤 것인가를 보여준다.

그들은 예레미야를 붙잡아 어떻게 하면 죽일 수 있을까 궁리하였다. 백성들이 예레미야의 예언을 듣고 분노하고 있다는 소식을 듣고 왕궁에 있던 유다의 방백들이 급히 성전으로 올라와 새문 어구에 앉았다. 그러자 제사장과 거짓선지자들이 예레미야를 고발하며 "이 사람이 이 성을 거슬러 예언했으니 죽는 것이 마땅하다."고 입을 모았다. 하나님은 유다 백성들의 영적인 변화(change)를 원하셨다. 그럼에도 불구하고 그들은 한마디로 하나님의 말씀을 듣기를 거부했다.

이에 예레미야가 그들을 향해 큰 소리로 다시 외쳤다. "하나님이 나를 보내사 이 성을 쳐 예언하게 하셨다. 그런즉 너희 길과 행위를 고쳐 하나님을 청종하라. 그리하면 선고하신 재앙에 대해 뜻을 돌이키시리라. 나는 너희 손에 있으니 네 소견에 선한 대로 옳은 대로 하라. 너희가 분명히 알 것은 너희가 나를 죽이면 정녕 무죄한 피로 너희 몸과 이 성과 이 성 거민에게 돌아가리라. 이는 하나님이 진실로 나를 보내사 이 모든 말을 너희 귀에 이르게 하셨음이라."

이 말을 들은 방백들과 백성들은 예레미야를 고발하는 제사장들과 거짓선지자들을 향해 이렇게 말했다. "이 사람이 하나님의 이름을 의탁하고 우리에게 말했으니 죽음이 부당하다."고 외쳤다. 죽여서는 안 된다는 것이다. 반전의 순간이다. 그들 가운데도 고발자들과는 달리 하나님을 향한 영성이 살아 있는 사람들이 있었음을 보여준다.

그때 비록 나이는 들었지만 깬 장로 몇 사람이 일어나 히스기야 때의 선지자 미가(Micah)와 여호야김 때 선지자 우리야(Uriah)의 경우를 들며 그들이 예레미야의 대언을 어떻게 대해야 할 것인가를 제시해 주었다. 이것은 장로가 하나님의 말씀에 대해 어떤 태도 및 영성을 가져야 하는가를 보여준다.

히스기야 왕 때 선지자 미가는 하나님의 말씀을 전하면서 "시온은 밭같이 경작함을 당하고, 예루살렘은 무더기가 되며 성전의 산은 수풀 높은 곳들 같이 되리라."고 했다. 이런 저주스런 말을 들은 사람이라면 미가를 죽이고 싶도록 미워했을 수도 있다. 이 저주가 자신이 속한 나라와 도시 그리고 교회에 던져졌다고 가정해 보라. 그럴 수 없다며 그러나 히스기야 왕은 물론 백성은 달랐다. 오히려 하나님을 두려워했디. 그들은 죄악의 길에서 돌아와 하나님을 힘써 경배했고, 하나님을 향해 자비를 달라고 간구했다. 그러자 하나님은 그들에게 정했던 엄청난 파괴의 뜻을 거두셨다. 잘못을 했다 해도 영적으로 바로 서면 하나님께서는 뜻을 돌이키신다. 문제는 우리가 하나님 앞에 바로 서 있는가 하는 것이다. 장로들은 히스기야 왕의 이 같은 태도를 말하면서 우리가 하나님의 메시지를 전했다는 이유로 예레미야 선지자를 죽인다면 하나님이 우리를 어떻게 하시겠느냐고 반문했다.

장로들은 여기에서 말을 끝내지 않았다. 기럇여아림에서 온 하나님의 참된 선지자 우리야를 어떻게 했는가에 대해서도 말하기 시작했다. 이것은 그들의 아픈 과거였다. 예레미야의 친구이자 선지자였던 우리야가 여호야김 왕 때, 곧 예레미야와 같은 때에 하나님의 이름을 의탁하여 예레미야와 같이 예루살렘뿐 아니라 유대 땅을 쳐 예언하였다. 유디의 잘못을 지적하고 하나님의 말씀을 청종하도록 했다. 하지만 왕은 그의 말을 듣고자 하지 않았다. 왕은 물론 군 지휘관과 방백들이 그 말을 듣고 오히려 우리야를 죽이려 하였다. 이 소식을 들은 우리야는 애굽으로 피신했다. 그러나 왕은 그를 붙잡기 위해 엘라단과 몇 사람을 애굽으로 보냈다. 그들은 우리야를 잡아 왕에게 데려왔다. 왕은 칼을 들어 무참히 그를 죽이고 말았다. 성경은 백정이 동물을 다루듯 그를 죽였다(butchered)고 기록하고 있다. 그리고 그를 아무 표시도 없는 묘, 곧 평민의 묘에 던져 넣었다. 비참한 최후를 맞았다는 것이다.

장로들의 이러한 말에 아히감이 예레미야를 적극적으로 보호했다. 성난 백성의 손에 그를 내어주지 않았다. 그들의 손에 예레미야를 맡길 경우 죽임을 당할 것이 확실하기 때문이다.

그 후 예레미야는 계속 하나님의 말씀을 대언했다. 이것은 하나님이 침묵하지 않으셨다는 것을 의미한다. 하나님의 말씀에 청종할 것을 말하다가 그는 궁중 감옥에 갇히기도 하고, 서기관 요나단 집 토굴 옥에 갇히기도 하고, 시위대 뜰 진흙 구덩이(옥)에 던져지기도 하고, 맞기도 수차례 했다. 이것은 유다가 얼마나 하나님의 말씀을 청종치 아니하려 했는가를 보여준다. 이것은 믿음 생활을 한다고 하면서도 결코 영성적이지 못한 우리의 모습을 적나라하게 보여준다.

청종하는 자를 찾으시는 하나님

다윗은 무엇보다 청종의 영성을 가지고 있다는 점에서 위대하다. 우리야의 아내를 범했다는 사실을 선지자 나단이 지적하자 그는 무릎을 꿇었다. 하나님이 하신 말씀으로 받아들였기 때문이다. 당신은 하나님의 말씀을 들어야 하는 그분의 종이다. 주님은 자식이 빵이 달라는데 돌을 주실 분이 아니다. 이 땅에서 우리가 하지 말아야 할 것들이 많기 때문에 말씀으로 가르치신 것이다. 그 말씀에 따라야 산다.

일본에 가스미라고 하는 슈퍼가 있다. 이 슈퍼를 창업한 가미바야시 사장은 태평양 전쟁에 장교로 참전했었다. 그는 뉴기니아에서 큰 태풍을 만나 표류되었지만 기적적으로 살아난 경험을 가지고 있다.

당시 대부분의 군인들은 표류 중 갈증 때문에 바닷물을 마셔 시망했다. 그러나 가미바야시는 약학과 출신이라 아무리 목이 말라도 바닷물을 마셔서는 안 된다는 것을 알고 있었다. 만약 우리가 바다에서 표류가 되어 바닷물을 마시게 되면 혈액의 농도가 높아져 심장이 견지지 못하게 된다. 따라서 갈증이 아니라 심장병으로 죽게 된다.

가미바야시는 죽을 지경이 되었어도 끝내 바닷물을 마시지 않았다. 그는 결국 살아날 수 있었다. 이런 경험 때문에 그는 매일 아침 물을 마실 때마다 "물님 고맙습니다."며 물을 마신다.

그리스도인은 죄악으로 가득한 세상에 살고 있다. 이 세상에는 온갖 종류의 바닷물로 가득 차 있다. 우리가 이 세상 속에 표류하고 있다 해도 그 물을 마셔서는 안 된다. 갈증이 난다고 그 물을 마시면 죽게 된다. 예수님이 약속하신 생명수 외에 그 어떤 것도 마셔서는 안 된다. 아무리 갈증이 난다 해도.

성경은 창세기부터 요한계시록까지 순종을 가르친다. 당신은 이미 하나님께 자신을 드린 그리스도인이다. 드렸다 함은 그분의 말씀에 철저히 순종한다는 것을 의미한다. 하나님의 말씀에 민감하라. 그의 이끄심에 감사하라. 그리고 순종을 통해 믿음의 상향곡선을 그려라.

4. 균형 있는 경제관 확립과 바알주의 극복하기

이따금 "부자가 되려면 어떻게 하면 좋아요?" 하는 질문을 받는다. 이런 경우 워렌 버핏은 저평가된 우량주식에 투자하라고 말한다. 경영학을 하다 보면 이치를 조금씩 터득하게 되는데 돈을 벌 수 있는 가장 확실한 방법은 "필요(need)를 충족시키라."는 것이다. 필요가 있는 곳에 돈이 보이기 때문이다. 이것이 꼭 필요한데 없을 경우 바로 그것에 초점을 맞추어 사업을 하면 된다. 농업사회에서는 농토가 부를 이루는 기준이었다. 농지면적이 절대적이어서 그 당시에는 영토 확장을 위해 전쟁을 벌였다. 땅뺏기 전쟁인 것이다. 산업사회에서는 속도전이다. 생산속도를 높이기 위해 기계가 만들어지고, 이 기계를 더 잘 만들기 위해 더 좋은 철을 확보하는 경쟁이 이어졌다. 나아가 만들어진 제품의 운송속도를 높이기 위해 철도가 건설되고 자동차가 생산되었다. 여기에 기름이 추가되었다. 정보화시대에는 돈 되는 지식을 찾고 공유하고 창출하는 일이 필요했다. PC나 인터넷이 발전하게 된 것도 이 때문이다. 창조사회에서는 새로운 아이디어가 필요하다. 여기저기서 창의성을 높이기 위한 경쟁이 높아지고 이 창의성은 소프트웨어의 개발, 콘텐츠의 개발로 이어진다. 다 필요를 채우기 위한 전쟁이다.

한동안 한국교계에서 청빈론과 청부론이 맞서 있었다. 청부론은 깨끗한 부자의 관점을 가진 것으로 김동호 목사와 김진홍 목사가 주도를 이뤘다. 청빈론은 깨끗한 빈자의 관점으로 박득훈 목사가 앞장섰다. 둘 다 일리가 있기 때문에 어느 한쪽을 비판하기 어렵다. 중요한 것은 균형 있는 경제관을 확립하는 일이다.

춘추전국시대에 한비자는 지나친 청빈도 처벌의 대상이라 주장했다. 벼슬이 정승이면서 청빈하게 산답시고 좋은 집에서 기거하지 않고 좋은 마차를 타지 않으며 궁상을 떨면 누가 열심히 공부해서 벼슬을 하려고 노력하겠는가 하는 것이다. 청빈론은 젊은 인재들의 기개를 꺾고 나라에 대한 충성심을 약화시키는 범죄행위라는 것이다. 지나친 사치나 과소비는 금물이지만 격에 어울리지 않는 검소함도 바람직하지 않다.

잠언에 "혹 내가 배불러서 하나님을 모른다. 여호와가 누구냐 할까 하오며 혹 내가 가난하여 도적질하고 내 하나님의 이름을 욕뇌게 할까 두려워함이니이다."(잠30:9)이라는 말씀이 있다. 이것은 너무 부해 교만해지는 것도 안 되지만 너무 가난해 그리스도인으로서 바람직하지 못한 행동을 함으로써 하나님께 영광을 돌리지 못하는 것도 문제다.

그리스도인이라고 이 세상에서 물질과 동떨어진 생활을 할 수는 없다. 그러나 그 물질로 인해 시험이 되는 상황으로 치달아서는 안 된다. 따라서 물질에 대한 균형 있는 관점 정립이 무엇보다 필요하다. 우리말에 '이판사판이다'라는 말이 있다. 이 말은 종종 죽기를 각오하고 한번 해보겠다는 투로 들리지만 실은 균형감각을 갖는 것을 말한다. 이판(理判)은 원리(원칙)의 세계를 판단하는 것을 말하고, 사판(事判)은 현실세계의 일을 판단하는 것이기 때문이다. 그리스도인으로서 이 세상의 것(물질)을 좇는 것은 원리에 맞지 않는다. 하지만 이 세상에 살면서 그것을 도외시할 수 없는 것이 현실이다. 그러므로 이 두 가지의 균형 감각이 무엇보다 중요하다. 이러한 균형을 나의 관점이 아니라 하나님(성경)의 관점에서 찾아보는 것이 지금 우리에게 주어진 과제다. 나의 관점만 강조하면 이 세상적으로 치우칠 가능성이 높기 때문이다. 그래도 우리는 우리보다 차원이 높은 하나님의 관점에서 물질 문제를 바라보고 그것을 극복할 수 있어야 한다.

이집트에서 느낀 작은 생각

이집트에 가서 놀란 것이 있다. 시내나 교외의 개발 지역에 있는 좋은 집들도 있지만 농촌의 서민들이 사는 집을 보고 놀랐다. 정치와 종교의 중심지였던 룩소에서도 그랬고, 경제와 국방의 중심지라 할 고센에 가서도 그랬다. 우선 집에는 지붕이 없었다. 물론 듬성듬성 종려나무 가지를 얹어놨지만 그저 사면 벽만 있는 집들이 많은 것을 보면서 과연 그들은 이러한 삶에 대해 얼마나 만족할까 생각했다.

그들도 잘살기를 바란다. 그러나 오랜 문명 치고 아직도 이집트는 매우 가난했다. GNP가 1700달러에 불과하고, 기사 월급이 6만 원 정도이다. 양극화도 심하다. 불만이 없을 리 없다. 이집트 백성들은 왕을 파라오라 불렀다. 그것은 '큰 집에 사는 자'라는 뜻을 가지고 있다. 일반 서민과는 확연히 다른 사람들로 보였을 것이다.

그러나 그들은 이 땅의 삶을 모두라 보지 않았다. 그들은 이생을 스쳐 지나가는 집으로, 죽어서 살 집을 영원히 살 집이라 생각했다. 산 자의 땅 동쪽에서 살다가 사자의 땅 서쪽으로 간다. 산 자의 땅보다 죽은 자의 땅이 더 요란하다. 이 땅의 삶보다 죽어서의 삶을 더 중하게 본 것이다. 거대한 피라미드, 왕이 묻혀 있는 왕의 계곡의 여러 무덤들, 그리고 규모는 작지만 곳곳에 널려 있는 귀족들의 무덤들은 저 세상에서의 삶을 얼마나 귀하게 보았는가를 가르쳐 주었다. 하지만 그 무덤들도 영원한 것이 되지 못했다. 보기 흉하게 파헤쳐진 무덤과 역사의 흔적들을 보면서 가난하게 살아간 백성들과 화려하게 산 사람들의 모습이 교차되었다. 그때 당시의 사람들도 지금처럼 살기 어려웠다, 경제가 문제다 하지 않았을까.

물질에 대한 하나님의 생각과 우리의 생각

이집트의 여러 다른 지역과는 달리 풍요한 고센 땅을 보면서 광야의 이스라엘 백성이 왜 그토록 애굽을 갈망했는가를 알게 되었다. 그곳에는 물이 풍부했고, 과일과 채소가 많았다.

"우리가 애굽에 있을 때에는 값없이 생선과 오이와 참외와 부추와 파와 마늘들을 먹은 것이 생각나거늘"(민11:5)

위성사진을 보면 고센은 풍요의 델타임에 틀림없다. 그러나 여러 연구에 따르면 원래 고센 땅은 살기 힘든 땅이었다고 한다. 우선 외적의 침입이 많아 선호 지역이 아니었다. 지금처럼 나일 강줄기와 가까웠던 것도 아니었던 것 같다. 이스라엘은 그 땅을 풍요의 땅으로 바꾸었다.

이스라엘 백성들은 애굽을 선망해 왔다. 가나안에서 살기 어려우면 애굽 행을 꿈꿨다. 지금 경제적으로 나은 나라로 이민을 가는 것과 하등 다를 것이 없다. 얼마나 많은 사람들이 고국을 떠나 외지에서 살고 있는가. 삶에서 가난은 언제나 문제가 된다. 더 잘살고 싶은 것이다.

이럴 때 하나님께 묻고 싶은 것이 있다. "과연 하나님은 우리의 물질생활에 관심을 두셨을까?" 답은 "그렇다"이다. 하나님은 우리가 이 땅의 삶에서 필요한 것이 무엇인가를 아시고, 그것을 하나님의 방법으로 취하라 하신다.

문제는 우리가 그 물질을 하나님이 기뻐하시는 방법으로 취하는가 하는 것이다. 물질에 대한 우리의 관심은 지극하다. 가나안에 기근이 들자 아브라함은 애굽으로 향했다. 심지어 자신의 안전을 위해 아내 사라를 누이라 했다. 거짓말로 안전을 산 것이다. 그로 인해 그는 물질을 얻었다. 그러나 그것은 하나님이 기뻐하는 방법이 아니었다. 긴급 상황에서 하나님은 긴급하게 일하신다. 하나님은 바로 왕에게 이 일을 바로잡도록 경고하셨다. 이삭도 가나안에 기근이 들자 애굽으로 향했다. 그들의 애굽 행을 하나님은 기뻐하지 않으셨다.

아이러니히게도 야곱 대에 악서 하나님은 그 식구들의 애굽 이주를 주도하셨다. 이것은 아브라함에게 약속한 언약을 이루시기 위한 것으로, 하나님은 그들을 향한 원대한 계획 아래 애굽 이주를 진행시키셨다. 하나님은 먼저 요셉을 주역으로 만들어 노예 상태에서 애굽의 총리로 부상시켰다. "형들이 나를 애굽으로 판 것으로 인해 걱정하지 마소서. 이는 하나님이 하신 일"이라고 하는 요셉의 말에서 이 사건은 정점을 맞는다. 이 드라마틱한 사건에서 하나님은 연출담당으로 모든 것을 지휘하셨다. 그들이 애굽의 대도시와 거리가 먼 고센 지방에 정착하게 된 것도 하나님이 주도하신 것이다. 이방문화에 동화시키지 않으려는 하나님의 배려가 숨겨져 있다. 이스라엘과 애굽은 그만큼 삶의 방식이 달랐다.

총리에 오른 요셉은 국가경영을 통해 나라경제를 살렸다. 7년 풍년 때 절제하고 저축하며 7년 흉년 때를 대비한 것이다. '비 오는 날'(rainy days)을 대비하는 것이 경제다. 부요를 누릴 수 있는 것은 그만큼 절제했기 때문에 가능하다. 이런 상황에서 야곱의 가족이 애굽으로 이주하게 되고, 가나안의 흉년 위기에서 벗어나게 된다. 그들은 애굽에서 400년 동안 거하면서 민족을 이루고, 하나님의 때, 곧 카이로스를 기다렸다.

광야의 경제

이스라엘 백성들이 출애굽한 후 광야로 들어서자 문제는 도저히 살 수 없는 상황이었다. 광야의 음식은 고센 땅의 풍성한 음식과는 대조적이었기 때문이다. 광야는 물질적으로 풍요롭지 못한 곳이요 광야의 음식은 먹기조차 힘든 것이다. 그렇다고 계속되는 행군에서 살아남는다는 보장도 없다.

지금도 가끔 이스라엘 사람들은 광야체험을 하러 간다. 조상들의 과거를 기리기 위한 것이다. 광야에 갈 수 없으면 아파트 베란다에 천막을 치고 초막절을 지키기도 한다. 어떤 이들은 가까운 유대광야로 나다니다가 실종되기도 하고, 심지어 죽음을 맞기도 한다. 그만큼 광야는 어려운 곳이다.

인간이 살기 어려운 그곳에서 하나님은 우리를 위해 일하신다. 낮엔 구름기둥으로, 밤엔 불기둥으로 저들을 보호하시고, 만나와 메추라기로 음식을 삼게 하셨다. 이것은 하나님의 극적인, 또한 적극적인 간섭이 있었음을 의미한다. 그러므로 광야는 인간의 경제가 아니라 하나님의 경제가 작용하는 곳이었다. 하나님의 돌보심이 없다면 살 수 없는 것이다.

지금 우리의 삶을 광야로 곧잘 비유되곤 한다. 삶이 그만큼 어렵다는 뜻이 담겨 있다. 삶이 어려울수록 우리 스스로 할 수 있는 일은 좁아진다. 그 어려운 순간에 우리가 의지해야 할 곳은 바로 하나님이다. 그 광야에서 세미한 음성으로 우리를 찾으시는 하나님을 만나고, 그분의 인도를 받아야 살아남을 수 있다.

미래에 대한 희망과 현실

광야의 백성들에게 한 가지 희망이 있었다면 그들이 언젠가 가나안에 들어가는 것이다. 그리고 분배받게 될 땅에서 평화롭게 사는 것이다. 가나안 입성과 땅의 분배는 그들의 미래에 구체적인 희망이 되었다.

정권이 바뀔 때마다 우리는 경제만큼은 잘해달라고 부탁을 한다. 경제에 대한 우리의 기대가 그만큼 크다는 것을 보여준다. 설혹 지도자에게 도덕적인 문제가 있어도 경제를 살리면 어느 정도 참아주기도 한다. 과거나 현재나 경제는 인간사의 관심에서 벗어날 수 없다.

광야 이스라엘 사람에게 땅 분배는 필수적인 것이었다. 양을 가진 유목민이든 땅을 경작하는 농경민이든 땅은 그들에게 중요한 기업(heritage)이다. 특히 풍요한 땅을 가지고자 하는 열망은 누구에게나 있었다.

광야의 백성들이 가나안에 들어와서는 이방종교에 물들게 되었다. 바알과 아세라 상 앞에서 물질적 풍요를 기원했다. 이것은 하나님 한 분에 만족하지 못했음을 드러낸 것이다. 하나님이 왜 가나안 족속에 대해 경계했는지 알 필요가 있다. 그들에게 있어서 풍부한 소작은 희망이었지만 때론 기근으로, 때론 잦은 전쟁으로 만족할 만한 소출을 기대하기 어려웠다. 이것이 그들이 당한 현실이었다.

이스라엘을 가면 이즈리엘 평야가 있다. 이즈리엘 평야는 “하나님이 씨를 뿌렸다.”고 말할 만큼 곡창지대다. 그 많은 광야를 보다가

이 평야를 보면 이스라엘에 이런 곳이 있나 싶다. 그 평원 한 가운데 므깃도가 자리하고 있다. 솔로몬의 병거성이 자리한 언덕이다. 이곳에 오르면 사마리아 산지, 다볼산(변화산), 그리고 길보아산이 멀리 보인다. 요한계시록의 아마겟돈이 이곳을 가리킨다는 주장도 있다. 이곳은 싸움이 많았던 곳이다. 애굽의 왕은 이곳의 정복은 수백 개의 성을 얻는 것과 같다 했다. 전략적 요충지라는 말이다.

이 곡창지대에 왜 병거성이 자리하고 있을까? 애굽과 다메석을 잇는 해안 길의 중간에 위치한 지정학적 이유도 있지만 이곳은 이스라엘이 지키고 싶은 경제적으로 중요한 지역이기 때문일 수도 있다. 경제가 그만큼 중요하기 때문이다. 그러나 이스라엘 역사를 보면 이곳을 지키는 것이 얼마나 어려웠는가를 보여준다. 현재 므깃도는 작은 언덕처럼 보이지만 24개 층으로 이뤄졌다고 한다. 1층을 백 년으로 셈하고 있는데, 24개 층이니 적어도 2400년이나 된다. 전쟁이 많이 나서 쌓인 언덕답게 그곳은 역사를 고스란히 담고 있다.

우리도 지금 경제를 살리고, 그것을 잘 지키기 위한 싸움을 하고 있다. 그 싸움에 예외는 나라는 없다. "경제를 살리겠습니다."라는 캐치프레이즈를 내걸었던 이명박 대통령도 "나는 친미, 친중도 아니다. 국익이 없으면 동맹도 없다."는 말을 했다. 외교관계에서 국익을 중시하겠다는 말이다. 그만큼 경제는 지키기 어렵다. 개인이 그것을 지키고, 살려내기는 더욱 힘들다. 경제의 흐름은 예측할 수 없는 속성을 가지고 있기 때문이다. 경제가가 아무리 고단위 수학과 통계를 동원해도 경제는 수리만으로 풀 수 없다는 데 문제가 있다.

물질보다 하나님과의 관계가 우선이다

구약의 백성들이 어려운 경제 사정 속에서 자신들을 보호하고자 했지만 자신을 충분히 지켜내지 못했다. 오히려 외국에 포로로 잡혀가는 신세로 전락하고 말았다.

성경은 그들이 하나님을 섬김에 있어서 중대한 과실을 범했다고 기록하고 있다. 하나님보다 우상을 의지했기 때문이다. 우상을 섬기는 상황에서, 그들이 아무리 성전에 나와 제사를 드린들 그 제사가 온전한 제사일 수 없다.

귀족과 정치지도자들, 심지어 제사장들마저 하나님의 공의를 세우기보다 자신의 배를 채우는 데 더 바빴다. "오직 공법을 물같이, 정의를 하수같이 흘릴지로다."(암5:24)라는 말씀은 그들이 그러한 삶을 살지 못했음을 보여준다. 소선지서의 여러 곳에서 그들의 잘못된 행태가 적나라하게 지적되고 있다. 가진 자가 오히려 가지지 못한 자들의 것을 빼앗을 때 그들의 원망이 하늘에 쌓였다. 억울하다는 것이다.

구약은 경제에 앞서 우리가 풀어야 할 것들이 있다고 말한다. 그것은 하나님과의 관계를 바로 하는 것이다. 하나님과의 관계를 바로 하지 않으면 경제가 바로 설 수 없기 때문이다.

서기관과 바리새인 몇 사람이 예수님을 찾아와 "선생님이어 우리에게 표적을 보여주시기를 원하나이다." 하며 표적을 구했다. 예수님은 한마디로 "악하고 음란한 세대가 표적을 구하나 요나의 표적 밖에는 보여줄 표적이 없느니라."(마16:4) 말씀하셨다. 우리도 주님을 향해 삶에 기적을 달라며 간구한다. 마치 표적이 우리 인생의 목표인 것처럼. 그러나 하나님의 말씀은 우리가 구해야 할 것은 표적이 아니라 주님이어야 한다는 것을 가르쳐 준다. 표적중심의 신앙에서 주님 중심의 신앙으로 바뀌어야 하는 것이다.

우리는 갖고 싶은 것이 많다. 학생은 좋은 학교에 들어가고 싶고, 가난한 사람은 부자가 되고 싶어 한다. 환자는 병에서 자유하고 싶어 한다. 가브리엘 마르셀이 말한 것처럼 인생은 누구나 소망을 이루고 싶어 하는 욕망을 가지고 있다.

헨리 나우웬도 하나의 소망을 이루면 또 다른 소망을 간구하는 그리스도인에 주목한다. 소망이 이뤄지면 "하나님이 나의 믿음을 보셨다."며 자위한다. 정말 그럴까. 오히려 주님은 "믿음이 적은 자들아"라고 말씀하지 않으실까. 그 일을 이루시는 분보다 바라는 것에 더 관심이 많기 때문이다. 그래서 나우웬은 지금 얻은 작은 선물(물질, 성공 등 일의 결과)보다 그 선물을 주시는 주님을 바라보라 했다. 우리는 그 선물에 초점을 맞추지만 우리가 소망해야 할 것은 그분이라는 말이다. 그분을 소망하는 사람이 바로 믿음이 있는 자이기에.

표적을 구하는 유대인에 대한 주님의 경고의 말씀, 그리고 날마다 달라고 기도만 하는 잘못된 그리스도인에 대한 나우웬의 조용한 질책에 이어 내가 새롭게 만난 책이 바로 래리 크랩(Larry Crabb)의 『파파기도』다. 이 책을 접하면서 주님보다 물질이나 명예에 초점을 맞추며 살아가는 이 세대를 향해 주님은 지금 "악하고 음란한 세대여, 세상 것보다 주님을 소망하라." 말씀하신다는 것을 강하게 느꼈다.

파파기도는 우리의 우선권을 물질과 성공에 두는 기도방식에 대해 패러다임을 바꾸는 새로운 기도방법이다. 파파(PAPA)란 무엇일까? 저자는 자신의 아버지가 할아버지의 일을 들어 말할 때마다 친밀하게 '파파'라 불렀던 것을 기억한다. 마찬가지로 우리도 하나님을 향해 '파파'라 부를 것을 권한다. '파파'란 하나님을 향한 친밀한 부름이요 관계다. 나아가 '파파'는 저자가 제시한 기도 방식에 대한 조어이기도 하다.

크랩에 따르면 PAPA의 P(Present)는 자신을 꾸밈없이 하나님 앞에 내어놓는 것이다. 무슨 일이든 거짓 없이 모두 하나님께 말씀드린다. A(Attend)는 당신이 하나님을 어떻게 생각하는지 꾸밈없이 예의 주시하는 것이다. 지금 당신이 경험하고 있는 하나님은 구하면 자동적으로 주시는 자동판매기인가, 멀리 있는 냉랭한 어떤 힘인가, 아니면 엄청나게 강하면서도 친근한 파파인가? P(Purge)는 당신이 하나님과 진정한 관계를 맺고자 할 때 그 관계를 가로막는 것이 있다면 그것을 쓸어버리는 것이다. 그것은 대부분 하나님을 기쁘시게 하는 것이라기보다 당신에게 만족을 주는 세상적인 것들이다. A(Approach)는 하나님을 당신의 1순위에 놓고 나아가는 것이다. 하나님을 당신의 가장 귀중한 보화, 당신이 가장 알고 싶고 경험하고 싶은 분으로 삼는다. 지금까지 당신이 구하고자 했던 것은 모두 2순위로 여기고, 오직 하나님을 사모한다. 그러면 기도가 달라지고 삶이 달라진다.

당신에게 이런 친구가 있다면 어떻게 생각하겠는가? "지금 우리 집에 와줘. 올 때 약국 좀 들러 주문한 약을 가져다줘. 돈 좀 융통해 줘. 점심 값이 없는데 대신 내줘." 틀림없이 기분 나쁜 친구라 할 것이다. 그런데 어쩌지. 그것이 하나님을 향한 우리의 기도 모습인 것을. 우리는 지금까지 주님을 향해 달라고만 하지 않았는가.

크랩은 우리의 기도 패러다임을 바꾸는 방법을 여러 모로 제시한다. 그중에 지금도 잊을 수 없는 것은 기도할 때 나의 1순위 목록과 나의 2순위 목록을 적는 것이다. 주님은 "구하라 모든 것을 주겠다." 하지 않으셨는가. 적는다. 하나도 빠짐없이. 그리곤 하나님 앞에 그 목록을 바친다. 1순위 목록에는 내가 원하는 세상적인 것 모두가 적혀 있다. 그리고 2순위 목록에는 1순위에서 혹시 빠졌을지도 모를까 봐 '그 밖의 모든 것'이라 했다. 그 속엔 하나님이 없다. 이 목록을 보신 하나님은 이렇게 말씀하신다. "이 목록에 적힌 걸 다 주마. 하지만 너는 다시 내 목소리를 듣지 못할 것이다. 내 임재를 느낄 수 있는 감각을 너에게서 완전히 거두련다. 넌 다시는 나를 알지 못할 것이다."

그 말을 듣는 순간 당신은 그 종이를 갈기갈기 찢어버린다. 수천 가지 요청사항이 적힌 종이가 조각나 사방으로 흩어진다. 그리고 주님을 향해 무릎을 꿇고 외친다. "주님, 이 모든 것들은 2순위입니다. 이것들을 바라기는 하지만 저에겐 주님이 1순위입니다. 주님이 없다면 그것들은 아무 의미가 없습니다." 이제야 주님이 진정한 보화임을 깨달은 것이다. 복은 바로 주님을 바라보는 데 있다. 구약을 보면 '복을 받아 창대케 될지라, 너는 복의 근원이 될지라.'는 말씀이 있다. 이때 복은 '베레카'다. 그 뜻은 '무릎을 꿇다, 예배하다'는 뜻을 가지고 있다. 주 하나님께 무릎을 꿇을 때 복이 온다. 당신에게 있어서 주님은 진정 1순위인가, 모든 것을 잃어도 이것만큼은 놓칠 수 없는 참보화인가.

물질로부터의 자유

신약에서는 물질에 대한 우리의 관점이 바뀌도록 한다. 한 사람이 예수님을 찾아와 자기 집 유산 분배에 문제가 있다며 도와줄 것을 청했다. 예수님은 자신이 유산문제에 관여하는 자가 아님을 분명히 했다. 부자를 만나면 그것을 팔아 가난한 자에게 주라고 하셨다. 가짐보다는 나눔에 더 관심을 가진 것이다. 그것이 하나님을 사랑하고 이웃을 사랑하는 방법이라는 것이다.

우리는 불안한 내일, 경제문제에 대해 걱정이 많다. 그러나 주님은 한마디로 우리에게 말씀하신다. "그러므로 염려하여 이르기를 무엇을 먹을까 무엇을 마실까 무엇을 입을까 하지 말라."(마6:31) 경제문제는 염려의 대상이 아니라는 것이다. "오늘 있다가 내일 아궁이에 던져지는 들풀도 하나님이 이렇게 입히시거든 하물며 너희일까 보냐 믿음이 작은 자들아"(마6:30) 오히려 믿음 없음을 나무라신다.

예수님의 이 말씀은 단지 염려하지 말라는 말씀이 아니다. 물질에 얽매인 삶으로부터 자유하라는 것이다. 주님은 우리 경제의 중요성을 아신다. 물질의 필요성도 아신다. 그것 없이 우리가 어떻게 살아갈 수 있겠는가. 그러나 그것이 삶의 모든 것인 것처럼 생각하며 산다면 그것은 그리스도인다운 삶의 태도가 아니라는 것이다.

물질로부터 자유할 수 있는 사람은 오직 가진 자라 생각하는 것은 착각이다. 오히려 자발적으로 가난을 택함으로써 물질로부터 자유하는 사람도 있다. 깨끗하게 벌어 깨끗하게 쓰겠다는 청부론이든 가난해도 물질로부터 완전히 자유하는 삶을 살겠다는 청빈론이든 중요한 것은 물질을 우상화하지 않는 것이다. 경제든 물질이든 우리가 그것을 우상화하는 순간 우리는 잘못된 길로 들어서게 된다. 우리가 택해야 하는 길은 그것으로부터 자유하는 것이다.

필 컬러웨이가 쓴 책으로 『돈 한 푼 없이 부자로 사는 법』이 있다. 이 책의 부제는 '진정으로 중요한 것 안에서 발견하는 기쁨'이다. 그는 이 책에서 진정으로 중요한 것은 돈이나 경제가 아니라 우리가 놓치고 있는 것, 곧 소홀하게 여기는 것들일 수 있음을 말한다. 그것 속에서 기쁨을 발견할 수 있기 때문이다. 그는 그 보기로 행복한 결혼생활, 사랑하는 가족을 들었다. 우리가 잊을 수 있는, 그러나 진정으로 중요한 것은 바로 예수 그리스도를 내 안에 모시고 사는 것이 아니겠는가. 그 주님만 있다면 우리는 돈 한 푼 없어도 부자로 살 수 있다.

일용할 양식을 주옵시고

예수님은 주기도문에서 우리에게 "날마다 일용할 양식을 주옵시고" 하도록 가르치셨다. 날마다 일용할 양식은 만나를 연상케 한다.

만나는 그날의 양식이다. 많이 거두면 썩어버린다. 이것은 탐욕이나 탐식을 멀리하도록 하신 것이다. 탐욕이나 탐식은 우상숭배에 해당한다. 현대에서도 일용할 양식을 해결하는 국가를 복지국가나 선진국으로 인정한다. 식량전문가에 따르면 자국에서 나는 곡식을 골고루 나눠 먹으면 배고픈 나라는 없다고 한다. 어느 한쪽에서 매점매석을 해서 돈을 벌려고 하기 때문에 문제가 발생한다는 것이다. 이것은 국제관계에서도 마찬가지다. 가난한 나라가 있고, 부한 나라가 있는 것은 나눔에서 문제가 있기 때문이다.

주님은 우리에게 날마다 일용할 양식을 구하는 마음을 갖도록 하셨다. 이 마음은 우리의 영의 자세에 따라 달라진다. 영의 자세가 바로 되었으면 탐심이 아니라 일용할 양식을 구하게 된다는 것이다. 그러므로 주님은 이 말씀 속에서 육의 양식을 먼저 구할 것이 아니라 영의 양식을 구해야 한다는 것을 가르쳐 준다.

주님은 '나에게'라 하지 않으시고, '우리에게' 일용할 양식을 주시도록 가르쳤다. 우리에게는 이웃을 배려하는 마음을 가지는 것이다. 나만을 생각하는 이기적인 기도가 되어서는 안 된다는 것을 보여준다. 하나님은 때를 따라 비를 내려 주신다. 꼭 믿는 자에게만 내려 주시는 것이 아니라 믿지 않는 자들에게도 골고루 주신다. 하나님은 이처럼 우리 모두를 배려하는 마음을 가지고 계신다.

주님은 많이 구하지 않도록 하신다. 부하게 되면 교만해져 하나님을 잊어버릴까 함이다.

"내가 오늘날 네게 명하는 여호와의 명령과 법도와 규례를 지키지 아니하고 네 하나님 여호와를 잊어버리게 되지 않도록 삼갈지어다. 네가 먹어서 배불리고 아름다운 집을 짓고 거하게 되며 또 네 우양이 번성하며 네 은금이 증식되며 네 소유가 다 풍부하게 될 때에 두렵건 대 네 마음이 교만하여 네 하나님 여호와를 잊어버릴까 하노라.”(신 8:11 – 14)

아굴은 이렇게 기도한다.

“내가 두 가지 일을 주께 구하였사오니 나의 죽기 전에 주시옵소 서. 곧 허탄과 거짓말을 내게서 멀리 하옵시며 나로 가난하게도 마 옵시고 부하게도 마옵시고 오직 필요한 양식으로 내게 먹이시옵소 서. 혹 내가 배불러서 하나님을 모른다 여호와가 누구냐 할까 하오 며 혹 내가 가난하여 도적질하고 내 하나님의 이름을 욕되게 할까 두려워 함이니이다.”(잠30:7 – 9)

아굴도 ‘오직 필요한 양식’을 구했다. 이것은 탐심이 작용하는 사 재기는 안 된다는 것을 보여준다.

구약의 성도들은 풍족하면 안심하며 하나님을 잊지 않을까 염려했 다. 그리고 일용할 양식으로 만족할 수 있도록 기도했다. 왜 일용할 양식일까? 그것은 하나님을 잊지 않고 기다리게 만들기 때문이다. 풍족하면 육적으로는 풍요를 누릴 수 있지만 영적으로 문제가 발생 할 수 있다. 그러나 일용할 양식 수준에서는 하나님을 소망하며 살 기 때문에 영적으로 풍요할 수 있다. 일용할 양식은 바로 하나님만 이 우리의 영원한 소망되신다는 것을 일깨워준다.

우리에게 고난 주시는 것도 마찬가지다. 그 고난을 통해 하나님을 바라게 된다. 고난을 통해 영적으로 살아나게 하는 것이다. 고난은 고난이 없을 때와는 달리 우리를 하나님께 소망을 두게 한다는 점에서 하나님의 배려라 할 수 있다.

더 높은 삶을 지향하는 당신이 아름답다

하나님은 우리의 관심을 물질에만 집중하는 것에 대해 문제를 제기하신다. 물질이 많든 적든 우리의 관심의 중심은 예수님이다. "예수님이라면 어떻게 하실까?"를 먼저 생각하는 것이 순서다. 그 답이 어렵다면 기도로 묻는다. 답을 주시지 않으면 성경으로 돌아간다. 그 속에서 답을 얻을 수 있기 때문이다.

그리스도인은 관심한계를 물질에 둬서는 안 된다. 오히려 더 높은 데 뜻을 둬야 한다. 그것은 자신의 것으로 하나님의 나라를 이루는 것이다. 예루살렘의 교인들은 그 방법으로 자신의 땅을 팔아 사도들 앞에 바치고, 그것이 하나님의 방법으로 쓰이기를 기도했다. 그 방법에 앞장선 사람이 바나바다. 아나니아와 삽비라는 흉내를 내다 성령을 속이는 바람에 죽임을 당했다. 가진 자들이 앞장선 것이다. 그것은 나눔으로 실현되었다.

사도들이 세운 교회에서도 어려운 다른 교회를 보면 연보를 걷어 물질적인 어려움에서 벗어나도록 했다. 예루살렘 교회가 어려웠을

때 아시아 여러 교회에서 연보를 거둔 것도 마찬가지다. 이런 의미
에서 연보는 그리스도인으로서 너그러움을 드러내는 도구가 되었다.
그것으로 인해 교회는 서로 하나님의 나라를 이뤄갔다.

바알주의를 넘어서

현대 교회의 문제는 바알주의다. 이에 따라 바알 크리스천이 늘고
있다. 과거 유대인들들도 이 문제를 가지고 있었다. 하나님을 섬기면
서도 부유해지고 싶어 이방신을 섬겼기 때문이다. 바알 종교는 기본
적으로 풍요를 기원하는 종교이다. 이제 우리는 바알주의를 넘어서
야 한다.

이를 위해 필요한 것은 물질에 대한 우리의 리더십(leadership)도
중요하지만 물질을 놓고서도 이것에 대한 하나님의 주되심(Lordship)
을 고백하며 실천하는 삶이 중요하다. 우리 주변에는 물질에 대해
리더십을 발휘하는 사람을 본다. 가수 김장훈에 이어 박상민도 지난
10년간 40억 원을 기부해 사람들에게 기쁨을 주었다. 멜린다와 빌
게이츠는 재단을 세워 아프리카를 비롯해 여러 곳에 많은 금액을 기
부했다. 기부라면 워렌 버핏도 빠지지 않는다. 물론 이런 리더십도
중요하다. 그러나 기독교 관점에서 볼 때 물질은 하나님이 나에게
맡기신 것이라는 청지기 의식을 가지고 그분의 뜻에 합당하게 사용
하려는 로드십이 더 중요하다. 물질에 대한 로드십을 잘 발휘한 인

물로 록펠러가 있다. 그는 어려서부터 십일조 생활을 잘하는 것으로도 유명하다. 그런 그가 50대에 들어서 중병에 걸렸고, 얼마 살지못할 것이라는 선고를 받았다. 그는 히스기야처럼 하나님께 매달렸고, 살려주시면 주님을 위해 더 헌신할 것을 약속했다. 그는 그로부터 40년을 더 살면서 많은 물질을 대학뿐 아니라 어려운 이웃을 위해 사용했다. 임종 시 그는 회계를 맡았던 집사에게 물었다. "내 은행에 남은 잔고가 얼마나 있소?" "회장님, 이제 한 푼도 없이 이웃을 위해 다 쓰셨습니다." 당신의 부가 축복의 통로가 되게 하라.

기독교계에서 아직도 논란이 되고 있는 것 가운데 하나는 청부론과 청빈론이다. 두 가지 다 일리가 있기 때문에 어느 한쪽을 폄하하기 어렵다. 한쪽에서는 깨끗한 부자가 되어 주님의 일을 많이 하자하고, 한쪽에서는 자발적인 청빈을 통해 주님 앞에 더 나아가겠다고하니 굳이 말릴 이유가 없다. 청부든 청빈이든 한꺼번에 두 가지를겸할 수 없고, 누구나 다 쉽게 그 경지에 도달하기 어렵다는 점에서실행에 한계가 있다.

최근 청부론이 거침없이 제기되고 있다. 청빈한 수도자가 보면 혀를 찰 일이다. 그러나 가난을 대물림하며 살기보다 절제를 통한 부의 축적으로 가난에서 벗어나고, 그 부를 하나님 나라를 위해 사용하고자 한다면 어쩌겠는가. 토머스 앤더슨(Thomas Anderson) 목사가청부론의 입장에서 『크리스천 부자백서』를 내놓았다. 원래 이 책의제목은 '하나님의 방법으로 백만장자 되기'이다. 그는 그 방법으로12가지를 제시했다. 이 책은 『부자 아빠 가난한 아빠』의 크리스천 편이라는 평가를 받고 있다. 이 책을 썼던 로버트 기요사키가 추천사를 쓴 것만 보아도 두 사람이 얼마만큼 교감하고 있는가를 알 수 있다.

기요사키는 "나는 우리 가족이 다니던 교회를 좋아하지 않았다. 목사님과 성도들은 아주 좋은 분들이었지만 돈과 돈에 대한 욕망이 사악한 것이라는 분위기가 항상 깔려 있었다."고 고백한다. 그런데 앤더슨 목사는 다르다는 것이다. 앤더슨도 기요사키에 영향을 많이 받았다고 말한다. 그리고 당신이 오늘 가난하다면 그것은 어제 당신이 가난을 생각하고 받아들였기 때문이라고 말한다. 부에 대해 부정적인 영향을 준 가정과 교회의 분위기가 작용했을 가능성이 높다는 것이다. 이런 흐름에 대해 앤더슨은 단호히 말한다. "록펠러, 제이씨 페니, 프랭크 울워스, 르트르노 등은 빈손으로 출발했지만 하나님으로부터 비전을 받고 자신의 과거를 떨쳐 버렸다. 이제 당신도 그들처럼 후손들에게 선한 유산을 물려주려는 열정을 가져야 한다. 돈이 천박하다는 태도를 버려라. 돈이 없으면 봉사활동도 할 수 없다."

중요한 것은 왜 돈을 모으고자 하는가이다. 한마디로 나누어주기 위함이다. 선한 유산이나 번영을 향한 열정의 바탕에는 소유가 아닌 나눔이 있다. 앤더슨이 자주 사용하는 말 가운데 "세상은 부와 성공을 얼마나 소유하느냐로 판단한다. 그러나 하나님은 얼마나 나누느냐로 판단한다. 돈을 위해 일하지 말고 돈이 우리를 위해 일하도록 하라."는 말이 있다. 돈의 노예가 되지 않고 오히려 그 돈으로 하나님을 위해 유용하게 쓰일 때 우리는 착하고 충성된 종이 될 수 있다는 것이다. 이것은 크리스천이 왜 부자가 되고자 하는가를 명확히 할 필요가 있음을 보여준다. 이것이 잘못되어 있으면 부자가 된들 하나님과는 아무 상관이 없기 때문이다.

그 다음에는 어떻게 부자가 될 수 있는가를 말할 수 있을 것이다. 그는 부의 비밀을 복잡한 데서 찾지 않는다. 솔로몬이 지혜를 구했듯이 금융지식을 쌓으라고 말한다. 금융시스템을 이해하고 바라보기 시작하면 기회는 항상 존재하기 때문이다. 집중하되 기회가 올 때 방심하지 말고 즉시 실행에 옮긴다. 또한 부하고자 작정했으면 절제를 생활화해야 한다. 이를 위해 절제의 목표대상을 정하라. 매일 청량음료 한 병만 마시지 않아도 연말이면 365달러가 모인다. 이것을 30년간 연 12% 투자하면 백만장자가 된다. 매일 청량음료 한 병 절제해도 부자가 될 수 있다는 말이다. 꿈을 갖고 자제력을 발휘하되 어려시부터 자제력을 기르는 것이 좋다. 자제력이 부의 덕목이다. 성공하기 위해서는 인내심도 필요하다. 부를 쌓는 데는 시간이 걸린다. 돈 버는 기술을 익히는 데도 일정과정을 거쳐야 한다. 실패한 경우를 보면 인내력이 부족한 데서 온다. 칠전팔기임을 잊지 말라.

주식에 투자를 해도 잊어서는 안 될 것은 크리스천의 투자 1순위는 하나님이라는 사실이다. 그는 급여에서 가장 먼저 십일조와 헌금을 드리도록 습관화하라고 말한다. 십일조는 우리의 소득 중 하나님께 속하는 몫으로, 이 몫을 하나님께 드리면 우리는 나머지 모두를 보호받는다(말3:11). 이것은 마치 보험 증권과 같다. 그리고 십일조 외에 추가로 드리는 헌금은 하나님 나라에 씨를 심는 것과 같다. 영적 세계에 뿌려지는 씨로 그 나라에서 30배, 60배, 100배의 수확을 할 수 있다.

앤더슨 목사는 어렸을 적 위스콘신 주 오두막에서 가난하게 살았다. 그는 우리 하나님 아버지는 가장 부유하신데 그 자녀인 우리가 가난하게 산다면 말이 안 된다고 생각하고, 자신의 삶과 목회를 통해 크리스천의 성공원리를 강하게 전하고 있다. "목사가 무슨"이라고 한다면 할 말이 없다. 그러나 하나님은 가난한 자의 삶을 통해 역사하시지만 부를 통해서도 역사하신다는 것을 잊어서는 안 된다. 예수님은 가난한 자와 부자 모두를 대상으로 목회하셨다. 앤더슨은 나누면서 번성하는 것에 부의 비밀이 있다고 말한다. 부자 삭개오가 자기의 재산을 나누고자 하는 마음을 가졌을 때 주님은 이 집에 구원이 이르렀다고 하셨다. 그는 그 부로 하늘의 기쁨을 맛볼 수 있었다. 이젠 당신이 바늘구멍을 통과할 차례다.

하나님의 경제로 더 가까이 나아가기

이제 우리는 무엇을 해야 하는가? 지금까지 우리는 '나의 경제'에 바빴다. 내가 부해지고 나의 영역이 커지는 것을 좋아했다. 그러나 이제는 달라야 한다. '나'라는 자리에 하나님을 올려놓아야 하고, 내가 부해지는 것이 아니라 우리 속에 하나님 나라가 더 부해지도록 해야 한다. 그러면 물질로도 하나님이 기뻐하시는 뜻을 힘 있게 이뤄 나갈 수 있다. 이것이 바로 하나님의 경제로 나아가는 그리스도인의 방법이다.

이 일을 위해 탐심을 줄일 필요가 있다. 나만을 위한 탐심이 내가 하나님의 나라로 가는 데 장애물 역할을 하기 때문이다. 유대인은 눈과 심장과 손발을 중시한다. 그중에 눈을 조심한다. 모든 탐심의 원인이 눈에 있다고 보기 때문이다. 눈은 보고 비교하게 만든다. 남의 부요함을 부러워하게 한다. 하와는 선악과를 보고 탐심을 품었고, 다윗은 여자를 보고 색욕을 품었다. 모두 눈 때문에 문제가 되지 않았는가. 눈이 본 것에 심장은 발동을 하고, 손발은 움직인다. 뇌물은 눈을 어둡게 한다고 말한다. 그들에게 있어서 눈은 등불과 같다. 그래서 우리가 무엇을 보고 사느냐가 중요하다고 말한다. 눈이 완전하면 우리도 완전하다고 말하기까지 한다. 그리고 그들은 다짐한다. "나와 내 눈은 오직 하나님만 바라보겠나이다."

나아가 당신이 있는 곳에서 선한 영향력을 발휘하는 것이 중요하다. 당신이 선 곳이 가정이든 직장이든 상관없다. 토드 홉킨스가 쓴 책으로 『청소부 밥』과 『행복한 사람』이 있다. 그는 이 책에서 직장에 대한 과거의 선입견을 바꾸고, 직장은 나의 선교지라는 생각 아래 직장을 하나님의 나라로 바꿔 나가기 시작했다. 여기서 중요한 것은 직장에 대한 나의 생각을 바꾸는 것과 나의 아젠다(agenda)가 아니라 하나님의 아젠다를 따르는 것이다. 그러면 그곳에서 그리스도인으로서 선한 영향력을 발휘할 수 있게 된다.

더 중요한 것은 내가 아니라 내안에 계신 주님이 일하시게 하는 것이다. 내가 한다고 생각하면 교만해지기 쉽고, 자기를 더 드러내려 할 것이다. 그러나 주님이 하셨으니 나는 겸손할 수밖에 없지 않은가. 내가 예수님을 위해 일한다는 생각도 버려라. 오직 예수님이 내 안에서 일하시고, 나는 그분의 충직한 도구로서 그분의 뜻을 드러낼 뿐이다. 영광 받으실 분은 오직 그분이다.

끝으로, 그것이 하나님과 이웃을 기쁘시게 하는 일이라면 내일로
미루지 말고 지금 하라. 다음은 설교가 스펄전의 시 「지금 하십시오.」
이다.

할 일이 생각나거든 지금 하십시오.
오늘 하늘은 맑지만
내일은 구름이 보일는지 모릅니다.
어제는 이미 당신의 것이 아니니
지금 하십시오.

친절한 말 한마디가 생각나거든
지금 하십시오.
내일은 당신의 것이 안 될지도 모릅니다.
사랑하는 사람이 언제나 곁에 있지는 않습니다.
사랑의 말이 있다면 지금 하십시오.

미소를 짓고 싶다면 지금 웃어 주십시오.
당신의 친구가 떠나기 전에
장미가 피고 가슴이 설레일 때
지금 당신의 미소를 주십시오.

불러야 할 노래가 있다면
지금 부르십시오.
당신의 해가 저물면
노래 부르기엔 너무나 늦습니다.
당신의 노래를 지금 부르십시오.

• 저자 •

양창삼　　　•약 력•
서울대학교 정치학과(학사, 석사)
서울대학교 대학원(경영학석사)
웨스턴일리노이대학교(MBA)
연세대학교 대학원(경영학박사)
총신대학교 대학원(M.Div., Th.M.)
연변과기대 상경대학 학장
한양대학교 경상대학 학장
한양대학교 산업경영대하원 원장
현, 한양대학교 경상대학 경영학부 교수 / 목사

•기독교 관계 저서•
고난의 신학(한국학술정보, 2008)
기독교세계관과 삶의 리포지셔닝(한국학술정보, 2007)
구약의 이해(한국학술정보, 2007)
단순한 믿음이 주는 기쁨(기독신문사, 2005)
뒤틀리는 삶의 문제와 기독교적 답변(한양대학교 출판부, 2004)
자본주의 문화와 기독교의 사회적 책임(한양대학교 출판부, 2004)
21세기가 원하는 크리스천 리더(총회출판국, 2003)
평신도를 위한 신학 이야기(예영, 2003)
목회자, 당신은 일류인간(한국강해설교학교출판사, 2002)
영성회복의 신앙(기독신문사, 2001)
기독교교육행정(대한예수교장로회 총회, 2000)
교회행정학(총회교육국, 1998)
기독교와 현대사회(한양대학교 출판부, 1997)
교회경영학(엠마오, 1996)
기독교사회학의 인식세계(대영사, 1988)
그 외 다수

메디타치오 시리즈 2

견고한 진을 파하는 강력

- 초판 인쇄　　2008년 12월 20일
- 초판 발행　　2008년 12월 20일

- 지 은 이　　양창삼
- 펴 낸 이　　채종준
- 펴 낸 곳　　한국학술정보㈜
　　　　　　경기도 파주시 교하읍 문발리 513-5
　　　　　　파주출판문화정보산업단지
　　　　　　전화　031) 908-3181(대표)·팩스　031) 908-3189
　　　　　　홈페이지　http://www.kstudy.com
　　　　　　e-mail(출판사업부)　publish@kstudy.com
- 등　　　록
- 가　　　격　34,000원

ISBN　978-89-534 0558-5 93230 (Paper Book)
　　　　978-89-534-0564-6 98230 (e-Book)